Rhetorik ist Silber [2100]

Grundlagen der überzeugenden Redekunst – Von den ersten Schritten zu einer perfekten Präsentation

Horst Hanisch

© Auflage 7, 6, 5, 4, 3, 2, 1: 2025, 2022, 2021, 2016, 2014, 2009, 2003 by Horst Hanisch

Bibliografische Information der Deutschen Nationalbibliothek: Die Deutsche Nationalbibliothek verzeichnet diese Publikation in der Deutschen Nationalbibliografie; detaillierte bibliografische Daten sind im Internet über dnb.dnb.de abrufbar.

Der Text dieses Buches entspricht der neuen deutschen Rechtschreibung.

Aus Gründen der einfacheren Lesbarkeit wird auf das geschlechtsneutrale Differenzieren, zum Beispiel Mitarbeiter/Mitarbeiterin weitestgehend verzichtet. Entsprechende Begriffe gelten im Sinne der Gleichbehandlung für beide Geschlechter.

Idee und Entwurf: Horst Hanisch, Bonn

Lektorat: Alfred Hanisch †, Bonn; Annelie Möskes, Bornheim (ab 3. Auflage)

Buchsatz: Guido Lokietek, Aachen; Horst Hanisch, Bonn

Umschlag: Christian Spatz, engine-productions, Köln; Horst Hanisch, Bonn

Zeichnungen: Sofern nicht anders angegeben: Horst Hanisch, Bonn

Verlag: BoD · Books on Demand GmbH, In de Tarpen 42, 22848 Norderstedt, bod@bod.de
Druck: Libri Plureos GmbH, Friedensallee 273, 22763 Hamburg

ISBN: 978-3-7597-8824-5

Rhetorik ist Silber 2100

Grundlagen der überzeugenden Redekunst – Von den ersten Schritten zu einer perfekten Präsentation

Inhaltsverzeichnis

5

6

Inhaltsverzeichnis

8

Inhaltsverzeichnis

9

Inhaltsverzeichnis

11

12

Vorwort und Hinleitung

Tacheles Reden

„Den Menschen zeichnen unter anderen seine relativ große Intelligenz, seine besonderen handwerklichen Fähigkeiten und seine differenzierte Sprache aus."
Dtv-Altas Philosophie
9. Auflage 2001

„Das ist eine interessante Frage; aber lassen Sie mich eben mal ..."

Beginnen wir ganz am Anfang. Am Anfang war das Wort. Oder doch nicht? Waren unsere Vorfahren nicht eher Wort-los? War es nicht eher das Ungesprochene, mit dem sich unsere Ur-Ur-Ur-Vorfahren verständigten?

Versteht sich nicht ein Schwarm Fische ohne ein Wort zu sprechen? Kommunizieren nicht Ameisen nonverbal, wohl aber durch (körperliche) Berührung? Tatsächlich gibt es die Sprache im heutigen Sinne wohl erst seit 30.000 bis 100.000 Jahren.

13

Selbst heute können wir gar nicht alles durch Wörter ausdrücken. Oder können Sie Ihrem Nachbarn erklären, wie eine Banane schmeckt? Das Kunst-Wort ‚bananig' gilt dabei nicht, weil sich Ihr Gegenüber, wenn er noch nie eine Banane gegessen hätte, durch dieses Wort den Geschmack immer noch nicht vorstellen kann.

Manche Aussage zeigt, welche Gefühle die Sprache verrät. Zum Beispiel: „Ich kann dich nicht riechen", oder „Das kann ich nicht begreifen." Manchmal bleibt uns das Wort ja auch sozusagen im Halse stecken.

Zu allem Überdruss heißt es hin und wieder gar, dass wir nicht alles wörtlich nehmen sollen (ja wie denn sonst?)! Übrigens – manche können wohl ihre eigenen Wörter nicht verstehen: „Ich kann mein eigenes Wort nicht verstehen ..."

Zwischenmenschlicher Austausch: verbal, paraverbal und nonverbal

So scheint es nicht unbedingt zu verwundern, dass der US-Amerikanische Psychologe Albert Mehrabian (*1939) herausgefunden hat, dass sich in der Kommunikation nur 7 % der vermittelten Informationen auf den gesprochenen Inhalt einer Nachricht (verbal), 38 % auf die Art und Weise, wie die Wörter ausgesprochen werden (Artikulation, Lautstärke, Sprechtempo) und 55 % auf die Körpersprache (Mimik, Gestik) beziehen.

Nach dem Standardwerk des Autors zum Thema Körpersprache, widmen wir uns im vorliegenden Buch schwerpunktmäßig dem gesprochenen Wort, der verbalen Kommunikation vor Publikum oder mit Gesprächspartnern. Natürlich soll die paraverbale und nonverbale Verständigung nicht ganz vernachlässigt werden.

Schwerpunkte im vorliegenden Buch werden auf zeitgemäße Umsetzung gelegt und der Anspruch der Praxisnähe gesucht. Logischerweise wird damit die ‚antike' Rhetorik nur einleitend dargestellt.

Dabei wird dieses Buch in mehrere große Bereiche geordnet, die das Gesamtthema gliedern sollen.

Die Leserin und der Leser mögen es mir nachsehen, wenn ich den einen oder anderen Punkt ausführlicher beschreibe und manchmal auch etwas Humorvolles einstreue.

Meiner Meinung nach schadet es nichts, wenn bei dieser umfangreichen Materie, die uns allerdings tagtäglich begleitet beziehungsweise verfolgt, auch hin und wieder gelacht werden darf. Zum Beispiel, wenn ich solch einen Satz höre: „Er betrachtete die Seezunge, die die Tante aß." Wer da wohl wen gegessen hat?

Spiel mit Worten

Da eine Sprache offensichtlich nicht als logisch zu bezeichnen ist, ergeben sich hin und wieder Situationen, die zum Schmunzeln reizen: Hat schon mal jemand ein Wört-chen mit Ihnen geredet (und blieb es dann auch nur bei einem Wort)?

Oder hat Ihnen jemand schon mal sein Wort gegeben (hatte er nur eines? – Und hat jetzt keines mehr? – Ist er also jetzt Wort-los?).

Aber gut, es heißt ja dann auch „Jetzt haben Sie das Wort." (Wo denn?). Letztens hat mich mal jemand beim Wort genommen, wobei mir die Zeitgenossen lieb sind, die um's Wort bitten.

Hin und wieder legt jemand auch sein Wort in Gottes Ohr (Haben Sie schon mal gehört, dass er es von dort wieder-holte? – Sucht er deswegen manchmal nach Wörtern?).

Manch ein Zeitgenosse hält sein Wort (fest? – oder in den Händen?). Ein anderer ergreift das Wort (war es geflohen?), der nächste wechselt ein Wort („Ich gebe dir das Wort ‚Nikolaus', und was kriege ich dafür?"). Ein Wort kann – so scheint es – gut und schlecht sein: „Ich habe ein gutes Wort für ihn eingelegt." (Was war das wohl für ein ‚gutes' Wort?).

Wussten Sie, dass ein Wort gegessen werden kann: Wort-Salat? Oder, dass ein Wort in kriegerischen Auseinandersetzungen von Vorteil sein kann: Wort-Gefecht?

Wort-Reichtum

Wir sprechen von Wort-Reichtum. Deshalb erscheint es mir nachvollziehbar, was ein Ehepartner zum anderen sagte: „Das letzte Wort ist noch nicht gesprochen." Bis heute habe ich allerdings nicht erfahren, welches wohl das letzte Wort sein würde.

Aber, da fällt mir ein, ein anderer Nachbar erzählte mir mal, dass seine Frau immer das letzte Wort habe. (Wobei ich immer noch nicht weiß, um welches Wort es sich handelt). „Das ist mein letztes Wort!" Aha. Angeblich entsprechen die 50 meistgebrauchten Wörter einer Sprache etwa 45 Prozent eines geschriebenen Textes. Also doch eher Wort-Armut?

Reden mit- und zueinander

Wir reden miteinander und wir reden zu anderen. Wir sprechen, diskutieren, tragen vor, kommunizieren, diskutieren und so weiter und so weiter.

Hören wir auch einander zu? „Klar", mögen Sie sagen, „höre ich auch meinem Gesprächspartner zu. Sonst wüsste ich ja gar nicht, was ich dem anderen entgegnen soll."

Also scheint das Zuhören ein elementarer Teil einer Kommunikation zu sein. Wir setzen dabei stillschweigend voraus, dass die Kommunikation auch einen Erfolg im weitesten Sinne erzielen soll.

Manchmal haben wir das Gefühl, dass unser Gegenüber es nicht ehrlich meint, obwohl wir es nicht begründen können. „Ich habe da so ein ungutes Gefühl." Hier könnte es sein, dass der Körper etwas anderes aussagt als das, was wir hören. Schwindelt uns unser Gegenüber an? Oder ist er/sie einfach nur unsicher?

Verräterische Körperhaltung

Wie skeptisch wir einer Deutung der Körpersprache auch gegenüberstehen, es lässt sich nicht verneinen, dass die Sprache des Körpers deutbar ist. Ein Ziel dieses Buchs ist es, einzelne Mosaiksteine der Körpersprache kennenzulernen und deuten zu können.

Wer sich intensiv mit diesem Thema beschäftigt, wird sehr schnell merken, wie leicht ein Mensch sich durch seine Körperhaltung verrät. Dieses Wissen müssen wir nicht nutzen, um jemanden negativ zu manipulieren, sondern um es uns und unserem Gegenüber leichter zu machen, ein Gespräch optimal führen zu können.

Noch ein gut gemeinter Tipp. Meines Erachtens ist es sinnlos, nun gebremst durch den Alltag zu schreiten, aus Angst, sich durch die Körperhaltung zu ‚verraten'. Nein, wenn die ‚verbale' Aussage ehrlich ist, ist es die ‚nonverbale' ebenso.

Das neue Wissen kann allerdings dazu beitragen, Körperhaltungen, die vom Gesprächspartner negativ gedeutet werden könnten, in besonders wichtigen Situationen (zum Beispiel beim Vorstellungs- oder Überzeugungsgespräch) zu vermeiden.

Rhetorisch fit werden

Lassen Sie mich zuletzt noch auf den Bereich des Rhetorik-Trainings hinweisen. Selbst wenn Sie wissen, wie Technik optimal einzusetzen ist, weshalb es sinnvoll erscheint zu zitieren, Sie es schaffen, unnötige Fülllaute und irreführende Unwörter zu vermeiden, heißt es noch lange nicht, dass der Transfer in die Praxis gelingt.

Deshalb gilt: Praktisch und tatsächlich üben. Haben Sie keine Angst vor Nervosität oder Lampenfieber. Das gehört dazu. Die meisten Trainierenden können durch aktives Training in überschaubarer Zeit deutliche Verbesserungen erkennen.

Bei diesem wichtigen Thema mit allen möglichen Facetten bleibt es nicht aus, dass meine eigene Meinung zu dem einen oder anderen Sachverhalt subjektive Schwerpunkte setzt. Diese Meinung muss nicht immer mit der Meinung anderer Menschen übereinstimmen – das ist demnach relativ leicht nachvollziehbar.

Und – nicht zu vergessen – gibt es bestimmt noch das ein oder andere Kapitel, das ergänzt werden könnte. Deswegen bin ich konstruktiver Kritik und weiterführenden Anregungen gegenüber gerne aufgeschlossen.

17

Tacheles reden

Ich will nicht viele Worte machen, aber, wie es sich offensichtlich für (gute?) Bücher gehört, nutze ich hier die Gelegenheit, mich bei einigen Menschen, die mich psychisch und physisch bei der Realisierung dieses Projekts selbstlos unterstützten, mit geschriebenen Worten zu bedanken. Danke!

Liebe Leserin, lieber Leser, verbieten Sie sich nicht dort das Wort, wo es ausgesprochen werden sollte. Reden Sie Tacheles. Sagen Sie frei, was Sie denken, ohne andere zu verletzen. Das Wort Tacheles stammt aus dem Westjiddischen (‚zweckmäßig reden, zur Sache kommen‘).

Also, lassen Sie uns zur Sache kommen. Nehmen Sie nur dann ein Blatt vor den Mund, wenn es wirklich notwendig ist. Halten Sie sich am besten vor Augen, dass überlegtes Reden ‚Silber Wert ist‘.

Ihnen, liebe Leserin, lieber Leser, wünsche ich ein gutes Gelingen bei Ihren zukünftigen Reden, Präsentationen, Vorträgen, Gesprächsleitungen und anderen rhetorischen Herausforderungen.

Auf dass Sie in Zukunft all das, was Sie vermitteln wollen, rhetorisch professionell, aber doch menschlich und vor allem überzeugend umsetzen.

Horst Hanisch

Kapitel 1 – Von der Rhetorik – Die große Kunst zu reden

Rhetorik von der Antike bis heute

„Erkenne dich selbst."
Inschrift am Eingang des Apollotempels von Delphi

Die Vorläufer der heutigen Rhetorik

Die meisten Ur-Ur-Ur-Vorfahren heutiger Menschen kommunizierten eifrig miteinander. Die von der Gruppe als Leitung bestimmte Person übernahm die Führung durch die Geschicke der Zeit.

Die Führung brauchte rhetorische Überzeugungskraft, um Vertrauen ‚bei ihren Leuten' aufzubauen und zu halten. Sie schaffte es dank der Redekunst, die Gruppe, später den Stamm, dann die Bevölkerung gegen Angriffe von innen und außen zu schützen.

Fruchtbare Gebiete konnten besiedelt werden, Aufgaben wurden delegiert und Ziele gesetzt. Die Gesellschaft konnte sich weiterentwickeln.

19

Die alten Griechen

Spätestens bei den ‚alten Griechen' tauchten heute noch namhafte Persönlichkeiten auf, Philosophen, Mathematiker, Rhetoriker, Astronomen, Feldherren und andere, die bedeutende Erkenntnisse erzielten und Wissen für die Nachwelt hinterließen.

Die Schule von Athen

Raffaello Sanzio da Urbino (auch Raffaello Santi, 1483 – 1520), bekannt als Raffael, war ein begnadeter Maler und Architekt.

Schon im Alter von 25 Jahren erhielt er von Papst Julius II. (1443 – 1513) den Auftrag, im Vatikan vier Wände der Stanza della Segnatura großflächig malerisch auszumalen.

Selbst für ein Genie wie Raffael war dieser hochwertige Auftrag bestimmt eine besondere Herausforderung.

Das bekannteste Fresko in seinem Werk ist ‚Die Schule von Athen', auf dem die Denker der Antike dargestellt sind.

Raffael gab sie naturgetreu und plastisch wieder, zumindest wie er sich das Erscheinungsbild der Abgebildeten vorstellte.

Das Fresko zeigt die wichtigsten Persönlichkeiten der klassischen Philosophie. Unter anderem sind dort abgebildet: Die ‚Großen' wie Sokrates, Platon und Aristoteles.

Im Mittelpunkt des Gemäldes platzierte Rafael Plato(n) mit dem Finger nach oben deutend (steht für die spekulative Philosophie) und Aristoteles (die empirische Philosophie vertretend).

Schon die altbekannten Rhetoriker Sokrates, Platon und Aristoteles übten sich erfolgreich in der Redekunst.

Sie lebten unmittelbar hintereinander und einer kannte immer den nächsten.

Große Rhetoriker:	• Sokrates (470 – 399 v. Chr.) „Ich weiß, dass ich nicht[s] weiß.".
	• Plato(n) (427 – 347 v. Chr.), Schüler des Sokrates, gründete in Athen die Akademie (Akademos), die erst 529 durch Kaiser Justinian geschlossen wurde.
	• Aristoteles (384 – 322 v. Chr.) war über 20 Jahre Schüler des Plato(n). Im Jahre 342 wird er Lehrer Alexanders des Großen (356 – 323 v. Chr.).

Dialektik

Die Kunst der Gesprächsführung sowie die Fähigkeit, durch Rede und Gegenrede zu überzeugen, heißt Dialektik. Das Ziel der Argumentations-Technik ist es, rhetorisch zu überzeugen, um in Verkaufsgesprächen, in Kritikgesprächen, in der Werbung und Bewerbung, in Präsentationen und so weiter zu überzeugen.

Das elenktische Verfahren

Sokrates (um 470 – 399 v. Chr.) war wie seine Kollegen ein hervorragender Redner. Er redete immer und überall. Teilweise auch zum Leidwesen seiner Zeitgenossen. Er redete sich sprichwörtlich ‚um Kopf und Kragen'.

Sokrates wurde trotz (oder wegen?) seiner rhetorischen Brillanz zum Tode verurteilt.

„Viele wissen wenig"

Sokrates erkannte bei den Gesprächen mit seinen Mitmenschen, dass diese glauben, viel Wissen zu haben, das sich aber oft als Scheinwissen herausstellt.

Das Scheinwissen hält der Logik bei weiterer Befragung nicht stand.

Diese Erkenntnis muss Sokrates fast ‚wahnsinnig' gemacht haben. Auch heute ist in einfachen Dialogen immer wieder zu hören, dass Menschen irgendeine Aussage in den Raum werfen, die unkommentiert stehenbleibt.

21

Die Gespräche verlaufen teilweise ausgesprochen oberflächlich. Wird gezielter nachgefragt, kommen die Gesprächsteilnehmer unter Umständen schnell ins Straucheln.

Sie können Ihre Aussagen nicht untermauern. Die Aussagen halten keiner Nachfrage stand.

Gerne wird in diesem Zusammenhang auch von Stammtischparolen gesprochen.

Das soll aussagen, dass unreflektiert Behauptungen aufgestellt werden, denen viele Menschen ohne großartig überlegen zu müssen, zustimmen können.

Ein seriöses Gespräch, beispielsweise in einem beruflichen Zusammenhang, kann und darf nicht so oberflächlich geführt werden.

Deshalb entwickelte Sokrates eine Vorgehensweise, genannt das elenktische (gr. ‚elenktikos' für ‚fähig zu überführen') Verfahren, um dem Gesprächspartner zu zeigen, dass sein Wissen kein echtes Wissen, sondern lediglich ein Scheinwissen ist.

Elenktik ist die Kunst des Beweisens, Widerlegens und Überführens.

Scheinwissen

Vorgehensweise:

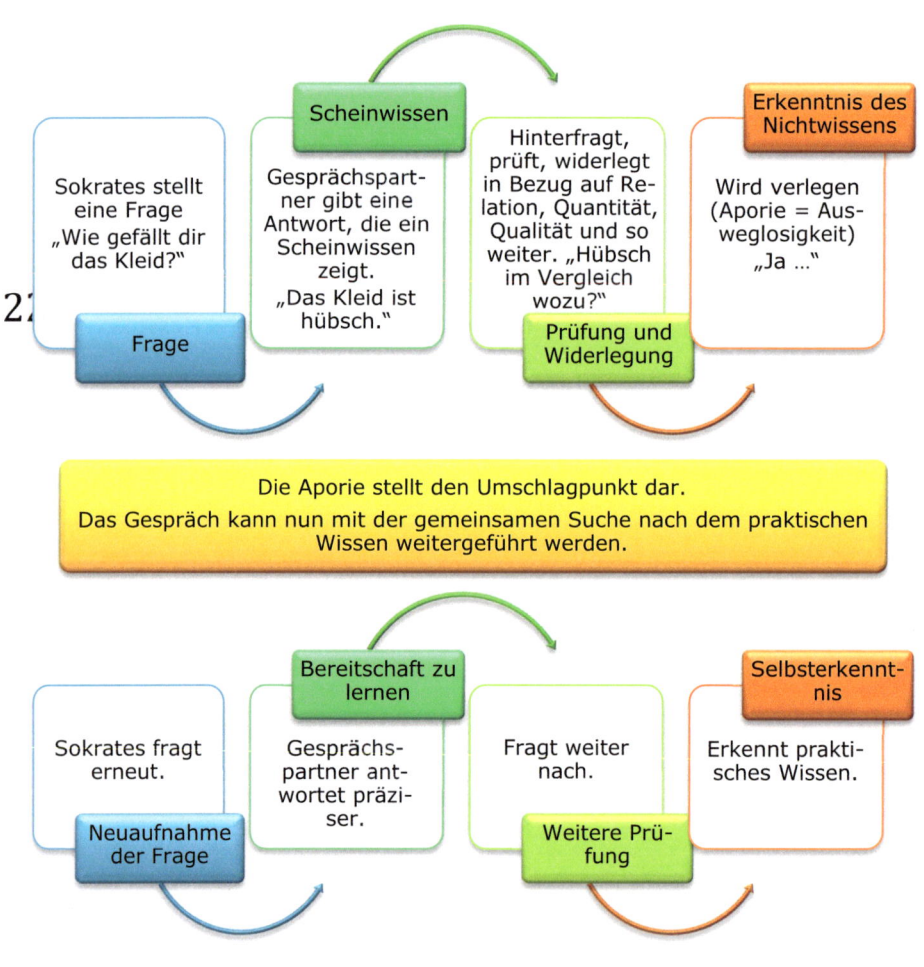

Nach dem vierten Schritt merkt der Gesprächspartner, dass seine Aussage keinen vernünftigen Bestand hat. Laut Sokrates kommt er zur ‚Erkenntnis des Nichtwissens'.

Es entsteht eine Ausweglosigkeit beziehungsweise eine Ratlosigkeit. Das bedeutet ein Umdenken in der Argumentation.

Der Umschlagpunkt

Zu Sokrates' Zeiten wurde das als Aporie (gr. ‚aporía' für ‚Ausweglosigkeit', ‚Ratlosigkeit'), als Umschlagpunkt, bezeichnet. Auch heute noch ist in Diskussionen immer wieder festzustellen, dass manch einer mit Scheinwissen um sich wirft.

Die anderen Gesprächspartner zeigen sich beeindruckt – und halten den Mund.

Seien Sie aufmerksam und hören genau zu, was der andere sagt. Wenn Sie merken, dass hier mit Scheinwissen gearbeitet wird, können Sie mit Sokrates' Hilfe dieses entlarven.

Fragen Sie nach, hinterfragen Sie, überprüfen Sie. So kommen Sie nach und nach zum Kernpunkt der Aussage.

Sokrates – Logisch bis in den Tod

Sokrates bezeichnete sich als Freund des Wissens, (gr. ‚philos' für ‚Freund' und ‚sophia' für ‚Weisheit) als Philo-Soph.

Trotzdem wurde er in Athen zum Tode verurteilt. Wegen Missachtung der Götter, Verführung der Jugend sowie generell wegen seines respektlosen Verhaltens Autoritäten gegenüber. 281 von 501 Geschworenen hielten ihn für schuldig.

Immerhin 361 Geschworene verurteilen ihn schließlich zum Tode, nach einer Stellungnahme Sokrates, der höchstens eine Geldstrafe für richtig empfunden hatte. Die Geschworenen fühlten sich beleidigt und angegriffen.

Sein Tod sollte durch den sogenannten Schierlingsbecher herbeigeführt werden. In diesem Becher befand sich ein Getränk unter Beimischung eines Pflanzenextraktes des ‚Gefleckten Schierlings'.

24

Sokrates schaffte es, an seinem Todestag noch seinen anwesenden Schülern logisch aufzuzeigen, dass das Leben aus Gegensätzen besteht. Es kann nur ein Klein geben, wenn es auch ein Groß gibt. Schnell benötigt das Gegenstück Langsam und so weiter. Demnach, so Sokrates Logik, muss es Leben und Tod geben.

Sokrates hatte keine Angst, aus dem Becher mit dem Gift zu trinken. Er sah den Tod lediglich als Gegensatz zum Leben an, so wie Klein im Gegensatz zu Groß zu sehen ist.

Seine Zuhörer berichten von den letzten Stunden Sokrates und auch davon, dass die Frage nach der Seele auftauchte.

Obwohl Sokrates vorher logisch über notwendige Gegensätze argumentierte, konnte er nun argumentativ darlegen, dass die Seele unsterblich sein muss. Es könne keine sterbliche Seele geben.

Nachzulesen im Handbuch ‚Platon Hauptwerke' vom Alfred Kröner Verlag Stuttgart, 1973, bearbeitet von Wilhelm Nestle.

Sokrates trank schließlich aus dem Giftbecher. Er schlenderte im Gefängnisraum hin und her, um das Gift optimal wirken zu lassen.

Nachdem seine Beine schwach wurden, legte er sich hin. Das Gift lähmte seinen Körper von den Beinen an nach oben.

In der oben angegebenen Quelle (Kapitel Phaidon Seite 110/111) wird Sokrates letzter Satz zitiert: „O Kriton, wir sind dem Asklepios einen Hahn schuldig, entrichtet ihm den und versäumt es ja nicht."

Einen Hahn schuldig sein bedeutete, ein Opfer nach der Genesung einer Krankheit zu entrichten. Und zwar an Asklepios, den Gott der Heilkunst in der griechischen Mythologie. Kriton (465 – 395 v. Chr.) war ein anwesender Freund und Schüler Sokrates.

Protagoras – Homo-Mensura-Satz

Der berühmte ‚Homo-Mensura-Satz' des Protagoras (um 490 – 411 v. Chr.) besagt, dass es keinen objektiven Sachverhalt geben kann.

Protagoras:	• „Der Mensch ist das Maß aller Dinge, des Seienden für sein Sein, des Nicht-seienden für sein Nichtsein."
Der Homo-Mensura-Satz gilt als Kernstück des so-phistischen Denkens:	• „Der Mensch bestimmt das Sein, alles darüber Hinausgehende wird abgelehnt (Skeptizismus), und alles Sein ist nicht objektiv, sondern subjektiv und wandelbar (Relativismus)."

Skeptisch bleiben

So bleiben Sie skeptisch bei unklaren oder nicht passenden Aussagen. Orientieren Sie sich am Objektiven, soweit das möglich ist.

Die Bedeutung der Sophisten – der Rhetor – und die Disziplinen der Rhetorik

Sokrates, Protagoras und Plato(n) wurden als Sophisten bezeichnet. Sophist (gr. ,sophistaî', lat. ,sophistae') ist einerseits der ,Wortverdreher', andererseits der Wissende (als Vorname Sophia: ,Weisheit').

Nachdem in der griechischen Naturphilosophie nicht der Mensch die wichtigste Rolle spielt, zeigt sich bei den Sophisten ein Wandel zum Menschen. Der Mensch wird zum Mittelpunkt philosophischer Gedanken.

Deshalb wird auch die verbale – zwischenmenschliche – Kommunikation, also die Sprache, immer wichtiger. Die gesprochene Sprache spielte bei den Sophisten eine überragende Rolle.

Den Antrieb, der den Menschen immer wieder in die Region des wahren Seins und des Guten führt, nennt Plato(n) ,Eros'. Er weckt im Menschen die Sehnsucht, sich der Schau der Ideen zu widmen.

In Platons ,Symposion' (gesellschaftliches Zusammensein, später als wissenschaftliche Konferenz bezeichnet) wird Eros als das philosophische Streben nach der Schönheit der Erkenntnis beschrieben.

Zwischen der Welt des Sinnlichen und der des Geistigen nimmt er eine vermittelnde Funktion ein. Im Verhältnis zum Mitmenschen zeigt sich sein pädagogischer Aspekt (epiméleia) darin, die anderen an der Erkenntnis teilnehmen zu lassen.

Ursprünglich wird als Rhetor (pl. Rhetoren) ein redegewandter Redner bezeichnet, der vor Publikum auftritt. Später dann, als ,Lehrer der Beredsamkeit', wurde er zum ,Rhetorik-Lehrer'.

Davor wurde der Rhetorik-Lehrer als ,Sophist' bezeichnet, jemand, der gegen Entgelt Rhetorik und begleitende Themen unterrichtete.

Der älteste und bedeutendste Sophist ist Protagoras aus Abdera (ca. 485 – 411/415 v. Chr.). Von ihm stammt der Satz: „Der Mensch ist das Maß aller Dinge."

Kapitel 1 – Von der Rhetorik zur Präsentation

Ein weiterer Grund des Bedürfnisses nach vernünftigem Redevermögen war die Notwendigkeit, eine eigene Verteidigung vor Gericht in Athen ab ca. 450 v. Chr. nur selbst vornehmen zu dürfen.

Kein Wunder, dass die Redekunst/Rhetorik sehr gefragt war, besonders dann, wenn es hilfreich war, sich selbst verteidigen zu können.

In der Rhetorik sind zwei Disziplinen (Formen) ausschlaggebend.

Die sprachlichen Formen (Disziplinen)

Rhythmus:	• klanglich-rhythmisch • der Sprachablauf durch Betonung, Sprachmelodie und Pausen
Semantik:	• semantisch • die Bedeutung der Wörter betreffend
Syntax:	• syntaktisch • die Satzlehre betreffend

Die logischen Formen (Disziplinen)

So zum Beispiel die Argumentations-Technik (Strukturen, die die Wahrheit zu Tage fördern oder verschleiern). Wichtig hierbei: der Syllogismus, die Lehre vom Beweisverfahren.

Der Syllogismus (die Verknüpfung zweier Urteile zu einem dritten) besteht aus zwei Vordersätzen (Prämissen) und einem Schlusssatz (Konklusion).

Beispiel Syllogismus:	• Erster Vordersatz (Prämisse): Menschen sind sterblich. • Zweiter Vordersatz (Prämisse): Herr Mertens ist ein Mensch. • Schlusssatz (Konklusion): Also ist Herr Mertens sterblich.

Nach Aristoteles ist ‚Mensch' in diesem Fall der Mittelbegriff.

Tropen, Redeschmuck und Wortfügungen

In der Antike wurde unter anderem unterschieden zwischen Tropen (Wendungen), Redeschmuck und zwischen rhetorischen Wortfiguren in dreierlei Kategorien (Hinzufügen von Wörtern, Auslassen von Wörtern oder Umstellung von Wörtern) und so fort.

"Lass uns einen Kaffee trinken."

In einer Trope (die Trope, der Topus, pl. Tropen, gr. ,trope' für ,Wendung') wird ein Wort ausgetauscht beziehungsweise in einem anderen Sinn genutzt.

Gemeint ist: In einer Figur bleibt das Wort in seinem Sinn bestehen, aber mehrere Wörter ergeben in ihrer Verknüpfung eine Figur.

"Lass uns ein Thema austauschen."

Da aber auch schon damals die Unterscheidung recht schwierig zu ziehen war, werden hier der Einfachheit halber alle Möglichkeiten als Redefiguren bezeichnet.

Die unten aufgelisteten Wortfügungen waren in der antiken Rhetorik wichtig. Heute <u>können</u> Sie benutzt beziehungsweise vermieden werden.

Geübte Redner setzen sie gerne ein.

Anordnung (ordo)

Die ‚Kraft' der Rede soll im Verlauf der Präsentation oder des Vortrags zunehmen.

- „Die besprochenen Punkte sollen Sie zum Nachdenken anregen, ja zum Umsetzen auffordern."
- „Ich sehe die Katastrophe vor mir, ja ich höre die Leidenden schon schreien."

Verbindung (iunctura)

Vermeidung von Kakofonie (gr. ‚kakos' für ‚schlecht', ‚phone' für ‚Ton/Laut'), also Missklängen in der Sprache.

Gemeint ist eine Folge schlecht klingender Laute oder schwierig auszusprechender Wörter (Beispiel: der Letztzitierte).

Das Gegenwort zu Kakofonie (auch Kakophonie) lautet Euphonie, Eufonie (nicht Euphorie!). Euphonie bezeichnet den Wohlklang eines Wortes. Es wird ausgesprochen: afrika-n-isch, wobei das n der besseren Aussprache wegen eingefügt ist.

Rhythmus (numerus)

Ähnlich klingende Silben sollen nicht im selben Satz benutzt werden.

- „Fischers Fritz fischt frische Fische."

Die 5 Kategorien der Stilqualitäten in der Antike

Unter Stilisieren wird die sprachliche Gestaltung (elocutio) einer Rede verstanden, (Stilqualitäten = virtutes orationis).

Es wird unterschieden zwischen Stilqualität und Stilart, die schon Marcus Tullius Cicero (106 v. Chr. – 43 v. Chr.) vor mehr als 2.000 Jahren gruppiert hat.

Er stellte in seinem Buch ‚De oratore' (‚Über den Redner') dar, wie er den idealen Redner betrachtete.

In der Antike wurden folgende fünf Kategorien der Stilqualität unterschieden:

1. Sprachliche Korrektheit – Sprachrichtigkeit

= Hellenität (gr.), gebildet und Latinität (röm.), politisch erhaben:	• Das bedeutet die korrekte Verwendung der Sprache.

2. Klarheit – Deutlichkeit

	• Anschaulicher Aufbau (in Bildern reden).
= Klarheit der Diktion (perspicuitas); Anschaulichkeit (evidentia):	• Eine stark subjektive Darstellungsweise – Steigerung (amplificatio).
	• Sich sprachlich in eine Sache reinsteigern, zum Beispiel als Politiker.

3. Angemessenheit

= Angemessenheit (aptum/decorum):	• Der Situation entsprechend reden. • Beerdigung und Jubiläum anders.

4. Schönheit – Redeschmuck

= Stilistischer Redeschmuck (ornatus):	• Originalität, Spannung aufbauen. • Statt: Kleopatra verführte Caesar – Die Schönheit Kleopatras verführte Caesar.

5. Kürze – Knappheit

= Kürze (brevitas):	• Mit wenigen Worten ausdrücken, worum es geht.

Plato(n) und der Dialog

Mit sich selbst sprechen mag nett sein – vor allem dann, wenn Sie sich nicht widersprechen. Auf die Dauer kann das trotzdem sehr langweilig werden.

Das zwingt den Menschen sozusagen dazu, sich mit anderen auszutauschen. Der Mensch will seine Gedanken und Ideen anderen mitteilen. Im Gegenzug erwartet er Feedback, Rückmeldung, Zustimmung oder anderes.

Durch den ständigen Austausch kann Neues erfahren werden, der Einzelne kann sich weiterentwickeln.

Weiterentwicklung heißt Fortschritt. Das ist gut so, sonst wäre die Gesellschaft heute nicht da, wo sie ist.

Andere Menschen an einer Erkenntnis teilnehmen zu lassen, nennt Plato(n) einen Dialog. Denn, nach Plato(n)s Überzeugung ist der Weg der Rückerinnerung im Dialog möglich.

Damit wird mit Begriffen und Wörtern umgegangen, die Ideen und Erinnerungen widerspiegeln.

Dialektisch, also ohne Zuhilfenahme der Anschaulichkeit und bildhaften Darstellung, sollen die Ideen im Dialog logisch dargestellt werden. Gleichzeitig soll ihr Verhältnis untereinander deutlich gemacht werden.

Die Figuren der platonischen Dialoge nehmen also bewusst gegensätzliche Positionen ein (Dialektik = die Logik des Widerspruchs; griechisch: ,diálogos' für ,Unterredung'), um Thesen anhand ihrer Antithesen zu prüfen.

Ziel: Kontroverse Themen durch Aussage und Gegenaussage (These und Antithese) schlüssig durch eine Konklusion beziehungsweise Synthese darzustellen.

Aristoteles und die Logik

Aristoteles lebte von 384 bis 322 vor Christus. Er war immerhin über 20 Jahre Schüler des Plato(n). Im Jahre 342 wird er Lehrer Alexanders des Großen.

Deshalb lässt sich zweifellos davon ausgehen, dass Aristoteles ein heller Kopf war. Er musste ein unglaubliches Wissen besitzen, das er durch Lernen und Lehren immer erweiterte. Ihm war wichtig, eine rhetorische Beweiskette aufzustellen.

Syllogismus – Rhetorische Beweiskette

Der Syllogismus (gr. ‚syllogismos' für ‚logischer Schluss') spielt eine wesentliche Rolle. Eine Kette von mehreren Schlüssen ist ein Beweis. Diese Methode nennt sich deduktiv, denn sie geht vom Allgemeinen zum Besonderen.

Nach Aristoteles soll es ein Ziel der Wissenschaft sein, zwingend das Bestehende aus seiner Ursache abzuleiten. Der Gegenbegriff zur Deduktion ist die Induktion. Die Induktion sucht nach dem Gemeinsamen innerhalb einer Gattung.

33

Deduktion	Induktion
= Ableitung des Besonderen aus dem Allgemeinen	= Schlussfolgerung vom Einzelnen auf das Allgemeine
⬇	⬇

In der Vorgehensweise der Deduktion suchen Sie sich zuerst viele Beispiele aus dem allgemeinen Leben. Suchen Sie Gemeinsamkeiten, die Sie in einer nächsten Stufe reduzieren. Schließendlich gelangen Sie auf den Kernpunkt.

Bei der Induktion nennen Sie einen konkreten Fall und zeigen, wie er auch in anderen Beispielen passt. Dann übertragen Sie die Gemeinsamkeiten auf die Allgemeinheit.

Das System des Status – Hermagoras von Temnos

Reden im alltäglichen, gesellschaftlichen Kontext kann gegebenenfalls ungeordnet verlaufen. Im beruflichen sind die Anforderungen meist anspruchsvoller. Denn hier geht es um jedes Wort.

Wo wird jedes Wort noch sensibler leuchten? Na, vor Gericht, beispielsweise dann, wenn eine Anklage vorliegt.

Jetzt muss überlegt vorgegangen werden.

So baute der griechische Redelehrer Hermagoras von Temnos (er lebte im 2. Jahrhundert vor Christus; die genauen Lebensdaten sind unbekannt) ein interessantes System auf, das als ‚System des Status' bezeichnet wird.

Seine 6 Bücher nahmen großen Einfluss auf die römische Rhetorik.

Streitstand

Speziell vor Gericht wurde mit dem System des Status constitutio (Streitstand), also dem Punkt, um den gestritten wird, gearbeitet.

Nach Hermagoras von Temnos setzt sich das System wie unten beschrieben zusammen.

Genus rationale (Bereich der Argumentation)

Nach der Beschuldigung durch den Ankläger wird so reagiert.

Status coniecturalis

1. Status (status coniecturalis)

Ist die Mutmaßung (Frage nach dem Täter).

„Nein" – Ablehnung der Beschuldigung durch den Angeklagten.

Status definitius

2. Status (status definitius)

Ist die Definition (Frage nach dem Delikt).

„Ja, aber mildere Deliktskategorie." – Bejahung durch den Angeklagten.

Aber aus Sicht des Beklagten liegt eine Beschuldigung vor, die nur <u>zum Teil</u> berechtigt ist.

Status qualitatis

3a. Status (status qualitatis)

Ist die Beschaffenheit (Frage nach der Rechtfertigung).

Hier wird unterschieden zwischen dem absoluten Rechtfertigungsstatus (constitutio iuridicialis absoluta) und dem relativen Rechtfertigungsstatus (constitutio iuridicialis assumptiva).

Hier wird der absolute Rechtfertigungsstatus betrachtet:

„Ja, aber die Tat war gerechtfertigt." – Bejahung durch den Angeklagten.

Aber aus Sicht des Beklagten ist er der Meinung, dass die Tat uneingeschränkt gerechtfertigt war.

Status qualitatis

3b. Status (status qualitatis)

Hier wird der relative Rechtfertigungsstatus betrachtet.

„Ja, aber ..." – Bejahung durch den Angeklagten.

Zugeständnis (concessio): Aus Sicht des Beklagten lag Rechtsunkenntnis oder höhere Gewalt vor, sodass er der Meinung ist, dass die Tat auf jeden Fall gerechtfertigt war.

Übertragung des Vorwurfs (translatio criminis): Aus Sicht des Beklagten ist er das Opfer. Er ist überzeugt, in Notwehr gehandelt zu haben, sodass er der Meinung ist, dass die Tat auch vor dem Gesetz gerechtfertigt war.

Zurückweisung des Vorwurfs (remotio criminis): Aus Sicht des Beklagten handelte er auf Befehl, also auf Anweisung einer dritten Person. Er konnte – und durfte – nicht anders handeln. Deshalb argumentiert er, unschuldig zu sein.

Vergleich (comparatio): Aus Sicht des Beklagten war die begangene Tat besser als eine nicht begangene Tat. Er musste also so handeln. Deshalb meint er, unschuldig zu sein.

Translatio

4. Status (translatio)

Ist die Übertragung (Ablehnung des Verfahrens).

„Du hast nicht das Recht, mich zu beschuldigen!" Der Angeklagte ist der Meinung, dass der Beschuldigende (zum Beispiel das handelnde Gericht) nicht zuständig sei.

36

Genus legale (Steuerung der Auslegung von juristischen Texten)

Vier Kategorien werden unterschieden:

Scriptum sententia

1. Kategorie (scriptum sententia) Wortlaut und Sinn.

Der geschriebene Text entspricht nicht dem Sinn des Textes.

Leges contrariae

2. Kategorie (leges contrariae) widersprüchliche Gesetze.

Verschiedene Gesetze werden gegeneinander ausgespielt.

Ambiguitas

3. Kategorie (ambiguitas) Doppeldeutigkeit.

Verschiedene Interpretation des Gesetzestextes.

Ratiocinatio

4. Kategorie (ratiocinatio) Folgerung, Analogieschluss.

Eine Gesetzeslücke liegt vor, weshalb vergleichbare Gesetzestexte argumentativ genutzt werden.

Soweit die Theorie. In der Praxis heißt es, auch hier einen kühlen Kopf zu bewahren, da aufgrund von Nervosität Stress aufgebaut werden kann.

Gerade vor Gericht braucht es einen freien und stressfreien Kopf. Auch heute noch greifen diese Überlegungen – nicht nur vor Gericht.

Die vier antiken Stilarten

Die antike Rhetorik kannte drei Stilarten, die bei bestimmten Reden beziehungsweise Anlässen benutzt werden (mussten), (Stilarten = genera dicendi). Die ursprünglich dritte Stilart wird hier noch ein weiteres Mal unterteilt, sodass sich noch eine vierte ergibt.

1. Stilart: Schlichter Stil (genus subtile, genus tenue oder genus humile)

Zur Darstellung:	• Etwas wird einfach dargestellt.
	• Kann jederzeit benutzt werden, Umgangston.

2. Stilart: Mittlerer Stil (genus medium, genus mediocre oder genus floridum [blühend])

Zur Überzeugung:	• Wenn etwas bewegt werden soll.
	• Benutzt viele Redefiguren.
	• Wird heute im täglichen Leben am ehesten vorkommen.
	• Dient zur angenehmen Unterhaltung.

3. Stilart: Erhabener Stil (genus grande)

Zur Würdigung:	• Wenn würdevolle Anlässe ausgesuchte Wörter verlangen.
	• Beste Wortwahl.

4. Stilart: Heftiger Stil (genus sublime oder genus tumidum)

Zur Leidenschaft. (Im antiken	• Wenn düstere Leidenschaft dargestellt werden soll.

Sinn gehört diese Stilart zur dritten aufgelisteten):	• Darstellung in schwülstiger Art. • Beste Wortwahl. • Wirkt manchmal ‚aufgeblasen'.

Asianismus

Im Gegensatz zum ‚schlichten Stil' steht der Asianismus (aus Kleinasien stammend). Das war ein Stil in der antiken Rhetorik, mit dem der Name Hegesias von Magnesia (und 320 – 280 v. Chr.) verbunden wird.

Gerne wurden kurze Sätze mit überladenen, nach Effekten haschenden, schwülstigen Formulierungen benutzt.

Liebe Leserin, lieber Leser, unternehmen Sie nun einen Zeitsprung ins Mittelalter, damit Sie sehen, dass die Kunst der argumentativen Rhetorik nicht in der Antike verstaubt ist.

Zwei-Stil-Lehre

Im späten Mittelalter wurde aus den drei genera die Zwei-Stil-Lehre entwickelt.

Zwei Stile:	• Einfacher Stil (ornatus facilis). • Schwerer Stil (ornatus difficilis).

Heute

Unabhängig davon, ob und welche Stilart Sie anwenden, werden Sie merken, dass Sie fast automatisch zu bestimmten Anlässen unterschiedlich reden werden.

Anlässlich einer Hochzeitsrede wird anders gesprochen als im Trauerfall. Mit einem Arzt wird sich üblicherweise anders ausgetauscht als mit dem Nachbarn.

Der gute Redner, die gute Rednerin, bleibt angemessen in der Wortwahl. Sie stärken durch das rhetorische Auftreten ihre Authentizität.

Scholastik – Karl der Große und die Schulen

Im 9. Jahrhundert nach Christus beginnt eine Periode, die als Scholastik bezeichnet wird. Karl der Große (742 – 814) gründete Dom- und Hofschulen.

In diesen Dom- und Hofschulen – und später auch an den Universitäten – waren Lehrer beschäftigt, die sich schulmäßig mit den Wissenschaften beschäftigten.

Diese Lehrer wurden Scholastiker (lat. ‚schola' für ‚Schule') genannt.

Für und Wider

Scholastik bezeichnet die Methode, Fragen rational im Für und Wider zu prüfen, um dann zu einer Lösung zu führen.

Dabei sind Rückgriffe auf bisheriges Wissen und kritische Auseinandersetzung mit geltendem Wissen wichtige Merkmale der Scholastik.

In der Zeit des hohen Mittelalters versuchten Fachleute aller Sparten wissenschaftlich Unklares, Verwirrtes zu klären.

Diskussions-Foren – These, Antithese und Synthese

Es gab jedoch viele dieser Fachleute, Autoritäten, von denen jeder seine eigene These vertrat, vielleicht sogar recht hartnäckig.

Um zu Ergebnissen zu kommen, um Streitfragen zu klären, wurden an den Universitäten Disputationes, Diskussions-Foren eingerichtet.

Streitgespräch

In diesen Foren stellten zwei fachlich geschulte Studenten die Thesen ihrer jeweiligen Autoritäten vor.

In akademischen Streitgesprächen, auch Quaestiones oder Disputationen genannt, versuchte der eine Student die These des anderen durch eine Antithese zu widerlegen.

Aus den beiden Thesen beziehungsweise Antithesen musste im Laufe eines Vormittags eine Lösung gefunden werden – die Synthese.

Den Autoritäten stellte der Magister am Nachmittag die von den Studenten gefundene Synthese zur Entscheidung vor.

Noch heute ist diese Methode der Lösungsfindung ein ziemlich sicherer Weg, Verwirrungen zu entwirren!

Thomas von Aquin – Friedrich Hegel und die Dialektik

Thomas von Aquin (1225 – 1274), ein Systematiker (Systematik = wissenschaftliche Vorgehensweise) war ein Schüler von Albertus Magnus (Albert von Lauingen, dt. Bischof, um 1200 – 1280).

Pro und contra

Thomas von Aquin steht für das Dafür und das Dagegen.

	Zu einer Aussage werden Argumente dafür (pro) und dagegen (sed contra) gesucht.
Vorgehen:	Anschließend folgt eine Antwort (responsio).
	Im Anschluss werden die einzelnen Argumente (ad 1, ad 2 ...) im Hinblick auf die Antwort untersucht.

Noch einmal einen Sprung, jetzt zu einem Gelehrten aus der Neuzeit.

Für Georg Wilhelm Friedrich Hegel, deutscher Idealist (1770 – 1831) ist Dialektik (gr. ‚dialektike' für ‚Kunst der Unterredung) das Führen von Rede und Gegenrede.

Er führt die Logik des Widerspruchs als die Gesetzmäßigkeit auf.

Rede und Gegenrede

Diese Gesetzmäßigkeit liegt der Natur des Denkens und der Wirklichkeit selbst zugrunde: Seiner Meinung nach birgt jede These in sich bereits eine Antithese.

These und Antithese werden in der Synthese aufgehoben.

Zum Abschluss ein Zitat von Hegel: „Was vernünftig ist, ist wirklich, und was wirklich ist, ist vernünftig."

Moderne Rhetorik – Redekunst

„Rhetorik ist die Kunst,
die Menschen durch Reden zu dem zu bringen,
was der Redner will."
Theodektes (Freund von Aristoteles), Poet
(ca. 380 v. Chr. - 340 v. Chr.)

Die Kunst zu reden

Was bedeutet Rhetorik? Wird ein Lexikon aufgeschlagen, finden sich Definitionen wie: Redelehre, Redekunst, Redefähigkeit.

Redehandlungen

Rhetorik kann unter anderem in folgende besondere Redehandlungen gegliedert werden:

Theologische Rhetorik:	• Predigt • Homiletik = Lehre von der Predigt
Juristische Rhetorik:	• Plädoyer in der Forensik
Akademische Rhetorik:	• Vorlesung an der Universität
Didaktische Rhetorik:	• Lehrvortrag

Die Ziele der Rhetorik lassen sich so darstellen:

Ziel der Rhetorik:	• Prozesse des Mitdenkens auslösen. • Mitdenkfähigkeit entwickeln. • Verhaltensweisen stärken/ändern. • Kritikfähigkeit stärken.

Im Gegensatz zur Kommunikation, in der sich zwei Gesprächspartner verbal und nonverbal etwas mitteilen und in der Regel eine <u>unbewusste</u> Beeinflussung stattfindet, kann Rhetorik eher so beschrieben werden:

In der Rhetorik versuchen zwei Kommunikations-Partner sich bewusst zu manipulieren. Natürlich sollte klar sein, dass Kommunikation immer beeinflusst oder manipuliert.

Da Menschen ständig (verbal wie nonverbal) miteinander kommunizieren, ist abzuleiten, dass untereinander auch ständig manipuliert wird.

Nur durch das Bewusstwerden dieser Tatsache kann sich der Einzelne bemühen, so objektiv (sachlich, frei von Emotionen) wie möglich zu reden.

44

Rhetorische Darstellungsmethoden – Redefiguren

Im englischen Unterhaus soll die Labour-Abgeordnete Bessy Smith eines Tages Sir Winston Churchill mit den Worten unterbrochen haben: „Wenn Sie mein Mann wären, würde ich Ihnen Gift in den Kaffee tun." Ungerührt soll Churchill erwidert haben: „Wenn Sie meine Frau wären, würde ich den Kaffee trinken."

Rhetorische Figuren, also Redefiguren, sind Stilmittel zur Ausschmückung, Verdeutlichung, Veranschaulichung und Verlebendigung der sprachlichen Aussage.

Fünf Redefiguren

Es gibt eine Unzahl rhetorischer Darstellungsmethoden für einen Vortrag beziehungsweise in einer Präsentation. Einige sind vom Autor ausgewählt und hier in fünf Gruppen dargestellt.

45

1. Gruppe:	• Anschauliche Redefigur
2. Gruppe:	• Eindringliche Redefigur
3. Gruppe:	• Spannende Redefigur
4. Gruppe:	• Ästhetisch anschauliche Redefigur
5. Gruppe:	• Kommunikative (den Zuhörer einbeziehende) Redefigur

1. Anschauliche Redefiguren

Beispiele aus der Praxis geben.

Vergleich ziehen zu Problem/Herausforderung.

Metapher (Bild) zeichnen (Wetterfrosch; gemeint ist der Ansager vom Wetterbericht).

Bildreihe aufbauen, wodurch Erinnerung geweckt wird.

Dabei besonders die fünf Sinne anregen. Dabei einen Bildbruch (Katachrese) vermeiden: „Wir stehen vor dem Abgrund – gehen wir weiter." Oder: „Himmelhoch abgestürzt". „In Ruhe den Gipfel stürmen."

Die Bilder sollen sinnvoll aufeinander aufbauen. Ein Beispiel: „Die Luftfahrtgesellschaft sieht ein Licht am Ende des Tunnels." Für eine Luftfahrtgesellschaft öffnet sich das Bild eines Flugzeugs, nicht das eines Zuges.

Vielleicht wäre folgendes Bild angebrachter: „Die Luftfahrtgesellschaft sieht einen Lichtstreifen am Horizont."

Auch fraglich: „Diese Linie zeigt den Wasserstand von 1981 an. Dieser Punkt sollte uns aktiv werden lassen." Linie und Punkt passen nicht ideal zusammen.

Assoziation (Vorstellungsverknüpfung) malen.

Zum Beispiel steht ‚Loch' für ‚dunkel'.

Narratio (Erzählung) schildern. Narrativ = in erzählender Form darstellen.

Ein Narrativ soll eine reale Erzählung sein. Der Inhalt soll den Eindruck der Wahrheit vermitteln.

Durch gezielte Fehlinformationen und ständige Wiederholung kann so im Lauf der Zeit ein verfälschtes Bild eines Geschehnisses in den Köpfen der Menschen verfestigt werden.

Deshalb wird in manchen Gesprächen darauf hingewiesen, dass eine bestimmte Sache immer wieder als narrativ dargestellt wird, aber nicht eindeutig der Wahrheit entspricht.

Anekdote (auch direkte Rede) erzählen.

2. Eindringliche Redefiguren

Wiederholung (ruft Erinnerungen wach).

Manipulierte Wiederholung: Zum Beispiel durch gezielte Wortwahl.	• „Ich rede von 100 Menschen. 100 Menschen!" Genau 100 Personen. • Knapp 100 Menschen. <u>Weniger</u> als 100, bedeutet wenig, gleichzusetzen mit negativem Bild. • Fast 100 Menschen. Also <u>beinahe</u> 100, bedeutet viel, gleichzusetzen mit positivem Bild.
Stereotype Wiederholung: Immer dieselbe Wiederholung.	• Etwas wird immer und immer wieder wiederholt, wobei es durch die Wiederholung noch lange nicht zur Wahrheit wird. • Zitat: ‚Behauptung ist nicht Beweis', William Shakespeare, (1564 – 1616)
Quantitative Multiplikation: Auf die Anzahl der Menschen bezogen.	• „Kaum einer hat widersprochen." • „Die meisten sind dafür." • „Alle sagen, das ist richtig."
Qualitative Verstärkung: Auf ‚Autorität' bezogen.	• Medien (Zeitung) bemühen • Autorität (Zitat) erwähnen • Wissenschaft (Tests), Statistik angeben. „Laut Statistik …"

Wörtliche Wiederholung: Wie bei Ausrufen.	• „Achtung, Achtung …"
Wörtliche Wiederholung: Wie bei Ausrufen.	• „Keiner, wirklich keiner …" • „… dann, nur dann …"
Teilwiederholung: Anaphora.	• „Ich behaupte erstens, ich behaupte zweitens, …"
Erweiterte Wiederholung (Geminatio):	• „Ich behaupte erstens, ich behaupte bewusst erstens …"
Wiederholung Schlusswörter eines Satzes (Epiphora):	• „Ich will, dass es unserem Unternehmen gut geht. Ich will, dass es Ihnen gut geht."

Raffung: Zusammenfassung in wenigen Sätzen.

Zitat:	• „Ich zitiere Barack Obama, …"
Kreuzstellung (Chiasmus):	• „Geld ausgeben ist leicht, Geld einnehmen hingegen schwer."
Verdeutlichung (Correctio):	• „Ich habe ihn gebeten, nein, ich habe ihn aufgefordert."

3. Spannende Redefiguren

Steigerung (Klimax):	• Zeitliche Steigerung. • „Heute … morgen … übermorgen." • „Erst … dann … schließlich."
Kette:	• Eines baut logisch auf das nächste auf. • A weil B, B weil C.
Vorbehalt – Verzögerung (retardierendes Moment):	• Spannung wird aufgebaut. • „Sag' ich gleich."

Überraschung (Sustentio):	• Ein ‚Aha – Erlebnis' wird erzeugt. • „Alle tun's – ich nicht."
Ankündigung (Hinweis – Ziel):	• Eine Spannungskurve wird aufgebaut. • „Sie werden staunen. Ich will …"
Auslassung (Ellipse):	• Es erfolgt die Raffung einer Gedankenfolge. • „Ich … auf dem Markt … solche Kürbisse …!"
Gegenpaar (Antithese):	• „Die Liebe ist ideal, die Ehe real." • „Vater werden ist nicht schwer, Vater sein hingegen sehr."
Begriffspaar:	• Vorteile – Nachteile • damals – heute • Absicht – Ergebnis
Kontraste:	• schwarz – weiß • positiv – negativ • Einzelner – Alle

4. Ästhetisch anschauliche Redefiguren

Scheinwiderspruch (Paradoxon):	• „Beredtes Schweigen." • „Keine Antwort ist auch eine Antwort."

Schönfärbung (Euphemismus), Gutsprechen:	- Etwas wird ‚harmloser' dargestellt, als es in der Wirklichkeit ist.
	- „Freisetzung von Mitarbeitern" = Kündigung
	- „Reichskristallnacht" = Zerstörung und Plünderung jüdischen Eigentums vom 9. auf den 10.11.1938.
	- Statt: „Wo ist die Toilette?" (Toilette ist bereits ein Euphemismus, denn es ist eine Umschreibung. Ursprünglich heißt Toilette: Seidentüchlein, mit dem die Person sich erfrischen konnte.) besser: „Wo kann ich mir die Hände waschen?"
Wortspiel:	- „Come in and find out", Douglas. Falsch übersetzt: „Komme rein und finde [wieder] raus", sondern: „Komme rein und finde (suche) etwas aus."
	- „Solange sie mich nicht ansprach, sprach sie mich an. Als sie mich aber dann ansprach, sprach sie mich nicht mehr an." (Gotthold Ephraim Lessing, 1729 – 1781)

Anspielung (Allusion):	• (Fast) jeder weiß, was gemeint ist. • Magnum – Eis
Ähnlichkeit (Analogie):	• Computer – Gehirn
Umschreibung (Paraphrase):	• „Die da oben." (Die Geschäftsführerebene) • „Im Land wo die Zitronen blühen."
Verteidigung (Apologie, apologisieren):	• Eine Ansicht verteidigen, rechtfertigen. • „Ich habe mich für diesen Weg entschieden, weil …
Einfügung (Epitheton):	• Etwas positiv, typisierend, schmückend umschreiben. • Erste Dame des Landes, grüne Wiese, bei strahlendem Sonnenschein.
Übertreibung (Hyperbel):	• Dramatik aufbauen. Übertreibung muss deutlich erkennbar sein. • „Millionen von Menschen säumten den Straßenrand …"
Vermenschlichung (Anthropomorphismus, Personifikation):	• Einer Sache oder Tieren werden menschliche Eigenschaften zugeschrieben. • „Der Motor hustete und prustete." • Die ‚diebische' Elster.

	• Ein nicht passendes Adjektiv wird einem Substantiv vorangestellt.
Vertauschung/Verwechslung (Enallage):	• „Das freundlich lächelnde Fahrzeug kam auf mich zu."
	• ‚Standing Ovations', stürmischer Applaus. Irrtümlicherweise auch als <u>stehende</u> Ovationen bezeichnet: Beifallsbekundung, bei dem das Publikum von den Sitzen aufsteht.

Hier einige extreme Formen:

Schwarzseherei, Schwarzseher (Defätismus, Defätist):	• Die Zukunft negativ sehen.
	• „Oh, oh, wie sollen wir das alles bewältigen? Das schaffen wir nicht."
Feindseligkeit (Polemik):	• Gegen eine andere Ansicht scharf und unsachlich argumentieren.
	• „Das ist Unsinn, was Sie sagen. Erstens weil …"
Volksaufwiegelung (Demagogie, Demagoge):	• Politische Hetze.
	• „Lasst euch das nicht gefallen! Stürmt das Parlament!"

Unwörter

Das Unwort des Jahres wird seit 1991 jährlich ermittelt.

Eine Jury an der Universität Frankfurt am Main stützt sich bei der Auswahl auf Zuschriften von Bürgerinnen und Bürgern.

Bis 1994 wurde das ‚Unwort des Jahres' im Rahmen der Gesellschaft für deutsche Sprache gekürt. Danach hat sich die Jury als ‚Sprachkritische Aktion Unwort des Jahres' selbständig gemacht.

Hier ein Auszug aus der Satzung: Die Entscheidung über das ‚Unwort des Jahres' trifft eine Jury.

Diese besteht aus vier ständigen Mitgliedern, durch germanistische Ausbildung oder Tätigkeit ausgewiesenen Sprachwissenschaftlern oder Sprachwissenschaftlerinnen und zwei Mitgliedern, die einen Bereich der öffentlichen Sprachpraxis (zum Beispiel Medien, Kulturinstitutionen, Politik, Verbände) vertreten.

Hier eine Auswahl:

53

- 1992: ethnische Säuberung (Propagandaformel im ehemaligen Jugoslawien.)

- 1995: Diätenanpassung (Beschönigung der Diätenerhöhung im Bundestag.)

- 2002: Ich-AG (Der Begriff ist eine Neuschöpfung aus dem Umfeld der Vorschläge der Hartz-Kommission zur Bekämpfung der hohen Arbeitslosigkeit in Deutschland.)

- 2003: Tätervolk (Ein grundsätzlich inakzeptabler Kollektivschuldvorwurf.)

- 2007: Herdprämie (Ausgleich für Eltern oder Frauen, die ihre Kinder zu Hause erziehen, statt einen Krippenplatz in Anspruch zu nehmen.)

- 2008: notleidende Banken (Banken, die die Krise verursacht haben.)

- 2014: Lügenpresse (Dieser Ausdruck wurde im 1. Weltkrieg und im Nationalsozialismus verwendet. 2014 demonstrierten Bürger auf der Straße und skandierten diesen Begriff, ohne die historischen Hintergründe zu kennen.)

- 2015: Gutmensch (Benennung von ehrenamtlich arbeitenden Personen, die Flüchtlingen helfen. Deren Hilfsbereitschaft wird als weltfremdes Helfersyndrom abgetan.)

- 2020: (Es wurden 2 Ergebnisse gekürt): Rückführungseigenschaften (Die EU-Kommission beschreibt die beschönigende Idee, Geflüchtete in Mitgliedsstaaten zurückzuführen. Dort soll dann die Abschiebung erfolgen.) und Corona-Diktatur (Wort, das von Impfgegnern und Andersdenkenden benutzt wird, um die Corona-Schutzmaßnahmen in Verruf zu bringen.).

5. Kommunikative Redefiguren

Einschub/Einflechtung einer kleinen Zwischenbemerkung (Parenthese). Der Einschub könnte als eigenständiger Satz gelesen werden:	• „Diese Überlegung – in unserer Unternehmensphilosophie ist das Vorgehen festgelegt – ist äußerst wichtig."
Vorgriff/Einwand – Vorausnahme (Prolepsis):	• „Sie werden Bedenken haben."
Scheinfrage/rhetorische Frage. Die Frage könnte vom Zuhörer beantwortet werden, wird aber tatsächlich vom Redner selbst beantwortet:	• „Wohin soll das führen?" • „Wann wirst du mir mal richtig zuhören?" • „Wann wirst du endlich erwachsen?"

Mitverstehen (Synekdoche). Die Zuhörer wissen, worum es geht:	• Berlin und Washington stimmen überein. (Die Vertreter beider Länder [Berlin steht Deutschland, Washington für die USA] sind gleicher Meinung.) • Karlsruhe statt Bundesgerichtshof.
Auslegekunst (Hermeneutik):	• Das parallele einfühlende Verstehen einer Information. • „Wie geht es?" – „Ok." Was steht hinter der Aussage? Geht es dem Antwortenden wirklich gut?

Suchen Sie sich die Fälle aus, die Ihnen sinnvoll erscheinen und trainieren Sie die praktische Anwendung.

Außerdem werden Sie die kommunikativen Tricks einiger Redner entlarven und deren rhetorische Kraft analysieren können.

56

Kapitel 2 – Nervendes Lampenfieber und beruhigende Anti-Stress-Übungen

Die innere Unruhe besiegen

*„Je größer das erlebte Gefühl der Unterlegenheit eines Menschen ist,
desto größer ist die Heftigkeit, zu erobern,
und desto gewaltsamer ist die emotionale Unruhe."*
**Alfred Adler, österr. Arzt
(1870 - 1937)**

Schweißperlen auf der Stirn

Immer wieder treibt es Menschen regelrecht die Schweißperlen auf die Stirn, wenn sie nur daran denken, ein Referat, einen Vortrag, eine Rede oder eine Präsentation halten zu müssen.

57

Die Vorstellung daran reicht aus, den Mund austrocknen und das Herz schneller schlagen zu lassen. Kann es sein, dass sogar die Hände anfangen zu zittern? Die Halsschlagader pocht so heftig, als ginge es um das Überleben.

Warum ist das so? Weshalb löst allein schon der Gedanke an einen zu haltenden Vortrag diese Angst- und Unsicherheitsgefühle aus?

Sachlich analysiert lässt sich sagen, dass die meisten Menschen problemlos sprechen können. Tag für Tag stellen sie das in vielen verschiedenen Situationen unter Beweis. Beim Einkauf, beim Arzt, beim Amt, bei Gesprächen mit Familienangehörigen, Freunden und Bekannten, im Geschäfts- und im Privatleben gleichermaßen.

Daran kann es nicht liegen. In den Überlegungen und im Weiteren in dieser Unterlage soll unterstellt werden, dass das zu vermittelnde Sachliche bekannt ist.

Der Redner weiß, was er sagen will und ist ausreichend mit dem sachlichen Inhalt vertraut.

So bleibt also nur das Menschliche, die emotionale Seite, die Lampenfieber, Nervosität oder sogar Angst aufbaut, sich zu blamieren, oder das Publikum zu langweilen, wird zu oder vor Publikum präsentiert.

„Sie sind nicht allein mit Ihrer Nervosität."

Gleich ein kleines Trostpflaster vorweg: Sollten Sie von übermäßiger Nervosität beziehungsweise von Lampenfieber betroffen sein, dann sind Sie nicht allein mit Ihren Gefühlen.

Viele Menschen leiden regelrecht unter diesen Empfindungen. Bei manchen wird es sichtbar oder hörbar, bei anderen orientiert sich der Stress nach innen. Stress wirkt sich auf den Körper aus und kann gesundheitliche Beeinträchtigungen hervorrufen.

Egal zu welcher Gruppe Menschen Sie gehören: In den meisten Fällen lässt sich Lampenfieber in den Griff bekommen und mit etwas Training die Nervosität überwinden.

Die folgenden Seiten zeigen, wie mit dieser Situation umgegangen beziehungsweise wie sie vermieden werden kann.

Unwohlsein vor dem Auftritt – Nervosität, Lampenfieber

Liebe Leserin, lieber Leser, ist Ihnen auch schon einmal passiert, dass Sie vor einem wichtigen Gespräch mit einem Kunden, Mitarbeiter, Vorgesetzten, Amtsinhaber, Partner oder anderen ein sehr flaues, Unwohlsein auslösendes Gefühl im Bauch hatten?

Obwohl Sie sicher waren, dass zum einen das Gespräch richtig und wichtig war, zum anderen Sie wussten, sich sehr gut vorbereitet zu haben? Weshalb entstand diese Nervosität, die es Ihnen schwermachte, die Nacht vor dem Gespräch ruhig und erholsam schlafen zu können?

Vielleicht ärgerten Sie sich sogar über den spürbaren Stress, wäre er Ihrer Meinung nach doch gar nicht notwendig gewesen.

Oder lag es möglicherweise an der unterschwellig schlummernden Angst, dem Gespräch nicht gewachsen zu sein? Oder nagte eher die Furcht, Fehler zu begehen?

59

Befürchteten Sie, einen wichtigen Punkt zu vergessen? Die beschriebenen Gefühle sind eins zu eins übertragbar auf zu haltende Reden, Vorträge, Präsentationen. Also – gehen Sie diese Herausforderung an!

Nervosität und Lampenfieber

Was bedeutet denn nun Lampenfieber? Es gibt mindestens zwei Erklärungen zur Entstehung dieses Begriffs. Beide kommen aus dem Bereich der Schauspielerei.

Die erste Erklärung lautet wie folgt: Betritt ein Schauspieler die Bühne, die Rampe, hat er seinen Text auswendig gelernt. Eine gute Konzentration, um diesen mit seinem schauspielerischen Talent umsetzen zu können, ist gefragt. Diese Anstrengungen produzieren schon einmal einen heißen Kopf, sozusagen das Fieber.

Schon hat der Schauspieler Fieber auf der Rampe: Rampenfieber, was ähnlich lautet wie Lampenfieber. Das ist die erste Erklärung.

Die zweite Erklärung: In früheren Zeiten wurde die Bühne mit Gaslampen beleuchtet. Das Abbrennen des Gases erzeugt nicht nur Licht, sondern auch Wärme.

Je nachdem, wie gut die Bühne ausgeleuchtet wurde, wurde es recht warm. Der Schauspieler, der sich nun in seinem Kostüm in seiner Rolle bewegte, begann zu schwitzen. Er bekam einen heißen Kopf, bildhaft gesehen Fieber. Schon sind Sie bei dem Wort Lampenfieber.

Die Nervosität als Kurve

Die unterschwellige Nervosität ist vorhanden und schwillt bei einer (rhetorischen) Herausforderung deutlich an.

Gegebenenfalls hält sie so lange an, wie die Aktion läuft, um sich danach wieder zu mäßigen.

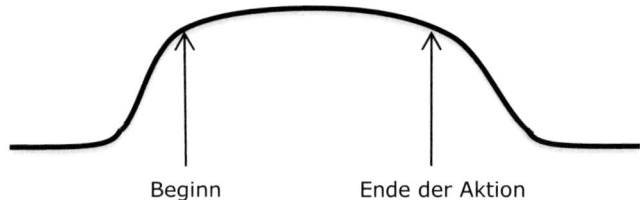

Beginn   Ende der Aktion

Das Lampenfieber als Kurve

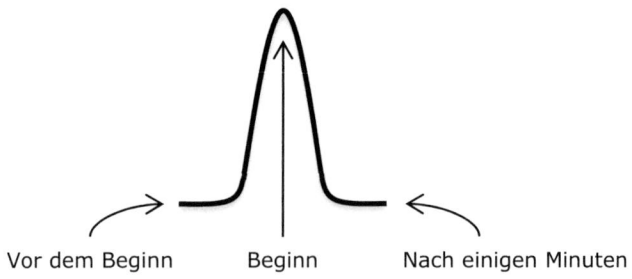

Vor dem Beginn   Beginn   Nach einigen Minuten

Das Lampenfieber baut sich vor einem (rhetorischen) Auftritt extrem auf. Kurz nach Beginn der Aktion baut es genauso schnell wieder ab.

Nervosität versus Lampenfieber

Heute wird Lampenfieber mit dem Wort Nervosität fast gleichgesetzt. Nervosität bedeutet ungefähr das Gegenteil von Ruhe oder Ausgeglichenheit. Geht die innere Ruhe verloren, verändert sich die Gemütsverfassung. Der Mensch wird nervös.

Die Nervosität, die sich schon mehrere Tage vor einem Auftritt, einer Prüfung oder einer Präsentation aufbaut, ebbt nach dem Ende der Aktion wieder ab.

Obwohl im vorliegenden Text die Begriffe Lampenfieber und Nervosität fast gleichgesetzt werden können, lässt sich doch ein gewisser Unterschied erkennen. Nervosität ist dauerhafter als Lampenfieber.

Ein Mensch kann unter einer eingeschränkten Gelassenheit leben, die eine ständige innere Unruhe bewirkt. Hier lässt sich gut das Wort Nervosität verwenden.

Im Gegensatz hierzu ist das Lampenfieber zeitlich kürzer zu sehen. Lampenfieber baut sich direkt vor einer Aktion auf und ebbt nach Beginn der Aktion relativ schnell wieder ab. Danach befindet sich der betreffende Mensch wieder in einem ruhigen, ausgeglichenen Gemützustand.

Später werden Sie lesen, wie Stress abgebaut werden kann. Sie werden Techniken kennenlernen, die Nervosität auf Dauer vermeiden oder auf ein Minimum reduzieren sollen.

Außerdem werden Sie erfahren, welche Techniken es gibt, die kurzfristig helfen, Lampenfieber zu überwinden. Egal ob Lampenfieber oder Nervosität: Sie wollen beides vermeiden. Also heißt es: Das Thema angehen.

Positiver und negativer Stress

Hans Hugo Bruno Selye (österr. Mediziner, 1907 – 1982) ist sozusagen der ‚Erfinder‘ des Wortes Stress. Er betrachtete ihn allerdings aus medizinischer Sicht. Medizinisch bedeutet in diesem Zusammenhang die Annahme, dass ein Defizit vorliegt, das durch medizinisches Eingreifen ausgeglichen werden kann.

„Ich fühle mich überfordert.“

Heute wird das Wort Stress etwas häufiger benutzt im Sinne von Überforderung.

Aus dieser Sicht betrachtet, lässt sich der Stress relativ rational/logisch reduzieren und in den Griff bekommen. Stress kann tatsächlich ein Krankheitsbild auslösen.

Für den Laien ist es fast unmöglich zu unterscheiden, ob es sich ‚nur‘ um eine Überforderung handelt, oder ob der Stress eine medizinische Behandlung erfordert.

Was bedeutet Stress?

Gibt es guten und schlechten Stress? Ja, das ist so. Generell kann Stress in zwei wesentliche Richtungen unterschieden werden. Nämlich in Eustress und Disstress.

Der positive Stress

Eustress

… ist der positiv, emotional getönte Stress, zum Beispiel bei freudigen Erwartungen.

So erzeugt die bevorstehende Hochzeitszeremonie, die Geburt eines Kindes, die Überreichung eines Diploms, Stress.

Er ist positiv für den Präsentierenden. Freut sich jemand darauf, eine schöne Rede halten zu dürfen, kann Eustress entstehen.

Der negative Stress

Disstress

… ist der mit negativen Gefühlen wahrgenommene Stress, zum Beispiel in Konfliktsituationen, bei Streit, unter Zeitdruck und so weiter.

Dieser Stress ist nicht gut für den Menschen.

Hat jemand Furcht vor einem Auftritt, entsteht Disstress.

Interessanterweise lösen beide Stressarten im Menschen gleiche körperliche Reaktionen aus. Obwohl die körperlichen Reaktionen gleich sind, gibt es in der weiteren Vorgehensweise Unterschiede.

Im ersten Fall stellt sich der Mensch der Herausforderung, er ‚kämpft'.

Im zweiten Fall versucht er die Herausforderung zu vermeiden. Er ‚flieht'.

63

Im ersten Fall schafft er die Herausforderung, es geht ihm anschließend besser.

Möglicherweise spornt der Eustress sogar an und motiviert.

Im zweiten Fall wird eher ein Scheitern empfunden. Das Selbstwertgefühl leidet und sinkt ab. Der Mensch wird demotiviert.

Sich der Gefahr stellen – oder fliehen?

In wenigen Minuten ist es soweit. Gleich wollen Sie mit der Präsentation starten.

Dummerweise empfinden Sie sehr starke innere Unruhe. Wie wollen Sie vorgehen? Wollen Sie sich der Situation stellen oder lieber kneifen?

Kampf

Es kommt entweder zum Kampf oder zur Flucht. Das Wort Kampf hört sich etwas brutal an. Gemeint ist, dass sich der Betreffende der Situation stellt.

Statt ‚Probleme' sieht er Herausforderungen und meistert diese. Durch die Bewältigung der Herausforderungen merkt er, dass er immer mehr leisten kann; es geht ihm immer besser. Das Selbstwertgefühl wird aufgebaut.

Je häufiger er sich Herausforderungen stellt, desto stärker entwickelt sich sein Ego. In Folge werden Präsentationen immer besser.

Wählen Sie diese Alternative, werden Sie merken, dass Sie sich auch brenzligen Situationen stellen können. Sie sind auf dem richtigen Weg.

Flucht

Meidet der Betreffende die stressauslösende Situation, ‚flieht' er. Er stellt sich bestimmten Aufgaben, wie Prüfungen und anderen nicht mehr. Sein Gehirn merkt, dass durch das Vermeiden von Stresssituationen die Konfrontation umgangen werden kann.

Er wird sich eine Scheinwelt aufbauen, in der er scheinbar problemlos leben kann. Diese Scheinwelt bringt ihn schleichend aus dem realen Leben, in dem er nicht mehr frei leben kann. Das Selbstwertgefühl wird auf Dauer abgebaut.

Das Risiko, sollten Sie zu dieser Gruppe zählen, ist, dass Sie Situationen meiden, in denen Sie reden sollen oder müssen.

Schockstarre

Schließlich gibt es noch eine dritte Variante, die nicht außer Acht gelassen werden soll: die Schockstarre.

Die Schockstarre, die auch als Angststarre bezeichnet wird. Der Betreffende ist so stark von der Stresssituation überwältigt, dass alle üblichen rationalen oder instinktmäßig gesteuerten Verhaltensmuster ausfallen.

Die Biologie schützt den Körper davor, einen Fehler zu machen. Die Muskeln versteifen sich, der Herzschlag wird ruhiger, der Körper kann nicht mehr bewusst gesteuert werden.

Vielleicht schafft er es durch diese Starre, die Herausforderung beziehungsweise die Gefahr überhaupt nicht zu realisieren. Das würde ihm helfen, zu überleben.

Sollte der tatsächlich ausgesprochen seltene Fall solch einer Schockstarre zu Beginn einer Präsentation stattfinden, kann die Präsentation anschließend nicht von dem Betroffenen durchgeführt werden.

Nervös vor dem Auftritt?

Es ist menschlich und auch üblich, dass Sie vor Ihrer Aktion Lampenfieber bekommen. Das ist weiter nicht schlimm, zeigt es doch, dass Sie dem Kommenden große Beachtung schenken.

Lampenfieber zeigt die innere Anspannung, zeigt auch die auftretende Nervosität. Sollte das Lampenfieber allerdings in zu große Nervosität übergehen, kann es sein, dass Ihre Ausführung darunter leidet.

Deshalb ist es sinnvoll, die Nervosität so gering wie nötig zu halten. Es gibt mehrere Möglichkeiten, dieser Nervosität zu begegnen. Bereiten Sie sich ‚mental' vor.

Die Stressauslöser bei Vorträgen

„Wenn man beginnt, seinem Passfoto ähnlich zu sehen,
sollte man in den Urlaub fahren."
Ephraim Kishon, isr. Satiriker
(1924 - 2005)

Ungewollte Stressoren

Der Stress, der sich bei geplanten Auftritten und Gesprächen einstellt, entsteht häufig durch folgende Stressoren (Stressauslöser).

Die Befürchtung, einer Präsentation nicht gewachsen zu sein, sowie Angst vor Versagen bei der Präsentation.
Ungerechtfertigte Kritik (am Verhalten, am Aussehen, an der Person oder Ähnliches).

So reagiert der Körper bei Lampenfieber

Zu verdanken ist das den Vor-Vorfahren, dass selbst nach vielen Jahrtausenden der Körper des Menschen in gleicher Art reagiert.

Die Reaktionen stellten (und stellen) sicher, dass der Mensch in der stresserzeugenden Situation entweder kämpfen oder fliehen kann.

Deshalb geschieht im Körper Folgendes:

Adrenalin wird verstärkt ausgeschüttet.	Die Atemfrequenz steigt.
Die Herzfrequenz steigt.	Die Speichelproduktion wird reduziert.
Der Blutdruck steigt.	Der Mund wird trocken.
Der Blutkreislauf wird beschleunigt.	Die Verdauung wird gehemmt.

Die Blutgefäße verengen sich.	Der Darm und die Harnblase steigern Drang zur Entleerung im Vorfeld, dann aber in tatsächlicher Stress-Situation nicht mehr. Dafür wäre jetzt keine Zeit mehr.
Blut wird aus der Haut in andere Organe geleitet, die Person wird blass.	Schweiß (Angstschweiß) wird zur besseren Abkühlung produziert, (früher während der Flucht vor der Gefahr, um eine Überhitzung des Körpers zu vermeiden).
Blut gelangt schneller ins Gehirn, um schneller denken zu können.	Das Schmerzempfinden wird reduziert. So soll auch bei Verletzungen der Körper weiterhin optimal arbeiten können.
Die Grundspannung in den Muskeln wird erhöht, deshalb entsteht unkontrolliertes Zittern.	Sex-Schwäche tritt ein. In diesen Situationen haben sexuelle Abenteuer keine Priorität.

Blackout

Kurz ein Hinweis auf ein Symptom, vor dem viele in Präsentationen richtig Angst haben: nämlich die Furcht vor einem Blackout. Wie entsteht dieser?

Kein Zugreifen mehr auf Gelerntes

Den kompletten Informationsfluss im menschlichen Gehirn regeln die Synapsen. Deren Funktion wird bei akutem Stress gestört.

Mit dem Anstieg des Stresshormons Adrenalin werden die Synapsen gehemmt, Impulse weiterzuleiten. Der Präsentierende gerät in Panik und es entsteht ein Blackout.

Also ein vorübergehendes Nicht-mehr-Zugreifen-Können auf Gespeichertes. Wie ein Filmriss, weshalb ein Blackout auch manchmal so bezeichnet wird.

Die Person hat keinen Zugriff mehr auf die gespeicherten Informationen. Erst bei nachlassendem Stress arbeiten die Synapsen wieder wie gewohnt und die Informationen sind wieder abrufbar.

Peinlich bloßgestellt

Viele Menschen berichten, dass sie – zum Beispiel in der Schule oder an der Universität – an die Tafel gerufen, plötzlich das zuvor Gelernte nicht mehr wiedergeben können. Gekicher aus den Zuhörerreihen trägt keineswegs dazu bei, die stressige Situation zu entspannen.

Peinlich. Noch peinlicher, wenn vorher gelernt wurde und nun jeder Anwesende – besonders auch der Prüfer – annehmen kann, einen Nichtstuer bloßgestellt zu haben.

Das ist natürlich eine unbefriedigende Situation, zum Beispiel in Prüfungssituationen oder bei Präsentationen. Was nützt das komplett gespeicherte Wissen, wenn im Moment des Abrufens beziehungsweise der Abfrage kein Zugriff auf das Wissen erfolgen kann?

Wohl kaum einer will sich vorstellen, wie peinlich es sein kann, wenn der Präsentierende vor Zuhörern steht, plötzlich einen Blackout erleidet und absolut nicht mehr weiß, was er sagen wollte.

Das Ergebnis spiegelt sich dann in einer schlechten Wertung wider.

Einstellung ändern

Kommt es immer mal wieder zu einem Blackout, ist das ein deutlicher Hinweis dafür, dass die betroffene Person an ihrem Verhalten arbeiten sollte, da sich sonst auf Dauer in ihrem Leben eher Misserfolge einstellen werden.

Einerseits sollen Sie nicht erwarten, dass Sie jemals bei Ihren Reden einen Blackout erleiden müssen.

Andererseits liegt es an Ihnen, sich so zu trainieren, dass es nicht zu einem Blackout kommt.

69

Lampenfieber gehört dazu

Spätestens am Ende dieses Kapitels sollte klar sein, weshalb es im menschlichen Leben Stress gibt, der Lampenfieber und Nervosität vor und während Präsentationen oder einer Prüfung entstehen lässt.

Da Sie, liebe Leserin und lieber Leser, keine Roboter sind, besteht die Wahrscheinlichkeit, dass Sie ebenso – zumindest hin und wieder – betroffen sind.

Da der Stress nicht wegzudiskutieren ist, sollte er im ersten Schritt akzeptiert werden. Wer den ‚Feind‘ kennt, kann mit ihm umgehen.

Stress-Vermeidung und Minimierung der Nervosität

Es ist schön, wenn Sie für eine bestimmte rhetorische Aufgabe die Nervosität besiegt haben. Noch besser wird es, wenn Sie die Nervosität generell für vergleichbare Auftritte deutlich im Griff haben.

Die unten aufgeführten Übungen eignen sich überwiegend dazu, um generell die Nervosität zu minimieren und ein stressfreies Leben zu führen.

Sechs Techniken, um Nervosität in den Griff zu bekommen, werden aufgelistet:

Entspannungstechniken einsetzen. Zum Beispiel Autogenes Training, Meditation, Progressive Muskelentspannung, Tai-Chi, Atemtechniken, Körpertherapiemethoden, Yoga oder andere.

Eine Fantasiereise (auch Traumreise) unternehmen. Sich eine fiktive Geschichte erzählen lassen oder hören. Dabei entspannen und sich den Ablauf der Geschichte vorstellen. Am besten liegend, bei geschlossenen Augen, gegebenenfalls mit beruhigender Hintergrundmusik.

Den Stress thematisieren. Im Erfahrungsaustausch mit Kollegen, durch Gespräche mit dem Partner oder mit Freunden.

Von außen betrachten. In der jeweiligen Stresssituation Distanz schaffen. Überlegen Sie sich zum Beispiel: „Was würde ich in dieser Situation einem guten Freund raten?" Oder: „Was würde ein neutraler Beobachter in dieser Situation sagen?" Treten Sie neben sich und betrachten Sie die Situation und Ihr Verhaltensmuster von ‚außen'. Sie vermeiden damit ein Scheuklappen-Denken.

Aufgaben und Herausforderungen in Einzel-‚Probleme' zerlegen, die dann leichter gelöst werden können. So stellt sich leichter und schneller ein Erfolg ein.

Körperlichen Ausgleich suchen. Zum Beispiel Joggen, Radfahren, Wandern und so weiter.

Kapitel 3 – Der Präsentation eine nachvollziehbare Struktur verleihen

Von Einleitung bis Abschluss

„Der Anfang ist der wichtigste Teil der Arbeit."
Plato(n), gr. Philosoph
(427 - 348/347 v. Chr.)

Erste Gedanken zur Planung einer Präsentation

Sie freuen sich, dass Sie gebeten wurden, eine Präsentation halten zu dürfen.

Sie wollen weder den Auftraggeber noch die Teilnehmer und natürlich auch sich selbst enttäuschen.

Sie müssen sich sehr gut vorbereiten, wollen wissen, wie Sie starten und abschließen, wie der Hauptteil strukturiert wird.

Nach der Präsentation planen Sie eine Nachbereitung, um Ihre Arbeit in Zukunft noch weiter zu optimieren.

Das Diagramm zeigt, wie Sie vorgehen können.

71

Zu Position 4:

Interesse wecken:	▪ „Das Thema ist für Sie wichtig, weil ..."
Ziel nennen:	▪ „Ich werde Ihnen heute ..."
Vorkenntnisse ermitteln:	▪ „Kennen Sie schon ...?"
Bezug zur Praxis herstellen:	▪ „Das ist in Ihrem Arbeitsbereich ..."

1. • Vorbereitung
2. • Begrüßung und Einstieg
3. • Aufmerksamkeit erreichen
4. • Interesse wecken
5. • Darbietung der Leistung
6. • Appell
7. • Abschluss der Präsentation
8. • Nachbereitung

Vorbereitung der Präsentation; sammeln – ordnen – fertigstellen

Um zu einer ‚runden' Präsentation zu kommen, können Sie so vorgehen:

- Ein interessantes Thema suchen und finden.
- Einen vorübergehenden Arbeitstitel wählen.
- Stoffsammlung vornehmen (zum Beispiel mit Mindmapping).
- Brainstorming, um originelle Ideen zu ergänzen.
- Alles überdenken, Sinnloses streichen.
- Eine vorläufige Struktur erstellen.
- Erste Stichwortfassung erstellen.
- Erste stilistische Ausformung des Hauptteils vornehmen.
- Erste stilistische Ausformung des Beginns der Präsentation.
- Erste stilistische Ausformung des Abschlusses.
- Eingehende Kontrolle des Bisherigen. Roten Faden beachten.
- Feinere Ausformung des Beginns, des Hauptteils, des Abschlusses.
- Bisherigen Arbeitstitel in einen ansprechenden Titel umwandeln.
- Eventuell Bild- und Tonmaterial einbinden. Erstellen und testen.
- Endgültige Fassung erstellen.
- Ausgiebiges Trainieren der Präsentation.
- Letzte Anpassungen vornehmen.

73

Basis für eine professionelle Präsentation

Dynamisch und kurzweilig vortragen

Wer kennt sie nicht, die langweiligen Reden, möglichst monoton vorgetragen und gespickt mit „ähm" und „öhms"? Ein langatmiger Schachtelsatz folgt auf den nächsten, der auch noch inhaltslos bleibt. Schade – vergeudete Energie und Zeit.

Viel anregender (und professioneller) sind die Reden, Vorträge und Präsentationen, die lebhaft, dynamisch und kurzweilig rüberkommen, die beim Zuhörer alle Sinne anregen, die sich bildhaft und farbenfroh – dort wo es passt – mit einer Prise erfrischendem Humor am deutlich zu erkennenden roten Faden entlang entwickeln.

Erkenntniszuwachs

Die Zuhörer profitieren von vermittelten Informationen, die das Wissen erweitern und einen wertvollen Erkenntniszuwachs schaffen. Sie profitieren von Hinweisen für ihr berufliches (oder auch privates) Leben.

Gut gelaunt, motiviert und gegebenenfalls sogar begeistert applaudieren die Zuhörer am Ende der Ausführungen. So soll es sein!

So schwierig ist es gar nicht, die Zuhörenden zu inspirieren. Wie schön wäre es, gäbe es eine Checkliste, die nur abgehakt werden müsste, um eine tolle Rede hinzulegen.

Nun, so ist es nicht – und soll es auch nicht sein, bestünde doch die berechtigte Gefahr, überall möglicherweise gute aber gleichartige Präsentationen zu hören.

Rhetorik-Gerüst individuell füllen

Lassen Sie es so ausdrücken: Ihnen, liebe Leserin und lieber Leser, wird ein ‚Rhetorik-Gerüst' an die Hand gegeben, welches Sie mit Ihren besonderen Stärken, eigenen Vorstellungen und persönlichem Profil individuell füllen.

Es kann (und sollte) Ihnen gelingen, einen eigenen Präsentationsstil zu entwickeln, in dem Sie selbst ‚aufgehen' können, um Ihre Zuhörer rhetorisch zu überzeugen.

Bringen Sie Struktur und Spannung ein, Bewegung und Dynamik, Abwechslung und Initiative. Ihre Zuhörer investieren nicht nur Zeit, sondern auch Energie und in der Regel Geld, um Ihren Worten zu lauschen. Der Aufwand soll belohnt werden.

Aha-Erlebnis

Bei der Vermittlung von Wissen, Fähigkeiten und Erfahrungswerten ist oft durch ein zustimmendes Kopfnicken oder eine Feststellung „ja, das stimmt" Zustimmung der Anwesenden wahrzunehmen.

Manchmal wird auch durch den sogenannten Aha-Effekt beziehungsweise ein Aha-Erlebnis schlagartig eine neue Erkenntnis gewonnen.

Der deutsche Psychologe Karl Bühler (1879 – 1963) führte diesen Begriff ein. Aha-Erlebnis: Ein Problem wird durchschaut, jedoch noch nicht die Lösung erkannt. Die Person spürt, auf dem richtigen Weg zu sein.

Sie probiert und erreicht die ‚Schwelle zum Denken'.

Eine plötzliche Überschreitung dieser Schwelle (das ist das eigentliche Aha-Erlebnis) entsteht, gefolgt vom Moment der Einsicht. Es bedeutet:

- die <u>plötzlich</u> auftretende Einsicht zur Lösung eines Problems, oder das <u>schlagartige</u> Erkennen von Zusammenhängen.

Klassischer Zuwachs von Wissen	Schlagartiger Zuwachs von Wissen

Der Wissenszuwachs wurde schlagartig erhöht. Im Idealfall offenbart sich dem Zuhörer, wo und wie er das neue Wissen sinnvoll einsetzen kann. Die investierte Zeit hat sich gelohnt. So soll es sein!

„Aha! Jetzt habe ich es verstanden!"

Der Rote Faden und die Dramaturgie

Damit Ihnen genau das gelingt, bedarf es einiger handwerklichen, methodischen Fähigkeiten. Soziale Kompetenz, Einfühlungsvermögen, ein gesundes Selbstvertrauen, selbstbewusstes Auftreten und weiteres lässt eine Präsentation erfolgreich und ‚rund‘ werden. Um eine flotte Rede gelungen vorzutragen, ist ein Roter Faden zu spannen, der die Zuhörer durch den Vortrag oder die Präsentation führt.

An diesem unsichtbaren Faden orientiert sich der Zuhörer. Die Struktur wird sichtbar, die Übersicht und Ordnung bleibt bestehen. Bei manchen Rednern scheint der Ablauf so auszusehen, könnte er als Linie aufgezeichnet werden:

Der Roten Faden geht verloren.

Langweilige und ausschweifende Wiederholungen, endlose Schachtelsätze, die sich im Nirgendwo verlieren, unlogische Sprünge im Ablauf verraten den rhetorischen Laien. Der Trainierte hat seine Struktur deutlich vor Augen, macht diese für den Zuhörer hör- und sichtbar.

Der Rote Faden lässt einzelne Blöcke erkennen, die bei näherem Hinschauen beispielsweise folgende Präsentationsteile kennzeichnen:

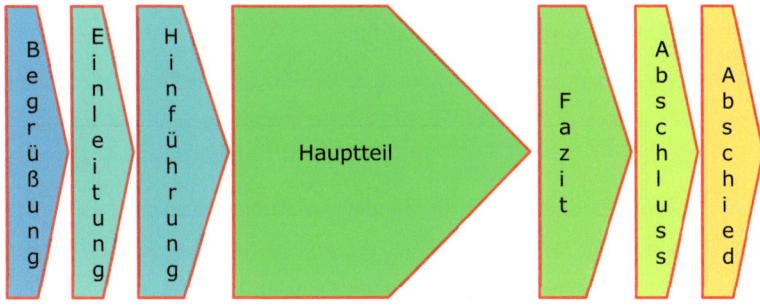

Diese Präsentationsteile können verschieden lang sein, so, wie es dem Redeanlass entspricht und natürlich auch von der zur Verfügung stehenden Zeit abhängig ist.

Dramaturgie

Wird Neugierde und/oder Spannung durch den Präsentierenden aufgebaut, bleibt der Zuhörer ‚bei der Stange'. Er folgt aufmerksam den Ausführungen und will wissen, wie es weitergeht.

Dem Präsentierenden ist es gelungen, eine zuhörenswerte Dramaturgie (gr. ‚dramaturgia' für ‚dramatische Darstellung') aufzubauen.

Das Wort dramatisch wiederum steht für eine gewisse Aufregung, die erzeugt wird. Etwas ist aufwühlend, drastisch dargestellt, einschneidend.

Im Wort dramatisch steckt das Drama (gr. ‚drama' für ‚Handlung'). Drama hört sich im ersten Augenblick negativ an. Tatsächlich ist ein Drama ein Trauerspiel (Tragödie) oder ein Lustspiel (Komödie).

Abwechslung, Überraschung, Gegensatz, Verzögerung

Um eine Dramaturgie, eine gewünschte Handlung in die Präsentation einzubauen, gibt es einige Möglichkeiten.

Mit das Einfachste dürfte die Abwechslung sein. Immer mal wieder ein neues, unerwartetes Vorgehen, ohne den Verlauf des Roten Fadens zu verlieren.

Zu Abwechslungen gehören auch Überraschungen. Der Zuschauer ist überrascht, wenn Unerwartetes geschieht.

Sei es, dass ein passendes Anschauungsmaterial ‚aus dem Hut' gezaubert wird, oder sich plötzlich eine unerwartete Wendung im Überlegungsstrang ergibt.

Dieser könnte beispielsweise durch einen Paradigmenwechsel erreicht werden. Hierunter wird verstanden, die eigene Welt der Gedanken zu verlassen, den eigenen Tellerrand zu überblicken, um eine Sachlage ‚mit anderen Augen zu betrachten'.

„Liebe Führungskräfte, schlüpfen Sie doch bitte mal einen Augenblick in die Rolle eines bedauernswerten Mitarbeiters, der gerade einen bösen, kostenschweren Fehler machte. Welche Gedanken und Befürchtungen gehen Ihnen – als Mitarbeiter – durch den Kopf? Wie verhielten Sie sich an seiner Stelle?"

Durch dieses Wechselspiel können sich Gegensätze oder Widersprüche auftun.

Zum Beispiel dann, wenn erkannt wird, dass in einem Konflikt beide Konfliktpartner recht haben können. Wie wäre in solch einem Fall zu urteilen oder zu entscheiden?

Diese Variante öffnet beispielsweise einen guten Einstieg in ein klassisches Pro-/Contra-Thema.

Zur Dramaturgie zählen auch bewusst eingesetzte Verzögerungen: Die Zuhörer ‚hecheln' regelrecht nach der nächsten Information oder einer Auflösung, die absichtlich herausgezögert wird.

Das Redeziel

Welches Ziel verfolgen Sie mit Ihrer Präsentation? Ziele können in drei große Ziel-Bereiche unterteilt werden:

Kognitive Ziele:	• Vermittlung von Wissen und Verstehen.
Affektive Ziele:	• Vermittlung von Werten und Einstellungen.
Psychomotorische Ziele:	• Vermittlung von Fertigkeiten.

Welches Ziel der Redner verfolgt

In der Regel versucht der Redner seinen Zuhörern etwas zu ‚verkaufen'. Es hört sich ‚nett' an zu sagen, er wolle seine Zuhörer überzeugen.

Mögliches Ziel des Redners:	• Der Verkauf eines Artikels. Zum Beispiel einen Staubsauger.
	• Der Verkauf einer Dienstleistung. Zum Beispiel die Erstellung einer Rede.
	• Der Verkauf einer Idee. Zum Beispiel ein Optimierungsvorschlag.
	• Der Verkauf der eigenen Arbeitskraft. Zum Beispiel im Vorstellungsgespräch.

In den meisten Gesprächen wird versucht, den anderen zu überzeugen. Überlegen Sie sich vor Beginn Ihrer Veranstaltung, weshalb Sie überhaupt zu Ihren Zuhörern reden wollen.

Legen Sie das Ziel des Gesprächs im Voraus fest.

Vortrags- und Präsentationsarten

Im vorliegenden Buch sind immer die Begriffe Rede, Vortrag, Präsentation und andere zu lesen. Auch wenn alle Vortragsarten professionell und kurzweilig dargestellt sein sollen, lässt sich ein feiner Unterschied zwischen diesen Begriffen erkennen.

Die folgende Aufstellung soll eine gewisse Übersicht geben. Zu den drei Kategorien Präsentation, Vortrag und Rede werden einige Beispiele gegeben.

Präsentation

Elevator-Pitch:	• Es wird frei gesprochen unter Einbindung der Zuhörer mit dem Ziel, das Publikum von eigenen Ideen, Leistungen oder Produkten zu überzeugen. • Oft sollen Geldgeber dazu gebracht werden, die Idee finanziell zu unterstützen.
Produkt-Präsentation:	• In der Regel wird frei gesprochen; die Angesprochenen werden angeregt die Produkte zu kaufen.
Comedy:	• Es wird frei gesprochen und es wird auf lustige Zusammenhänge hingewiesen. • Der Einsatz von Medien, Video-Clips, Interaktion und so weiter ist möglich. • Das Publikum soll zum Lachen und manchmal zum Überlegen angeregt werden.

Vortrag

Referat, Bericht, Kurzreferat:	• Ein Text wird abgelesen oder auswendig wiedergegeben.
Rezitation (lat. ‚recitatio' für ‚das Vorlesen'):	• Künstlerisches und emotionales Vortragen eines literarischen Textes. • Literarische Texte hörbar machen.
Interpretation (lat. ‚interpretatio' für ‚Auslegung'):	• Deutung oder Auslegung einer Gegebenheit oder eines Textes.

Rede

Jubiläums-Rede:	• Der Jubilar oder Ehrengast wird positiv dargestellt (wertgeschätzt) und gelobt.
Überzeugungs-Rede:	• Gespräch mit eindeutig positiver Stellungnahme und nachvollziehbaren Erklärungen zum Produkt, zur Idee oder zur Dienstleistung.
Informations-Rede:	• Vermittlung von Fakten und Wissen. • Darstellung ohne Manipulationsversuch.
Ansprache:	• Eine bestimmte Zielgruppe wird (auch öffentlich) zu einem bestimmten Thema vom Sprecher (Bundespräsident) über eine Sachlage, informiert.

Proklamation (lat. ‚proclamare' für ‚laut ausrufen'):	• Öffentliche Verkündigung, Ankündigung, Bekanntmachung. • Früher durch den Proklamator vollzogen. Heute von einem Staatsvertreter oder einer bevollmächtigten Person.

Allen Redearten wird ein gewisser Schwierigkeitslevel unterstellt. Eine Variante ist nicht schlechter als die andere, jede hat ihre Herausforderung. Der einfacheren Lesbarkeit halber werden im folgenden Text trotzdem alle Begriffe gleichwertig behandelt.

Im Wort Präsentation versteckt sind – ziemlich auffällig – das Wort Präsent (lat. ‚praesentare' für ‚überreichen'). Will der Präsentierende dem Zuhörenden etwas schenken, ein Geschenk überreichen? Einen Teil seines Wissens oder seine Erfahrung?

Überreichen Sie jemandem ein Geschenk, wollen Sie ihm eine Freude bereiten. Der Beschenkte soll sich über das Präsent freuen. So sollte es auch in einer klassischen, guten Präsentation sein.

Der Zuhörer soll sich über die übermittelten Informationen freuen. Betrachten Sie Ihre Präsentation in diesem Sinn, dann wird sich der Erfolg einstellen.

Zeitumfang und Reserve

In Ihrer Planung legen Sie einen bestimmten Zeitumfang für Ihre Präsentation fest. Oder Ihr Auftraggeber gibt Ihnen einen Zeitrahmen vor. Zum Beispiel:

Zeit	Art	Wo zu finden?
1 min	Eigene Präsentation	In einem Assessment-Center, wenn der Kandidat aufgefordert wird, sich zu präsentieren.
1 min	Elevator-Pitch	Einen Geldgeber überzeugen.
2 min	Interview	Im Fernsehen oder für einen Internet-Auftritt.
4 min	Überzeugungs-rede	In einem Verkaufsgespräch, im Bewerbungsgespräch bei einem zukünftigen Arbeitgeber.
10 min	Tischrede	Hier wird das ‚offizielle' Protokoll vorgegeben, wie lange die Tischrede sein darf.
20 min	Rede	Möglicherweise wird ein Auftraggeber die Zeitdauer vorgeben.
45 min	Präsentation, Vortrag	Vorgegeben durch Auftraggeber oder Kunde.
> ½ Tag	Seminar, Präsentation	Vorgegeben durch Auftraggeber oder Kunde.

Selbst wenn Sie zuvor Ihre Präsentation zu Hause üben und dabei darauf achten, dass Sie den Zeitrahmen einhalten, sieht die Praxis häufig anders aus:

Mögliche Zeit-Killer:	• Ihr Vorredner überzieht, dadurch bleibt Ihnen weniger Zeit. • Ihre Nervosität lässt Sie deutlich schneller reden als geplant. Sie sind früher ‚fertig‘. • Sie ‚vergessen‘ einen Inhaltspunkt und sind vorzeitig fertig. • Sie verzetteln sich und müssen gegebenenfalls abbrechen. • Es tritt eine Störung ein.

Für all diese Aufzählungen gilt – Ihr gut ausgetüftelter Zeitplan würde hinfällig.

Reserveblock und Pufferblock

Deshalb ist es sinnvoll, wenn Sie sich entsprechend vorbereitet haben. Planen Sie einen Reserveblock und einen Pufferblock ein.

Bei Zeitüberfluss einen Reserveblock bereithalten:	• Hören Sie vor der geplanten beziehungsweise vereinbarten Zeit auf, haben Ihre Zuhörer oder Ihr Auftraggeber möglicherweise das Gefühl, für eine nicht erbrachte Leistung zu zahlen. • Damit dieser Eindruck nicht entsteht, fügen Sie den Reserveblock ein. Dieser Reserveblock vertieft das Thema oder gibt weitere Beispiele. Der Reserveblock kann das Thema ergänzen.

- Aber Achtung: Auch ohne Reserveblock muss das Thema vollständig abgearbeitet sein!

  Dem Zuhörer soll nicht auffallen, dass Sie einen Reserveblock einfügten.

- Der Pufferblock ist als Element anzusehen, das bei Zeitmangel – ohne Verlust eines Themenbereichs – weggelassen werden kann.

  Auch ohne Pufferblock ist das Thema umfassend abgehandelt.

Bei Zeitknappheit einen Pufferblock einplanen:

- Im Pufferblock sind daher keine grundlegenden Informationen enthalten, die zum Verständnis des kompletten Themas erforderlich wären.

  Durch das Weglassen des Pufferblocks wird der Lerneffekt nicht gemindert.

- Die Zuhörer sollen nicht merken, dass ein Teil weggelassen wurde.

87

Welchen Block Sie auch benutzen, für den Zuschauer beziehungsweise Zuhörer soll Ihre Präsentation umfangreich und komplett erscheinen.

Weder darf er den Eindruck erhalten, dass ihm etwas vorenthalten, noch, dass er mit Unwichtigem ‚belästigt' wird.

Aktive Phasen und Lerneinheiten

Das menschliche Gehirn kann nur eine bestimmte Menge an Daten gleichzeitig (vernünftig) verarbeiten und verstehen.

Wird das Gehirn mit zu viel Information ‚beschossen‘, kann es sein, dass der Zuhörer wegen ‚Reizüberflutung‘ abschaltet.

Ebenso wird die gewünschte Aufmerksamkeit nur über einen gewissen Zeitraum aufrechterhalten. Es lässt sich festhalten, dass bereits nach 15 bis 20 Minuten (!) die Aufmerksamkeit deutlich sinkt.

Bei einer Online-Präsentation lässt die Aufmerksamkeit und Konzentration bei den Zuhörern noch schneller nach.

Das heißt für Sie als präsentierende Person, dass bei längerer Präsentation diese sehr abwechslungsreich gestaltet werden soll. Abwechslungen bringen:

	• Eine direkte Frage stellen.
	• Bitten, etwas zu tun.
	• Über etwas abstimmen lassen.
Interaktion mit dem Publikum:	• Auch für Online-Präsentationen gibt es gute Programme, mit denen beispielsweise eine direkte Umfrage vorgenommen werden kann. Das Ergebnis wird zum Beispiel direkt als farbiges Diagramm dargestellt.
Anschauungsmaterial in die Hand geben:	• „Ich habe Ihnen hier ein Muster mitgebracht.“
Rollenspiel:	• „Lassen Sie uns die Diskussion kurz darstellen. Eine/r spielt die vorgesetzte Person und eine/r spielt die Mitarbeitende.“

Diskussion:	• Zum Beispiel nach einem Rollenspiel.
Aktiv-Einheit:	• „Bitte alle einmal kurz aufstehen!"
Gruppenarbeit:	• Etwas herstellen lassen (zum Beispiel eine Collage). • Teilnehmer etwas vortragen lassen (zum Beispiel Ergebnisse einer Gruppenarbeit).
Brainstorming:	• Zeitlich kurze Aktion, in der (auch) ‚verrückte' Ideen geäußert werden dürfen.
Kreative Unterbrechung:	• Kleine sportliche Übungen zur Muskelentspannung. • Alle Teilnehmer wechseln die Sitzplätze.

89

Der Präsentations-Beginn

„Der Anfang der Sprache ist der Beginn des Gedankens."
Friedrich Max Müller, dt. Sprachwissenschaftler
(1823 - 1900)

Geschickt einsteigen – die Einleitung

Die Zuhörerinnen und Zuhörer haben Platz genommen. Vereinzelt tuscheln einige Teilnehmer miteinander, andere blättern in ihren Unterlagen. Hier wird noch in der Tasche gekramt, dort raschelt ein hastig aufgedrehtes Bonbonpapier. Eine leichte und leise Geräuschkulisse füllt den Raum. Nun sind Sie dran, liebe Leserin, lieber Leser. In ganz wenigen Augenblicken werden sich mehrere Augenpaare auf Sie richten, um Ihren Worten zu lauschen. Gutes Gelingen.

Sie räuspern sich einmal leise, konzentrieren sich, setzen Ihr charmantestes Lächeln auf – und los geht's! Die ersten Wörter werden gesprochen. Herzklopfen? Macht nichts: einfach weiterfahren! Mehrere richtige Möglichkeiten stehen Ihnen zur Verfügung, um Ihre Präsentation korrekt zu beginnen. Einige mögliche Variationen, Ihre Präsentation einzuleiten, werden hier beschrieben.

Der seriöse Beginn

Sie bevorzugen den konservativen Einstieg?

Seriöser Beginn: Sie beginnen Ihre Präsentation in der üblichen Art mit:	• „Guten Tag, meine … Ich bin … und spreche heute über das Thema … Gehen wir zunächst …"
Denkzeit A: Sie geben Ihren Zuhörern eine Problemstellung vor. Sie werfen nach Ihrer Begrüßung die Problemstellung durch eine Frage auf.	• „Was wäre geschehen, wären Kleopatra und Caesar einander nicht begegnet?"

Denkzeit B:

Ihre Zuhörer denken nach und werden dadurch in das Thema miteinbezogen. Neugierde wird geweckt, Spannung aufgebaut. Sie fahren weiter.	• „Guten Tag, meine … Ich heiße … Unser heutiges Thema lautet … Gehen wir zunächst …"

Vorspann A

Beginnen Sie mit:	• „Guten Tag, meine …, mein Name ist … Ich habe Ihnen hier einen kleinen Filmausschnitt mitgebracht."
Starten Sie Ihre Filmeinspielung oder Ihren Videoclip (zum Beispiel werden drei Werbespots gezeigt). Stoppen Sie dann die Einspielung.	• „Sie haben nun drei Werbespots gesehen. Was sagen Sie dazu?"

Vorspann B

Sie leiten direkt in eine Diskussion über:	• „Und schon sind wir mitten in unserem Thema. Nämlich: ‚Macht Werbung dumm?' Lassen Sie uns zunächst …"

Durch einen Einstieg dieser Art erzeugen Sie das Wohlwollen und die Neugierde der Zuhörenden. In der Regel gelingt es Ihnen, in kürzester Zeit eine positive Atmosphäre zu schaffen.

Der Vorspann ist auch dann genial einzusetzen, wenn Sie sich noch etwas unsicher oder gar gehemmt fühlen. Denn die Aufmerksamkeit Ihrer Zuhörer wird fast sofort von Ihnen weg auf den Vorspann gelenkt.

Sie lassen sozusagen andere (oder etwas anderes) für Sie arbeiten.

Der kreative Beginn – Der Aufhänger

Mit einem Aufhänger wird eine Situation deutlich dargestellt. Erst nach dem Aufhänger werden die Zuhörer begrüßt und das ‚eigentliche‘ Seminar beziehungsweise Ihr Vortrag, Ihre Präsentation beginnt.

Starten Sie mit einem effektvollen Aufhänger, der Aufmerksamkeit erregt, wie in den folgenden Beispielen gezeigt wird.

Rhetorische Frage

„Heute sprechen wir über die Essgewohnheiten der Europäer. Wer will schon unnötiges Übergewicht mit sich herumschleppen? Nun, meine Damen und Herren, erst einmal – Guten Tag, … Ich heiße … Unser heutiges Thema lautet … Gehen wir zunächst …“

Überraschungsfrage

„Ist jemand unter Ihnen, der in Zukunft weniger Stress haben möchte?“ Ganz gewiss wird sich der eine oder andere Teilnehmer melden. „Sie? … Sie auch? Nun, erst einmal einen schönen guten Tag. Ich heiße … und spreche heute über das Thema ‚Anti-Stress‘.“

Vergleich

„Eines Tages begegnete eine stabil und ausladend kräftig gebaute Dame einem stockbetrunkenen Mann. ‚Mein Gott, sind Sie aber betrunken, das ist ja eklig‘, rief die Dame aus.

Der Betrunkene blieb stehen, schaute sich die Dame an und erwiderte: ‚Ich bin zwar betrunken – doch dafür sind Sie furchtbar hässlich! Aber Morgen bin <u>ich</u> wieder nüchtern!'"

Je nach Zielgruppe mögen Ihre Zuhörer amüsiert oder auch betroffen reagieren. „Nun, meine Damen, meine Herren, doch zuerst: Einen guten Tag … Ich bin … und rede heute Abend mit Ihnen über das Thema ‚Alkoholismus bei Jugendlichen und Erwachsenen!'"

Anekdote

„Auf dem Sterbebett soll Johann Wolfgang von Goethe gesagt haben: ‚Mehr Licht'. Meinte er damit, dass er mehr Licht brauchte, weil es zu dunkel im Zimmer war? Oder wollte er in seinem Frankfurter Dialekt ausdrücken: ‚Mer licht hier so schlecht', was frei übersetzt heißt: ‚Man liegt hier so schlecht'?"

93

Wahrscheinlich erfolgt ein amüsiertes Verhalten der Zuhörer. „Nun, meine Damen und Herren, bevor ich mit dem Thema ‚Goethe und sein Leben' beginne, lassen Sie mich Sie erst mal begrüßen. Mein Name ist …"

Zitat

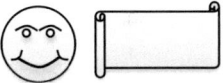

„Wir leben alle unter dem gleichen Himmel, aber wir haben nicht den gleichen Horizont, um Konrad Adenauer zu zitieren."

Sicherlich werden sich die Zuhörer amüsiert zeigen. „Nun, erst mal einen guten Tag … Mein Name ist … Und unser heutiges Thema lautet: ‚Ist Intelligenz messbar?'."

Wahre Begebenheit

„Als Martin Luther King am 28. August 1963 seine berühmte Rede ‚I have a dream‘ vor Tausenden von Menschen hielt, mögen ihm die heutigen Situationen bestenfalls als Visionen erschienen sein."

Eventuell zustimmendes Kopfnicken der Zuhörer. „Bevor wir zu unserem Thema ‚Werden Visionen wahr?‘ kommen, darf ich Sie erst einmal herzlich willkommen heißen. Ich bin ...“

Persönlich Erlebtes

„Während der Fahrt mit der Bahn hierher, konnte ich bei Folgendem Zeuge sein: Im Abteil mir schräg gegenüber saß eine ältere Frau. Sie ärgerte sich offensichtlich über das Verhalten einiger junger Leute.

Sie hatten ihre Musik ziemlich laut eingestellt und kommunizierten deswegen auch auf einem erhöhten Lautstärken-Level.

Die Frau schüttelte den Kopf und murmelte: ‚Unmöglich, diese Jugend von heute!‘“

Einige Ihrer Zuhörer werden verständnisvoll mit dem Kopf nicken, andere aber verständnislos den Kopf schütteln. „Ich frage Sie, meine lieben Zuhörerinnen und Zuhörer: Sind junge Menschen heute wirklich unhöflicher, als ältere Menschen in ihrer Jugend waren?

Unser Thema heute lautet: ‚Umgangsformen im 21. Jahrhundert‘. Mein Name ist ... und ich heiße Sie zu unserem Thema herzlich willkommen."

Oder direkt in ‚die Vollen'?

„Wir stehen vor einer schwierigen Entscheidung." Die Zuhörer werden zuerst einmal geschockt, betroffen oder zweifelnd reagieren.

„Ich danke Ihnen, dass Sie so schnell gekommen sind. Guten Abend, meine … Ich heiße … und werde mit Ihnen heute das folgende Problem lösen…"

Durch einen flotten, originellen Einstieg verschaffen Sie sich die Aufmerksamkeit der Zuhörer in kürzester Zeit.

Die Anwesenden sind gespannt auf das Kommende. Nach wenigen Augenblicken sind Sie bereits mitten in Ihrem Thema.

Der unseriöse Beginn

95

Aber nicht so! Der schwache Start:

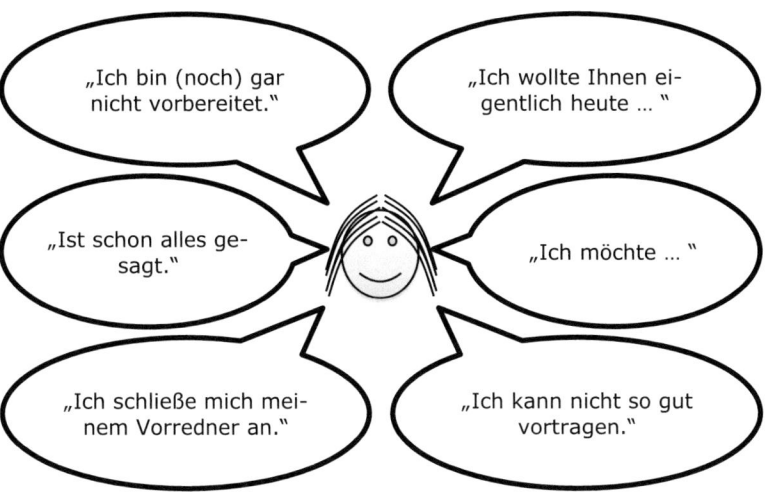

Mit packendem Titel potentielle Interesse wecken

Während der Präsentation soll ,irgendwann' der Titel genannt werden. „Irgendwann?" Es ist üblich, den Titel zu Beginn der Präsentation zu nennen. Aber das ist kein <u>Muss</u>.

Manche beginnen mit einem Aufhänger oder Aufreißer, um danach den Titel zu nennen. Es ist eher sinnvoll, den Titel ziemlich zu Beginn der Präsentation zu nennen, damit die Zuhörer wissen, was sie erwartet.

In seltenen Fällen kann das Nicht-Nennen des Titels erreichen, dass die Zuschauer sehr gespannt und aufmerksam lauschen, damit sie mitbekommen, worauf der Redner hinauswill.

Was nutzt ein hoch interessantes Thema, wenn niemand weiß, dass es behandelt wird? Was nutzt eine mitreißende Präsentation, wenn keine Zuhörer anwesend sind?

Also muss das Thema so verpackt sein, dass Neugierde beim Teilnehmer geweckt wird. Zum Beispiel:

Spannender Titel:	• Alleinerziehend und berufstätig – wie geht das? • Kennen Sie Ihre Rechte? – Arbeitsrecht für Arbeitnehmer/innen. • Mit Pubertierenden leben – Krise oder Chance? • Der Erste Eindruck – Überzeugen in den ersten 7 Sekunden. Aber wie? • The Winner – Strategien für mehr Selbstbewusstsein. • Kinder brauchen Grenzen – aber welche?

- Online-Präsentation – trotzdem hautnah?

Titel mit Fragezeichen?

Welcher Titel mag einen Interessierten mehr ansprechen und hört sich seriöser an?

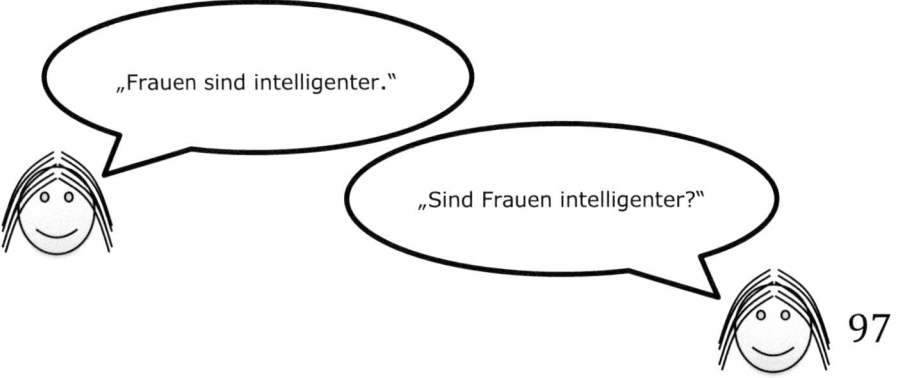

Oder:

Ist der Titel bereits eine Aussage, hat sich der Präsentierende auf das Ergebnis fixiert. Das heißt, dass der Zuhörer vor Beginn des Vortrages oder der Präsentation bereits weiß, wie das Ergebnis sein wird.

Demnach ist die Spannung, die der Teilnehmer mitbringt, eher gering ausgeprägt.

Wird der Titel hingehen als Frage einfach so in den Raum geworfen, dann kann der Teilnehmer das Ergebnis nicht schon zu Beginn wissen.

Ein solcher Titel baut ganz sicher Neugierde und/oder Spannung auf. Die Teilnehmenden sind interessiert und denken möglicherweise:

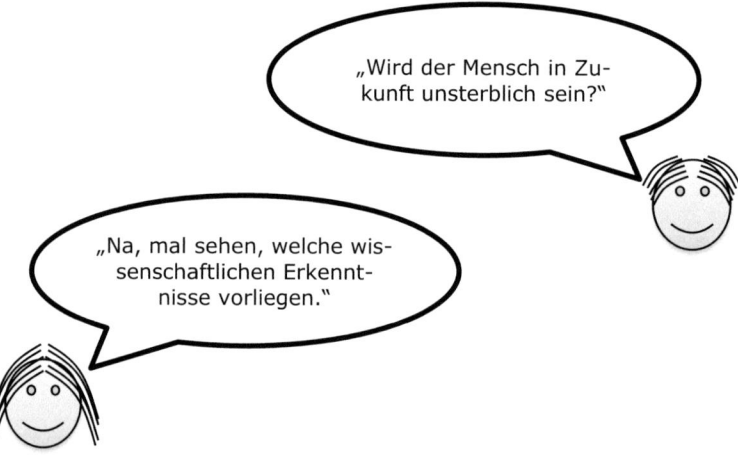

Titel mit Ausrufezeichen!

Auch mit solchen – provozierenden – Titeln kann Aufmerksamkeit erregt werden. Titel mit Ausrufezeichen sorgen allerdings gerne entweder für:

Aufkeimende Aggression:	• Zum Beispiel bei Lehrern: „Die spinnen wohl, so was zu behaupten." • Zum Beispiel bei dicken Menschen: „Da geh' ich schon gar nicht hin – ich will mich ja nicht blamieren."
Aufflackernde Schadenfreude.	• Zum Beispiel bei Schulsystemgegnern: „Das hab' ich ja schon immer gesagt." • Zum Beispiel bei schlanken Menschen: „Gut, dass es mich nicht betrifft."

Wenn das Ziel der Präsentation eine folgende Diskussion mit deutlich verschieden ausgerichteten Meinungen sein soll, dann mag ein Titel mit Ausrufezeichen angebracht sein.

Der Titel muss dem Inhalt entsprechen

Die Teilnehmer werden ungeduldig, wenn sie feststellen, dass ihre in das Thema gesetzten Erwartungen nicht erfüllt werden. Eine Präsentation mit dem Titel:

10 Tipps zum Glücklich werden …	• … entpuppt sich als reine Verkaufsshow für DVDs, Videos und Bücher.
10 aktuelle Steuertipps …	• … zeigt längst überholte Tipps auf, die teilweise nicht mehr umsetzbar sind.

Eine Reise durch Thailand …	• … bearbeitet in 75 % der Vortragszeit das Leben der buddhistischen Mönche.

Es hat kaum jemand etwas gegen reißerische Titel einzuwenden.

Die Erwartung der Teilnehmer muss aber aufgrund der Titelwahl erfüllt werden. Eine Mogelpackung wird nur einmal gekauft.

Selbes Thema – anderer Titel

Manchmal lässt sich ein Thema nicht gut vermarkten. Es wird wenig Interesse gezeigt. Liegt es an den Seminarkosten, am Ort, am Zeitpunkt? Hilft vielleicht eine Auffrischung des Titels, um einen entsprechenden Zulauf zu erreichen?

- ‚Gleichberechtigung zwischen Mann und Frau' oder vielleicht doch ‚Die Frau schlägt zurück: Gleichberechtigung zwischen Mann und Frau?'

- ‚Geschäfte mit dem Internet' oder ‚Business im Inter.net!' Oder vielleicht noch besser ‚Business@Inter.net!'

Ist Sprachengemisch erlaubt?

Immer wieder tauchen Anglizismen (englische Spracheigentümlichkeiten) in der deutschen Sprache auf. Je nach Zielgruppe darf – oder muss – der Titel in einer anderen Sprache bevorzugt werden.

Im Sinne der Verkaufsförderung. Eine junge, dynamische Zielgruppe wird auf andere Titel ansprechen als ein zurückgezogen lebender Senior. Durch den Titel lässt sich die Zielgruppe beeinflussen.

- Fit for future

- Ausgewogenheit im Alter

- Wellness für die Frau ab 50

Nichtssagende Titel

Anders als bei Film und Musik, bringen nichtssagende Titel bei Seminaren und Vorträgen zwar eventuell Aufmerksamkeit: Fehlende Inhaltsbeschreibung verleitet aber wohl kaum zur Kaufentscheidung.

- ‚R'

- ‚Das Loch'

- ‚23^2'

Also – hiervon lieber Hände weg! Weitere Spannung kann erzeugt werden, wenn das Thema psychologisch geschickt bearbeitet wird. Es wurde bereits darauf hingewiesen, dass der Titel – mit Fragezeichen versehen – das Ergebnis offenlässt.

Mit anderen Worten: Bis kurz vor Ende der Präsentation weiß der Zuhörer noch nicht unbedingt, welches Ergebnis erreicht werden soll.

Der strukturierte Hauptteil

„Fürchterlich ist diese Kunst! Ich spinn aus dem Leib mir den Faden,
und dieser Faden zugleich ist auch mein Weg durch die Luft."
Hugo von Hofmannsthal, österr. Lyriker
(1874 - 1929)

Makro- und Mikro-Planung

Der erfahrene Präsentierende wird den Hauptteil der Präsentation strukturieren. Die Struktur hilft der einfachen Nachvollziehbarkeit der Gedankengänge. Sie schafft eine Übersicht.

Der Teilnehmer kann die Themenbereiche gut (zu-)ordnen und später leichter aus der Erinnerung abrufen.

Der Hauptteil kann aus mehreren Blöcken bestehen, die hintereinandergesetzt werden. Jeder Block entspricht einer logischen Einheit. Das heißt, dass die im Block zu behandelnden Punkte zusammengehören.

Die richtige, logisch aufeinander aufbauende Reihenfolge der Blöcke wird als Makro-Planung bezeichnet. Innerhalb eines jeden Blocks bauen die gegebenen Informationen auch wieder – logisch sinnvoll – aufeinander auf.

Die Reihenfolge der Punkte innerhalb eines Blocks wird als Mikro-Planung bezeichnet.

Durch die Berücksichtigung der Mikro-Makro-Planung wird für den Zuhörer die Präsentation überschaubar und die Struktur erkennbar.

Gleichzeitig wird Spannung aufgebaut – der Zuhörer bleibt neugierig und gedanklich beim Thema.

Übrigens: Manche Trainer sind der Meinung, dass der Hauptteil etwa 80 bis 90 % der Präsentation ausmachen soll (Einleitung und Schluss jeweils 5 bis 10 %).

Spannung aufbauen

Durch eine richtige Struktur wird Aufmerksamkeit erzeugt.

Neugierde und die innerlich gestellten Fragen des Teilnehmers „Bin ich mal gespannt, wie's weitergeht" bauen deutlich Spannung auf.

Block 1) Allgemeines über Dinosaurier

Block 2) Fleisch fressende Dinosaurier

Block 3) Pflanzen fressende Dinosaurier

Block 4) Alles fressende Dinosaurier

Block 5) Das Ende der Dinosaurier

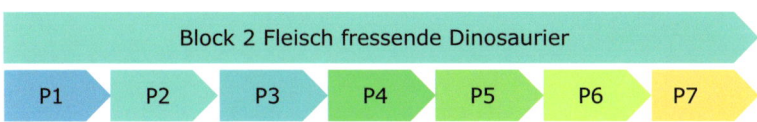

Punkt 1: Fleisch fressende Dinosaurier

Punkt 2: Vierbeinige Fleisch fressende Dinosaurier

Punkt 3: Zweibeinige Fleisch fressende Dinosaurier

Punkt 4: Fliegende Fleisch fressende Dinosaurier

Punkt 5: Schwimmende Fleisch fressende Dinosaurier

Punkt 6: Sonstige Fleisch fressende Dinosaurier

Punkt 7: Zusammenfassung

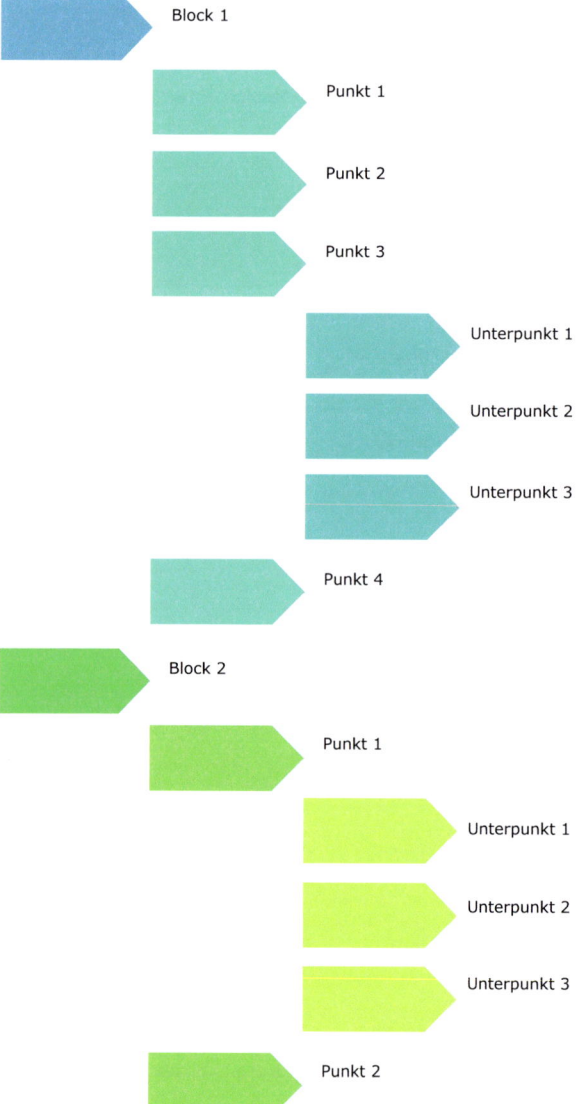

Block 1

Punkt 1

Punkt 2

Punkt 3

Unterpunkt 1

Unterpunkt 2

Unterpunkt 3

Punkt 4

Block 2

Punkt 1

Unterpunkt 1

Unterpunkt 2

Unterpunkt 3

Punkt 2

Die verflixte 7

Bei aller Begeisterung des Präsentierenden und dem Wunsch, möglichst viele Informationen an die Teilnehmer weiterzugeben, heißt es, die Gedächtnisleistung des Zuhörers zu berücksichtigen.

Das Kurzzeitgedächtnis kann in der Regel fünf bis neun Informationen zur selben Materie speichern. Fünf bis neun ergeben den Durchschnitt von sieben.

Deshalb sollten in der Mikro-Planung nicht mehr als sieben Punkte aufgestellt werden.

Auch die Makro-Planung berücksichtigt dies: Nicht mehr als sieben Makro-Blöcke.

Durch entsprechende Unter-Strukturierung lässt sich die ‚sieben‘ erhöhen (vergleiche oben das Beispiel Dinosaurier).

Nummerierung

Rationell arbeitende Menschen können sich an einer nummerierten Struktur (erstens, zweitens, drittens, …) sehr gut orientieren.

Vorsicht, wenn Sie einleitend bekanntgeben, dass „folgende fünf Themen" besprochen werden, in Ihrer Nummerierung aber nur vier oder aber sechs oder mehr Punkte aufgeführt sind.

Der Zuhörer reagiert dann meist irritiert („Es fehlt doch noch etwas?" oder „Ich dachte, wir wären schon am Ende!").

Die Organisation des Hauptteils

Offensichtlich scheint eine Struktur Sicherheit zu geben. Der Zuhörer weiß, woran er sich ‚festhalten' kann.

Das gilt auch für den Redner. Also, nutzen Sie diesen Effekt. Strukturieren Sie nicht nur Ihre komplette Präsentation, sondern ganz besonders Ihren Hauptteil!

Eine logische Gliederung in der Struktur zielt auf einen nachvollziehbaren Sachverlauf. Eine psychologische Gliederung spricht die Gefühle der Zuhörer an.

Vorgehen im Hauptteil

So kann vorgegangen werden:

Vom Detail zum Ganzen:	
Vom Ganzen zum Detail:	
Vom Allgemeinen zum Besonderen:	
Zielsetzung – Planung – Durchführung:	

Ursache – Wirkung
– Lösung:

Ist – Soll – Analyse:

Problem (Herausforderung) – Ursache –
Lösungswege:

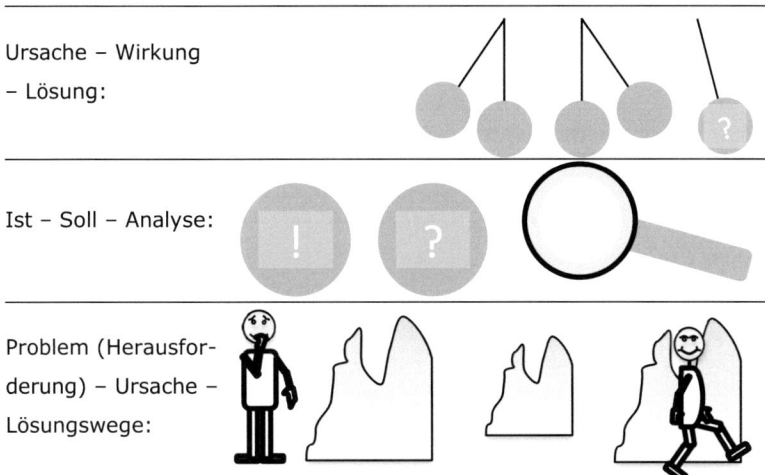

Beweisführung

Hier wird in fünf Blöcken gearbeitet:

Schlüsselgedanke:	▪ Stellen Sie einen Schlüsselgedanken dar.
Erläuterungen:	▪ Erläutern beziehungsweise erklären Sie den Schlüsselgedanken.
Beispiel:	▪ Geben Sie mindestens ein Beispiel zu Ihrem Schlüsselgedanken. ▪ Die Beispiele sollen einleuchtend sein und optimal mit den Bedürfnissen Ihrer Zielgruppe übereinstimmen.
Folgerung:	▪ Ziehen Sie Ihre Folgerungen aus der Beispielführung.

Beweis:	• Beweisen Sie durch Ihre Folgerung, dass Ihr Schlüsselgedanke stimmt.

These & Co.

Stellen Sie zuerst eine Behauptung auf: ‚These' – und erläutern Sie diese These und Ihre Überlegungen dazu. Im zweiten Gedankenstrang stellen Sie die dazu passende Gegenbehauptung – Antithese – auf. Beleuchten Sie auch ausführlich die Antithese.

Enden Sie schließlich mit der Synthese (Zusammenfügung beziehungsweise Zusammenfassen der sich widersprechenden These und Antithese zu einem [neuen] Ganzen).

Legen Sie hier Ihre Schlussfolgerung dar. Übrigens: Aus zwei Synthesen können wieder These und Antithese entstehen. Und eine neue Runde ist eingeläutet.

Pro & Contra

Splitten Sie Ihren Hauptteil in zwei Bereiche. In den Bereich ‚Pro' und in den Bereich ‚Contra'. Beleuchten Sie alle ‚Pros' und dann alle ‚Contras'.

Entscheiden Sie sich gegebenenfalls am Ende Ihrer Präsentation für ‚Pro' oder für ‚Contra' oder überlassen Sie die Entscheidung Ihren Zuhörern. Jeder soll, beispielsweise still und individuell, also für sich allein oder offen abstimmen.

Tipp: Käme es Ihnen zustatten, wenn die Zuhörer eher für ‚Pro' als für ‚Contra' stimmten, dann sollte der Bereich ‚Pro' an zweiter Stelle des Hauptteils stehen. Der Grund: Das zuletzt Genannte bleibt dem Zuhörer länger im Gedächtnis.

Vor- und Nachteil

Gehen Sie hier genauso vor wie bei Pro & Contra (siehe oben). Zählen Sie alle Vorteile und dann alle Nachteile auf. Auch hier gilt wieder: Die zweite Variante sollte die von Ihnen favorisierte sein.

Chronologie, Zeitachse – damals, heute, dann

Bei einem Problem, einer unangenehmen Situation oder einer Herausforderung, blicken Menschen gerne in die Vergangenheit zurück. Sie wollen wissen, <u>weshalb</u> etwas geschehen ist. Danach konzentrieren Sie sich auf das Jetzt, um den Ist-Zustand zu beleuchten.

Danach folgt der Blick in die Zukunft. Wie ist in Zukunft mit vergleichbarer Situation umzugehen?

Deshalb wird im Hauptteil vieler Reden und Präsentationen gerne eine Zeitachse benutzt.

Zeitachse:	• gestern – heute – morgen • Vergangenheit – Gegenwart – Zukunft • Großvater – Vater – Sohn

109

Eine Drei-Teilung ist sowieso schon gefällig.

Für viele ist es nachvollziehbar, wenn der Hauptteil begonnen wird mit: „Damals …" und der Ursprungsgedanke, der Beginn, die Vision, die Gründung, die Zielsetzung oder anderes beschrieben wird.

Vergangenheit	„Als im Jahre … unser Vor-Vor-Vorfahre den Grundstein legte …"

	• Für viele wird dadurch die Frage nach dem ‚Warum', ‚Woher', oder ‚Wieso' beantwortet.

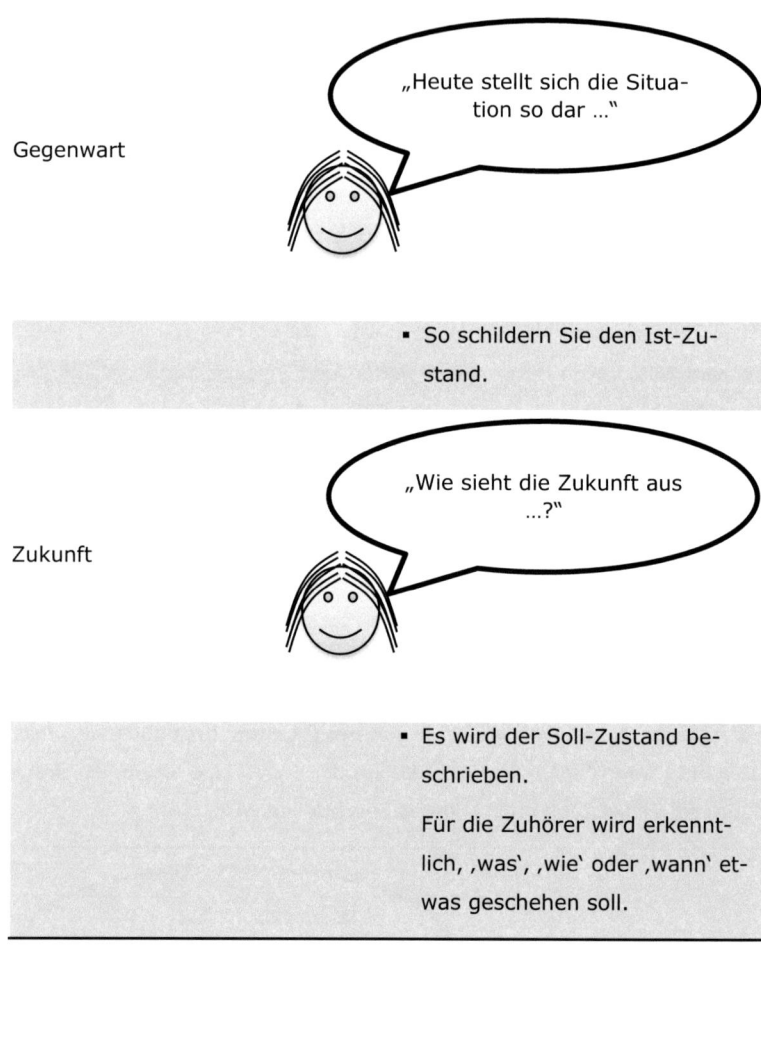

Gegenwart

„Heute stellt sich die Situation so dar …"

- So schildern Sie den Ist-Zustand.

Zukunft

„Wie sieht die Zukunft aus …?"

- Es wird der Soll-Zustand beschrieben.

  Für die Zuhörer wird erkenntlich, ‚was', ‚wie' oder ‚wann' etwas geschehen soll.

Die Präsentation in einen Rahmen packen

Wie gefällt Ihnen die Idee, Ihre Präsentation als Rahmengeschichte aufzubauen? Angenommen, der Titel sei: ‚Marilyn Monroe'.

Die Umsetzung kann auf drei originelle Möglichkeiten erfolgen:

A: über – die Person	Sie reden über Marilyn Monroe. Sie erscheint dabei in der ‚Dritten Person':	„Als <u>sie</u> Kennedy traf, klopfte <u>ihr</u> Herz bis zum Halse."

B: in – der Person	Sie schlüpfen sozusagen in die Rolle Marilyn Monroes und reden in der ‚Ich-Form':	„Als <u>ich</u> Kennedy traf, klopfte <u>mir</u> das Herz bis zum Halse."

C: um – die Person	Sie erklären:	„Marilyn machte sich auf den Weg, um an Kennedys Geburtstagsparty teilzunehmen. In wenigen Minuten würde sie dem mächtigsten Mann der USA gegenüberstehen. Und da sah sie ihn …"
		Wechseln Sie nun Ihren örtlichen (physischen) Standort (den Platz, an dem Sie gerade stehen) und Ihren psychischen Standpunkt (die Person, die Sie repräsentieren). Fahren Sie dann in der ‚Ich-Form' fort:
		„Als <u>ich</u> Kennedy traf, klopfte <u>mir</u> das Herz bis zum Halse."
		Wechseln Sie am Ende Ihrer Darstellung erneut Ihren Standort und fahren mit Ihrer Präsentation fort.
		‚Es muss wohl einer der eindrucksvollsten Augenblicke Marilyn Monroes gewesen sein.'

Eine Präsentation in der ‚Ich-Form' stellt einen Hergang plastischer und lebhafter dar. Die Zuhörer können dem Erzählten im Allgemeinen leichter und aufmerksamer folgen.

Ein kleiner Nebeneffekt: In der ‚Ich-Form' gibt es weniger den ‚Zwang' das Unwort ‚man' zu benutzen.

112

Das Präsentations-Ende

„Nun ist glücklicherweise die Geschichte eine ausgezeichnete Dramatikerin,
und wie für ihre Tragödien weiß sie auch für ihre Komödien
einen blendenden Abschluss zu finden."

Stefan Zweig, österr. Lyriker
(1881 - 1942)

Das zusammenfassende Finale

Nach geglückter Durchführung des Hauptteils begeben Sie sich zum letzten Teil der Präsentation: dem Schlussteil. Es wäre sehr schade – und würde Ihre Arbeit auch abwerten – hörten Sie mit „Das war's" auf.

Im Schlussteil erfolgt eine kurze Zusammenfassung Ihrer Präsentation. Der Teilnehmer erinnert sich an einzelne Punkte Ihrer Präsentation. Durch die Zusammenfassung erhält er einen Überblick – sozusagen im Schnelldurchlauf.

Damit die Erinnerungen beim Teilnehmer richtig aufgerufen werden, empfiehlt sich die Zusammenfassung in chronologischer (zeitlicher) Reihenfolge.

113

Jetzt könnte der Teilnehmer nach Hause gehen. Er wurde (hoffentlich) um einige Informationen bereichert.

Um den Teilnehmern noch mehr Nutzen der Präsentation zu vermitteln und Ihre Zuhörer nicht nur mit dem Gedanken ‚es war nett' nach Hause gehen, machen Sie sich bewusst, welche Anregungen Sie mit Ihrer Präsentation verfolgen.

Ergebnis darstellen (zusammenfassen): Der Zuhörer erhält eine kurze Zusammenfassung des Inhalts.	• „Heute haben wir folgende Ergebnisse zusammengetragen ..."
Appell: Der Zuhörer soll in naher Zukunft aktiv werden.	• „Wenn Sie das nächste Mal ein Konfliktgespräch führen, verwenden Sie Ich-Botschaften."

Moral aufzeigen: Der Zuhörer soll eine Moral erkennen.	• „Wer anderen eine Grube gräbt, fällt selbst hinein."
Anregen zum Nachdenken: Der Zuhörer soll nachdenken, in sich gehen, eine Gegebenheit aus einer anderen Sicht betrachten.	• „Ist das der richtige Weg, den unsere Gesellschaft wählt?"
Informationsvermittlung: Der Zuhörer soll nach der Präsentation mehr Information haben als zuvor.	• „Mit dem Bau der Berliner Mauer wurde am 13.08.1961 begonnen."
Unterhaltung: Der Zuhörer soll unterhalten werden, er soll Zerstreuung erfahren.	• „Ich erzähle jetzt mal eine Geschichte."
Vision ausmalen: Der Zuhörer erhält einen Ausblick in die Zukunft.	• „Schon in geschätzten 10 Jahren …"

Ergebnis darstellen

Zu ‚irgendeinem' Ergebnis sollten Sie in Ihrer Präsentation gelangt sein. Damit der Teilnehmer dieses Ergebnis wahrnimmt, stellen Sie es deutlich dar.

„Das Ergebnis ist, dass … noch nichts bewiesen werden kann."

Gerade dann, wenn Ihre Struktur auf ‚Pro & Contra' oder ‚These – Antithese – Synthese' oder Ähnlichem aufbaut, muss ein Ergebnis fast zwingend vorliegen.

Auch wenn Ihr Titel mit einem Fragezeichen versehen ist, soll es in Ihrer Präsentation zu einer Antwort oder wenigstens zu einem Ergebnis kommen. Da eine eindeutige <u>Antwort</u>, nach dem heutigen Stand des Wissens, manchmal nicht möglich ist („Wie entstand die Sprache?"), können Sie trotzdem zu einem <u>Ergebnis</u> kommen.

Zum Appell auffordern

So jammert mancher Zeitgenosse. Klagen oder jammern bringt in der Regel auch nicht den erwarteten Erfolg.

115

Der Betroffene muss schon selbst aktiv werden, um dem Erfolg die Möglichkeit zu bieten, ihn zu ‚streicheln'. Manchmal fehlt nur jemand, der dem Betroffenen einen kleinen Tritt in den Allerwertesten versetzt. Sie, als präsentierende Person, können das tun. Selbstverständlich nur virtuell.

Fordern Sie Ihre Zuhörer auf, aktiv zu werden, nach Toyotas früherem Werbeslogan: „Nichts ist unmöglich."

Moral

Wie viele Märchen und Erzählungen enden mit einer Moral? Spielerisch wurden dem Zuhörer Zusammenhänge dargestellt. So ganz nebenbei lernt er. Nämlich:

Er lernt, dass …

- „… es sich nicht lohnt, wenn …"

- „… es sich lohnt, wenn …"

- „… auch ‚kleine' Mitarbeiter/innen, ‚scheinbar' Schwache und andere bei entsprechender Vorgehensweise als Ideengeber gewonnen werden können."

- „… auch in anscheinend ausweglöser Situation oder bei fast verlorenem ‚Spiel' noch gewonnen werden kann."

- „… es zu jeder Herausforderung, zu jedem Problem, auch Lösungswege gibt."

Diskussion

Ist die Zeit eingeplant, können Sie am Ende Ihrer Präsentation in eine ‚Frage- und Antwortrunde' oder auch in eine ‚Diskussionsrunde' übergehen. Eine solche Runde bietet die beste Möglichkeit, Ungeklärtes zu klären beziehungsweise klären zu lassen

Es ist Ihre Entscheidung, ob diese Runde noch als Teil Ihrer Präsentation gelten soll. Einige Präsentierende schließen deshalb die eigentliche Präsentation ab mit:

Verabschiedung und Schluss

Ob die Präsentation vor oder nach einem Feedback oder einer Fragerunde zu Ende ist, der Präsentierende verabschiedet sich in jedem Fall von seinen Teilnehmern.

Wenn ernsthaft gemeint, aber psychologisch dennoch geschickt eingesetzt, wird den Teilnehmern für ihre Teilnahme gedankt.

Der Autor bevorzugt gerne eine Verabschiedung in dieser Art:

„Liebe Teilnehmende, ich danke Ihnen, dass Sie während des Seminars konstruktiv und aktiv mitgearbeitet haben.

Ich freue mich (und er freut sich wirklich und tatsächlich, Anm. des Autors), dass Sie sich die Zeit nahmen, die Energie aufbrachten und sich die Mühe machten, heute hierher zu kommen.

Ich wünsche Ihnen (und er meint es ehrlich, Anm. des Autors) einen guten und unfallfreien Weg nach Hause. Vielleicht treffen wir uns zu einer anderen Zeit an einem anderen Ort wieder.

Besten Dank und auf Wiedersehen."

117

Nachbereitung

Auch nach Ende der Präsentation oder des Seminars ist noch nicht Schluss mit der Arbeit.

Eine Nachbereitung erfolgt, damit für spätere Präsentationen Fehler oder Unebenheiten ausgeglichen werden können.

Gehen Sie in Ruhe alle Rückmeldungen und Feedback-Bögen beziehungsweise Anstöße durch und halten Sie fest, was Sie in Zukunft verbessern können.

Kapitel 4 – Der Laie wird Profi, das intensive Training

Präsentations-Training und Rhetorik-Übungen

> *„Improvisation, das ist, wenn niemand die Vorbereitung merkt."*
> **François Truffaut, franz. Filmemacher**
> *(1932 - 1984)*

Trainieren des Redens

Wie lassen sich Reden, Vorträge und Präsentationen trainieren? Am besten natürlich in der Praxis – vor Publikum. Aber, wer hat zu Hause schon 10, 50, 100 oder sogar 500 Zuhörer sitzen?

Deswegen müssen ‚Trockenübungen' her. Nach Stoffsammlung und gedanklicher Vorbereitung können folgende Varianten angegangen werden:

119

1. Mentale Präsentation

Vorgehen: Alleine

Ziel: Die tatsächlich stattfindende Präsentation fällt Ihnen leichter, da Ihr Gehirn alle möglichen Situationen schon mal ‚erlebt' hat.

Stellen Sie sich jederzeit, alleine, ohne Unterlagen als Vortragender die Situation vor. Spielen Sie gedanklich Ihre Rede/Präsentation durch. Dabei fallen Ihnen Schwachstellen auf, die Sie stabilisieren können.

Stellen Sie sich Einwürfe der Zuhörer vor und überlegen, wie Sie darauf reagieren.

Immer und immer wieder gehen Sie Ihre Rede/Präsentation gedanklich durch. Jede Variante können Sie beliebig mental anpassen und damit alle möglichen ‚Spielarten' üben.

Auch und gerade schwierige Teile in Ihrem Vortrag können Sie – herausgelöst von der gesamten Rede – mehrfach wiederholen.

2. Einzeltraining vor dem Spiegel

Vorgehen: Alleine vor dem Spiegel

Ziel: Sich selbst sehen und Unge-
reimtheiten verbessern.

Stellen Sie sich vor einen Ganzkörperspiegel oder vor eine Spiegelwand und präsentieren Ihr Thema. Dabei nehmen Sie Blickkontakt zu sich selbst auf.

Gleichzeitig können Sie Ihr Erscheinungsbild wahrnehmen und Ihre Körpersprache und Ihren Blickkontakt kritisch überprüfen.

Es mag zunächst schwierig sein, sich zu beobachten und gleichzeitig vorzutragen. Das kann, zumindest anfangs, ablenken.

Je häufiger Sie vor dem Spiegel trainieren, desto sensibler werden Sie in Ihren Beobachtungen. Zögern Sie nicht, verschiedene Varianten Ihres Auftretens auszuprobieren. Außer Ihnen sieht Sie ja niemand.

Sehr wahrscheinlich werden Sie feststellen, dass bei wiederholter Übung vor dem Spiegel diese Art des Trainings für Sie immer natürlicher wird. So werden Sie sich nach und nach ungezwungener und ‚echter' verhalten.

3. Training vor einer anderen Person

Vorgehen: Mit einer anderen Person

Ziel: Feedback (Rückmeldung) einer Person in Bezug auf Ihr Verhalten.

Aber auch Rückmeldung, ob für Ihren Zuhörer das Gesagte verständlich war.

Einzelpräsentation vor einer bekannten Person, die die Rolle der Zuhörer übernimmt. Achten Sie auf Begrüßung und Verabschiedung und stellen sich vor, ein (fremdes) Publikum vor sich zu haben.

Sagen Sie nicht, <u>wie</u> Sie präsentieren wollen, sondern <u>präsentieren</u> Sie direkt. Stellen Sie sich eine fremde Person vor, die Ihrem Vortrag lauscht. Fangen Sie seriös mit Ihrer Präsentation an, indem Sie den Zuhörer korrekt begrüßen.

4. Auf Tonträger aufnehmen

Vorgehen: Alleine mit Mikrofon

Ziel: Beim späteren Abhören erkennen Sie, ob Ihre Stimme überzeugend, sowohl verständlich als auch laut genug war.

Sie sprechen Ihre Präsentation auf einen Tonträger (oder in Ihr Smartphone). Sie werden sich unter Umständen wundern, dass Ihre Stimme ganz anders klingt, als Sie es gewohnt sind.

Das ist nachvollziehbar, hören Sie Ihre Stimme sonst mit und durch die kaum feststellbare Vibration ihres Kopfes. So, wie Sie Ihre Stimme auf dem Tonträger hören, nehmen sie die Zuhörer wahr. Machen Sie am besten erst einen kurzen Test, damit Ihre Stimme auch wirklich aufgenommen wird.

Ist die Stimme zu hören und zu verstehen? Ist die Lautstärke richtig eingestellt? Halten Sie das Mikrofon nicht zu weit beziehungsweise zu nah vor Ihren Mund.

5. Auf Bildträger aufnehmen

Vorgehen: Alleine mit Kamera

Ziel: Beim späteren Abspielen können Sie Ihr Verhalten erkennen und Ihre Stimme überprüfen.

Präsentieren Sie vor laufender Kamera. Die Kamera (Smartphone Kamera, Kamera am Laptop) steht stellvertretend für Ihr Publikum.

Selbstverständlich genügt auch eine Videoaufnahme mit dem Smartphone.

Vermeiden Sie den direkten Blick zur beziehungsweise in die Kamera. Diese soll lediglich aufzeichnen, wie Sie sich körpersprachlich verhalten und festhalten, wie und was Sie sprechen. Verhalten Sie sich unverkrampft.

122

Die Aufzeichnungen lügen nicht. Die imaginär Anwesenden sitzen zu beiden Seiten der Kamera und sollten deshalb auch Blickkontakt von Ihnen erhalten – Schauen Sie mal nach rechts, mal nach links.

Redetraining vor Testpublikum

Sie, liebe Leserin, lieber Leser, haben sich entschieden, Ihre Rede- und Vortragsfähigkeiten zu vertiefen. Glücklicherweise gibt es mehrere Varianten hierzu, die weiter unten beschrieben werden.

Die erste Variante dürfte die einfachste sein, kann sie doch allein und gedanklich umgesetzt werden. An fast jedem Ort und fast zu jeder Zeit. Wartezeiten an Haltestellen oder im Wartezimmer können leicht und sinnvoll genutzt werden.

Sie trainieren, ohne dass es ein anderer mitbekommen muss. Sie können Ihr Training beliebig wiederholen und variieren. Damit sensibilisieren Sie Ihr Gedächtnis intensiv und so weit, dass es das gedanklich Trainierte später beliebig abrufen kann.

Für das Gedächtnis ist es so, als hätte es das mental Geübte bereits praktisch erlebt. So ganz nebenbei wird Stress minimiert, da das Gehirn glaubt, lediglich Erlebtes zu wiederholen.

123

Jede Situation ist anders

Trotzdem bleibt es nicht aus, dass jede Situation eine andere ist. Der Zuhörer ist ein anderer, das Thema wurde aktualisiert, der Veranstaltungsort ist unbekannt.

So sind nach wie vor Aufmerksamkeit und Konzentration gefordert, um nicht ungewollt in peinliche Situationen zu geraten.

Sich selbst beobachten

Da Sie sich selbst in Ihrem Training nicht optimal beobachten können, kommen hier die Übungen vor dem Spiegel und der Kamera (Varianten zwei und fünf) als Optionen.

Suchen Sie sich für die Spiegel-Variante einen Ganzkörper-Spiegel aus, damit Sie sich von Kopf bis Fuß betrachten können.

Eine kleine Herausforderung ergibt sich bei der Arbeit vor dem Spiegel. Ihre rechte Körperhälfte blickt Ihnen aus dem Spiegelbild als linke entgegen.

Bei der Arbeit mit einer Kamera sehen Sie sich später in der Aufzeichnung so, wie der Zuschauer Sie wahrnimmt (beim Selfie spiegelverkehrt).

Am besten beachten Sie die aufnehmende Kamera überhaupt nicht. Also keinen Blickkontakt direkt mit dem Kameraobjektiv aufnehmen.

Sie würden sonst Ihre Darstellung ausschließlich in diese Richtung konzentrieren. Ihre Rede wäre möglicherweise verkrampft.

Ehrliches Feedback

Bei der dritten Variante üben Sie vor einer Freundin oder einem Freund. Bitten Sie sie beziehungsweise ihn, nach Ihrer Darstellung eine ehrliche Rückmeldung zu geben. Seien Sie nicht verärgert, wenn Sie eine Rückmeldung erhalten, die in Ihren Ohren weniger wohlwollend klingt.

Wichtiger ist es zu erfahren, was Ihr Gegenüber aus seiner Sicht wirklich wahrnimmt. Wäre schon alles perfekt, gäbe es keinen Bedarf des Trainings. Und wer ist schon perfekt?

Hören Sie sich zu

Bei der vierten Variante nehmen Sie das Gesprochene auf. Konzentrieren Sie sich beim Abhören auf die Art und Weise wie Sie sprechen. Reden Sie laut, deutlich und klar? Ist Ihr Satzstil so, wie Sie es wünschen? Gelingt es Ihnen, Fülllaute wie „ähm" zu vermeiden?

Diese Variante hört sich einfach an. Bei kritischer Aufmerksamkeit können Sie schnell und viel Verbesserung erzielen.

Das Publikum hört zu

Variante 5: Nun ist die Herausforderung vor ‚echtem' Testpublikum zu bewältigen.

Sie haben nicht mehr nur eine Freundin oder einen Freund vor sich, sondern mehrere Personen. Diese stellen in fünf Schwierigkeitsstufen realistische Situationen her.

Betrachten Sie nun die übersichtlich dargestellten Varianten.

Erster Schwierigkeitsgrad: Ihr Publikum sitzt. Sie sitzen auch.

Sie befinden sich auf gleicher Augenhöhe. Das (eigene) Sitzen verschafft Ihnen eine gewisse Sicherheit.

Besonders bei ausgeprägter Nervosität sollte es leichterfallen, solange Sie die Sitzgelegenheit als tragende Stütze unter sich fühlen.

Zweiter Schwierigkeitsgrad: Ihr Publikum sitzt. Sie stehen.

Sie haben keine Sitzgelegenheit. Bei diesem Schwierigkeitsgrad wird ein vielfältiger Einsatz der Körpersprache möglich.

Da Sie stehen und sich bewegen können, muss das Publikum nun ,zu Ihnen aufschauen', was Ihnen sofort eine gewisse Stärke verleihen kann.

Dritter Schwierigkeitsgrad: Ihr Publikum steht. Sie stehen auch.

Nach wie vor stehen Sie unter Einsatz Ihres kompletten Körpers. Allerdings steht das Testpublikum nun auch, weshalb es wieder auf gleicher Augenhöhe mit Ihnen ist. Gleichzeitig ist es ,stärker' als in der Übung davor, in der Sie mobil waren und das Publikum auf dem Sitzplatz ,gefesselt' war.

Vierter Schwierigkeitsgrad: Ihr Publikum steht. Sie sitzen.

Nun wird der Spieß umgedreht. Sie nehmen die schwächere, sitzende Position ein, wohingegen Ihr Publikum vor Ihnen steht.

Sie schauen zu Ihrem Testpublikum auf und handeln sozusagen aus einer ‚tieferen‘ Position.

Fünfter Schwierigkeitsgrad: Ihr Publikum steht. Sie stehen ebenso.

Ihr Publikum irritiert Sie durch nicht abgesprochene Störungen in Form von Fragen oder Zwischenrufen.

Na, wenn das noch keine Herausforderung darstellt. Hier braucht es eine gute Portion Selbstvertrauen und natürlicher Autorität, um weder die Beherrschung noch den roten Faden zu verlieren.

Der fünfte Schwierigkeitsgrad sollte erst dann trainiert werden, wenn Sie die ersten vier wirklich gut beherrschen.

Selbstverständlich steht es Ihnen frei, weitere Übungen und Varianten umzusetzen. Wenn Sie die Übung mit konstruktiv Feedback gebenden Freunden umsetzen, können Sie unglaublich viel lernen.

Außerdem bereitet es Spaß, wenn Sie sich abwechseln, sodass jeder einmal in die Rolle des Redners kommt.

Durch diesen ‚Perspektivenwechsel‘ – Sie kommen nun in die Rolle des Zuschauers und geben Feedback – erhalten Sie eine andere Sicht der Präsentation.

Vortrags- und Präsentations-Übung

*„So wie das Eisen außer Gebrauch rostet
und das still stehende Wasser verdirbt oder bei Kälte gefriert,
so verkommt der Geist ohne Übung."*
**Leonardo da Vinci , it. Universalgenie
(1452 – 1519)**

Ständiges Training – hervorragende Umsetzung

Bekanntlich ist Rede nicht gleich Rede, wie auf den folgenden Seiten zu sehen ist. Hier gibt es die Jubiläumsrede und die Motivationsrede, den Sachvortrag und das Verkaufsgespräch, die Erzählung und den Bericht und viele weitere mehr.

Bei den meisten Übungen sind zwei oder drei, manchmal auch vier Schwierigkeitsgrade angegeben, um Ihr Training aus- und aufzubauen. Versuchen Sie nicht alles an einem Tag umzusetzen.

Erstens ist das (fast) nicht möglich und zweitens lässt die Aufmerksamkeit nach einer gewissen Zeit deutlich nach.

Nehmen Sie sich die Zeit, die Sie benötigen, in der Sie ungestört und intensiv arbeiten können. Möglicherweise werden Sie den Eindruck gewinnen, dass die einzelnen Übungen immer anspruchsvoller werden. Das kann gut sein und ist zumindest in der Theorie so gewollt.

Aus vielen Trainings und Coachings hat der Autor den Aufbau der Übungen nach dem empfundenen Schwierigkeitsgrad der Teilnehmer berücksichtigt, sodass es den hier dargestellten Übungs-Auflauf ergab.

Allerdings sind Sie, liebe Leserin, lieber Leser, ein Individuum, weshalb Sie eine von anderen als schwierig bezeichnete Übung eher als leicht empfinden können.

Zögern Sie deshalb nicht, die vorgegebene Reihenfolge Ihren Wünschen entsprechend umzusetzen.

1. Ablesen

Gleich gibt es die erste Herausforderung bei dieser Ab-
lese-Übung.

Es soll sauber und fehlerfrei abgelesen werden, die not-
wendigen Sprechpausen bei Satzzeichen wie Gedanken-
strich, Komma, Fragezeichen eingefügt sowie die Stimmlage entsprechend eingesetzt werden. Am Satzende bei Fragezeichen hoch, und
tief bei einem Punkt und so weiter. Gleichzeitig soll auch Blickkontakt
mit dem (virtuellen) Zuhörer aufgenommen werden.

Stellen Sie sich vor, Sie sind ein/e Nachrichtensprecher/in. Nehmen Sie
eine Tageszeitung, setzen Sie sich an einen (Schreib-)Tisch und lesen
einen Text laut vor. Setzen Sie sich als Ziel, immer Blickkontakt zu einem (nicht vorhandenen) Zuhörer aufzunehmen.

Achten Sie deutlich auf Satzzeichen und Sprachmelodie. Die richtige
Betonung hebt die Bedeutung der Aussage hervor. Ziel: Ablesen und
trotzdem Blickkontakt aufzunehmen. Satzteile dem Sinn nach erfassen,
um (trotz Blickkontakt) fließend sprechen zu können.

2. Inhaltswiedergabe

Der wesentliche Inhalt des gelesenen Textes soll wiedergegeben werden. Hier wird Unwichtiges weggelassen.

Der Inhalt ist so zusammengefasst, dass der Zuhörer
trotzdem einen Gesamtüberblick über das Thema erhält.

Beginnen Sie Ihre Übung mit einem ‚leichten‘ fachlichen Überblick
und steigern Sie Ihre Übung anschließend in kompliziertere Themen.

Inhaltswiedergabe A (2 – 5 Sätze), möglichst wortgetreue Wiedergabe.
Lesen Sie einen Zeitungsartikel oder einen Bericht aus einem Magazin
aufmerksam durch. Fassen Sie dann den Inhalt – möglichst wortgetreu
– in 2 bis maximal 5 Sätzen zusammen. Ziel: Das Wichtigste aus einem
Text kurz, knapp und richtig wiedergeben zu können.

Inhaltswiedergabe B (2 – 5 Sätze), Wiedergabe mit eigenen Worten. Lesen Sie einen Zeitungsartikel oder einen Bericht aus einem Magazin aufmerksam durch.

Fassen Sie dann den Inhalt – mit eigenen Worten – in 2 bis maximal 5 Sätzen zusammen. Ziel: Das Wichtigste aus einem Text sinngemäß in kurzem Umfang wiedergeben zu können.

3. Sprechdenken

Begriffe werden wahllos gesucht. Diese sollen dann in einer Rede alle ‚sinnvoll' eingearbeitet werden.

Eine einfache Hintereinanderreihung der Wörter entspricht natürlich nicht dem erwarteten Übungs-Effekt. Eine kreative Übung, die die Flexibilität trainiert.

Sprechdenken A (eigene Stichwörter, die immer wieder in anderem Zusammenhang eingesetzt werden sollen). Notieren Sie 10 Wörter, die möglichst nicht im Sinn-Zusammenhang stehen. Denken Sie sich ein Thema aus. Halten Sie einen kurzen Vortrag, in dem alle 10 Wörter sinnvoll untergebracht werden.

Sprechdenken B. Nehmen Sie eine Tageszeitung, schlagen Sie diese auf und tippen mit einem Finger an einer beliebigen Stelle auf einen Text. Notieren Sie das Wort, auf das Ihr Finger zeigt. Zählen Sie 10 Wörter ab und notieren sie dann das folgende Wort als zweites; fahren Sie so fort, bis Sie 10 Wörter herausgefunden haben.

Lassen Sie dabei Bindewörter (und, oder …), Artikel (der, ein …), Hilfszeitwörter (ist, kann …) und persönliche Fürwörter (er, sie …) unberücksichtigt. Halten Sie einen kurzen Vortrag, in dem alle 10 Wörter sinnvoll untergebracht werden.

Beachten Sie: Ein fremder Zuhörer sollte die eingefügten zehn Wörter nicht entlarven können. Ziel bei Sprechdenken A und B: Flexibilität steigern und erkennen, dass wahllos gefundene Wörter in einen sinnvollen Zusammenhang gebracht werden können.

Suchen Sie zu jeder Vorgabe ein Wort (Hier immer ein Beispiel in der Klammer): Farbe (lila …), geometrischer Körper (Kugel …), Zahl (17,4 …), berühmte historische Persönlichkeit (Jeanne d'Arc …), exotisches Tier (Koala-Bär …), weiblicher Vorname (Astrid …), ausgefallenes Eigenschaftswort (schüchtern …), Staat dieser Erde (Fidschi …), ausgefallene Tätigkeit (hupen …), Lebensmittel (Erdbeerkuchen …).

Denken Sie sich ein Thema aus. Halten Sie einen kurzen Vortrag, in dem alle 10 Wörter sinnvoll untergebracht werden. Die Reihenfolge der Wörter kann beliebig sein – oder Sie geben sie vor.

Denken Sie sich ein weiteres Thema aus. Halten Sie erneut einen Vortrag, in dem alle 10 Wörter wieder sinnvoll untergebracht sind. Wiederholen Sie diese Übung mit einem dritten Thema.

Ziel: Flexibilität und Spontaneität steigern. Erkennen, dass mit immer denselben Wörtern ein anderer Vortrag gehalten werden kann.

Sprechdenken D

Suchen Sie sich nach dem Zufallsprinzip 10 sehr ausgefallene Wörter aus und schreiben Sie diese in der Reihenfolge auf, wie sie Ihnen einfallen. Bitte nicht nur Hauptwörter auswählen. Am besten möglichst Wörter, die offensichtlich in keinem direkten Zusammenhang stehen.

Halten Sie dann einen kurzen Vortrag, in dem diese Begriffe in der vorgegebenen Reihenfolge untergebracht werden. Würde ein Fremder den Vortrag hören, sollte er nicht erkennen können, dass diese 10 Wörter vorher ausgesucht wurden.

Er sollte annehmen, dass die 10 Ausdrücke sinnvoll untergebracht wurden und im Vortrag sein mussten, um diesem einen Sinn zu geben.

Ziel: Zeigen, dass in kurzer Zeit ein sinnvoller Vortrag mit vorgegebenen Angaben und vorgegebener Struktur individuell umgesetzt werden kann.

4. Erzählung/Narratio

Etwas Geschehenes, Erlebtes, Übermitteltes wird mit eigenen Worten (in diesem
Fall mündlich) wiedergegeben.

Ausschmückungen sind erlaubt.

Bildhaftes Beschreiben und abwechslungs-
reiches Betonen bringt die Erzählung zum Leben.

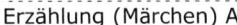

Es war
einmal

Erzählung (Märchen) A

Erzählen Sie (einem fiktiven Zuhörer) ein bekanntes Märchen. Vergessen Sie dabei nicht den logischen Aufbau, die Spannung und eine Moral.
Die Erzählung soll ca. 5 Minuten dauern.

Ziel: Etwas Übermitteltes spannend darzustellen. Die Moral ist vorhanden, damit der Zuhörer etwas aus der Geschichte lernen kann.

Erzählung (eigene Geschichte) B

Erzählen Sie (einem fiktiven Zuhörer) eine erlebte Geschichte. Vergessen Sie dabei nicht den logischen Aufbau, die Spannung und eine Moral.
Die Erzählung soll ca. 5 Minuten dauern.

Ziel: Etwas tatsächlich Erlebtes spannend darzustellen. Die Moral ist
vorhanden, damit der Zuhörer etwas aus der Geschichte lernen kann.

Erzählung (eigene Geschichte) C

Erzählen Sie (einem fiktiven Zuhörer) eine fiktive Geschichte. Vergessen Sie dabei nicht den logischen Aufbau, die Spannung und eine Moral.
Die Erzählung soll ca. 5 Minuten dauern.

Ziel: Etwas Kreatives oder Erfundenes spannend darzustellen. Die Moral
ist vorhanden, damit der Zuhörer etwas aus der Geschichte lernen
kann.

5. Sachbericht und Stellungnahme

Möglichst genaue Darstellung des Sachverhalts.

In dieser Übung wird ein vorhandener Text nach und nach auf die Kernaussage reduziert.

Sachbericht A (Kürzen eines Artikels auf einen Satz). Nehmen Sie eine Zeitung und lesen Sie einen etwa eine Seite umfassenden Artikel.

Danach kürzen Sie diesen Artikel auf drei Sätze, ohne den Sinn des Inhaltes zu entstellen. Geben Sie diese gekürzte Darstellung als Sachbericht wieder.

Im nächsten Schritt dieser Übung reduzieren Sie Ihren Bericht auf zwei Sätze. Im dritten Schritt bleibt ein Satz übrig, der den Sinn des Artikels beibehält. Ziel: Komplexe Zusammenhänge in kurzer komprimierter Form sachlich sauber wiedergeben zu können.

Sachbericht B (Erweitern des Artikels durch eigene Stellungnahme).

Nehmen Sie eine Zeitung und lesen Sie einen etwa eine Seite umfassenden Artikel. Danach reduzierend Sie diesen Artikel auf drei Sätze, ohne den Sinn des Inhaltes zu entstellen.

Danach erweitern Sie den Artikel durch eine eigene Stellungnahme. Die Stellungnahme soll Pro und Contra enthalten. Entscheiden Sie sich am Ende für Pro oder für Contra und vertreten die eigene Entscheidung.

Ziel: Komplexe Zusammenhänge kommentieren zu können. Eigene Stellungnahme äußern und begründen zu können.

6. Beschreibung

„Wat is en Dampfmaschin? En Dampfmaschin, dat is ene jroße schwarze Raum, der hat hinten un vorn e Loch." So versucht Professor Bömmel (Paul Henckels 1885 – 1967) im Film ‚Die Feuerzangenbowle' aus dem Jahr 1944 (nach Heinrich Spoerl 1887 – 1955) den bedingt interessierten Schülern beizubringen, was eine Dampfmaschine ist.

Der Erfolg seiner Bemühungen ist als fraglich anzusehen. Es stellt sich schnell heraus, dass es ungemein kompliziert sein kann, ein Gerät nur mithilfe von Wörtern zu beschreiben.

Hier kommt es einerseits auf Genauigkeit und andererseits auf bildhafte Beschreibung an.

Beschreibung A

Stellen Sie ein technisches Gerät vor sich auf. Stellen Sie sich vor, Sie wollten jemandem über Funk (Telefon) mitteilen, wie das Gerät aussieht. Erklären Sie dieser fiktiven Person das Gerät und dessen Vorteile. Zur Verfügung stehende Zeit: ca. 3 bis 5 Minuten. Ziel: Genauigkeit und plastische, bildhafte Darstellung trainieren.

Beschreibung B

Stellen Sie sich den Ablauf einer Produktion vor. Über Funk wollen Sie jemandem den Prozess erklären. Zur Verfügung stehen 3 bis 5 Minuten. Ziel: Genauigkeit in Erklärungen steigern. Sauberen, bildhaften Vorgang beschreiben.

7. Schlagzeile

Aus einer kräftigen Schlagzeile wird ein Artikel abgeleitet – oder umgekehrt – ein Artikel wird in einer neugierig machenden Schlagzeile angekündigt.

133

Schlagzeile A – Schlagzeile wird zum Artikel

Nehmen Sie eine Tageszeitung und suchen Sie eine Schlagzeile. Erfinden Sie zu dieser Schlagzeile einen eigenen (gesprochenen) Artikel, so wie er in der Zeitung stehen könnte. Der Text sollte ca. 10 Sätze umfassen. Ziel: Aus einem vorgegebenen Thema eigene Ideen entwickeln.

Schlagzeile B – Artikel wird zur Schlagzeile

Nehmen Sie eine Tageszeitung und suchen Sie einen Artikel, ohne die Schlagzeile zu lesen. Lesen Sie den Artikel genau durch und erfinden zu diesem eine eigene Schlagzeile, so wie sie in der Zeitung stehen könnte. Ziel: Steigerung der Schlagfertigkeit. Aus einem vorgegebenen Zusammenhang eine treffende, passende Aussage finden.

8. Sachvortrag

Ein sachliches, fachliches Thema soll so vermittelt werden, dass der Zuhörer nicht nur informiert, sondern auch interessiert ist.

Die gegebenen Fakten müssen stimmen und auf Nachfrage auch mit Quellenangaben belegbar sein.

Sachvortrag A

Suchen Sie ein Thema aus, das Sie selbst interessiert, zu dem Sie bereits eine Beziehung haben. Ein sachliches beziehungsweise fachliches Thema (zum Beispiel ‚Die Römer, der Wein und der Rhein‘ oder ‚Warum starben die Dinosaurier aus?‘).

Notieren Sie, wenn nötig, auf einer Stichwort-Karte (Karte in Größe einer Postkarte oder eines DIN-lang-Formats [länglicher Umschlag], eventuell auch auf einem DIN A5-Format) einige Stichpunkte wie Jahreszahlen, Daten, Zitate und so weiter.

Stellen Sie sich vor eine nicht anwesende Zuhörergruppe und tragen Sie Ihr Thema ca. 10 bis 15 Minuten lang vor. Ziel: Zuhörer an Ihr Thema zu fesseln und das Fachwissen zu vermitteln.

Sachvortrag B

Suchen Sie ein Thema aus, das Sie selbst interessiert. Ein sachliches beziehungsweise fachliches Thema (zum Beispiel ‚Hochwasser und andere Umweltkatastrophen‘ oder ‚Aborigines – das Leben der Ureinwohner Australiens‘). Notieren Sie, wenn nötig, auf einer Stichwort-Karte einige Stichpunkte wie Jahreszahlen, Daten, Zitate und so weiter.

Setzen Sie ein Medium ein, ein Plakat, Fotos, eine Audiodatei oder einen Videoausschnitt. Stellen Sie sich vor eine nicht anwesende Zuhörergruppe und tragen Sie Ihr Thema ca. 10 bis 15 Minuten lang vor.

Ziel: Zuhörer an Ihr Thema zu fesseln und das Fachwissen zu vermitteln, unter richtigem Einsatz eines Bild-Mediums.

Sachvortrag C

Suchen Sie ein Thema aus, das Sie selbst interessiert. Auch hier wieder ein Thema, zu dem sie bereits einige Vorkenntnisse besitzen. Ein sachliches beziehungsweise fachliches Thema (zum Beispiel ‚Das Balzverhalten des Auerhahns‘ oder ‚Wie Wale miteinander kommunizieren.‘). Notieren Sie, wenn nötig, auf einer Stichwort-Karte einige Stichpunkte wie Jahreszahlen, Daten, Zitate und so weiter.

Setzen Sie ein Medium ein, wie Diktier- oder Sprachaufnahmegerät oder einen anderen Tonträger. Stellen Sie sich vor eine nicht anwesende Zuhörergruppe und tragen Sie Ihr Thema ca. 10 bis 15 Minuten lang vor. Nehmen Sie sich vor, das Thema wirklich so gut wie möglich in einem Durchgang und ohne Lücken vorzutragen.

Ziel: Zuhörer an Ihr Thema zu fesseln und das Fachwissen zu vermitteln, unter richtigem Einsatz von Ton-Medien.

Bei den Übungen ‚Sachvortrag‘ wählen Sie anfangs bewusst keine Themen, die Ihren Arbeitsbereich betreffen. Bei einem freien Thema sind Sie in der Übung ungebundener.

Später, wenn Ihnen diese Art des Sachvortrags gut gelingt, können Sie mit einem fachlichen Thema aus Ihrem beruflichen Arbeitsbereich trainieren.

9. Meinungsrede – Überzeugungsrede

Sie vertreten eine Meinung, von der Sie Ihren Zuhörer überzeugen wollen.

Gute Argumentation ist gefordert, um Ihren Zuhörer, der eine andere Meinung vertritt, umstimmen zu können. Eine Vorbereitung zu solch einer Rede ist möglich und sinnvoll.

Meinungsrede/Überzeugungsrede A mit Stichwortkarte

Überlegen Sie sich eine Meinung, die nicht unbedingt der Meinung der Mehrheit der Menschen entspricht. Bereiten Sie sich gedanklich darauf vor, Ihren Gesprächspartner beziehungsweise Ihren Zuhörer von Ihrer Meinung zu überzeugen.

Schreiben Sie einige Stichpunkte zu diesem Thema auf. Setzen Sie sich dann vor ein nicht anwesendes Gegenüber und versuchen es von Ihrer Meinung innerhalb von 5 Minuten zu überzeugen. Nutzen Sie die auf einer Karte notierten Stichpunkte.

Ziel: Einen Gesprächspartner oder mehrere Zuhörer überzeugen zu können.

Meinungsrede/Überzeugungsrede B ohne Stichpunktkarte

Überlegen Sie sich eine Meinung, die nicht unbedingt der Meinung der Mehrheit der Menschen entspricht. Bereiten Sie sich gedanklich darauf vor, Ihren Gesprächspartner beziehungsweise Ihren Zuhörer von Ihrer Meinung zu überzeugen.

Schreiben Sie einige Stichpunkte zu diesem Thema auf. Setzen Sie sich dann vor ein nicht anwesendes Gegenüber und versuchen es von Ihrer Meinung innerhalb von 5 Minuten zu überzeugen. Benutzen Sie keine Stichpunktkarte während der Überzeugung.

Ziel: Einen Gesprächspartner oder mehrere Zuhörer freisprechend überzeugen zu können.

10. Verkaufsgespräch

Eine Idee, eine Dienstleistung oder ein Produkt soll rhetorisch so dargestellt werden,
dass Ihr Zuhörer bereit ist, diese/s zu ‚kaufen‘.

Verkaufsgespräch A

Wählen Sie ein Produkt, das Sie einem – nicht vorhandenen – Gesprächspartner verkaufen wollen. Setzen Sie sich das Ziel, Ihr Gegenüber innerhalb von ca. vier Minuten überzeugt zu haben. Rechnen Sie
mit Gegenargumenten, die Sie als Verkaufsargument ummünzen können. Der potentielle Kunde hätte das ‚moralische‘ Recht, klärende Rückfragen zu stellen, die von Ihnen nicht als Angriff gesehen werden sollten. Ziel: Idee, Produkt, überzeugend verkaufen zu können.

Begeisterungsfähigkeit, auf die Bedürfnisse des – nicht vorhandenen –
Gesprächspartners eingehen zu können.

Verkaufsgespräch vor einem Zuhörer B

Wählen Sie ein Produkt, das Sie einem anwesenden Gesprächspartner
verkaufen wollen. Setzen Sie sich als Ziel, Ihr Gegenüber innerhalb von
vier Minuten überzeugt zu haben. Rechnen Sie mit Gegenargumenten,
die Sie zum Verkaufsargument ummünzen können. Ziel: Idee, Produkt,
überzeugend verkaufen zu können. Begeisterungsfähigkeit, auf die Bedürfnisse des anwesenden Gesprächspartners eingehen zu können.

Verkaufsgespräch C

Wählen Sie eine Dienstleistung, die Sie einem – nicht vorhandenen –
Gesprächspartner verkaufen wollen. Bei einem Produkt (Verkaufsge-
spräche A und B) können Sie sehr wahrscheinlich ein Muster oder einen
Prototyp zeigen. Bei einer nichtgreifbaren Dienstleistung liegt hier ein
erhöhtes Schwierigkeitslevel vor.

Setzen Sie sich das Ziel, Ihr Gegenüber innerhalb von ca. vier Minuten
überzeugt zu haben.

Rechnen Sie mit Gegenargumenten, die Sie als Verkaufsargument ummünzen können. Der potentielle Kunde hätte das ‚moralische' Recht, klärende Rückfragen zu stellen, die von Ihnen nicht als Angriff gesehen werden sollten.

Ziel: Eine Dienstleistung überzeugend verkaufen zu können. Begeisterungsfähigkeit, auf die Bedürfnisse des – nicht vorhandenen – Gesprächspartners eingehen zu können.

Verkaufsgespräch vor einem Zuhörer D

Wählen Sie eine Dienstleistung, die Sie einem anwesenden Gesprächspartner verkaufen wollen. Setzen Sie sich als Ziel, Ihr Gegenüber innerhalb ca. vier Minuten überzeugt zu haben. Rechnen Sie mit Gegenargumenten, die Sie zum Verkaufsargument ummünzen können.

Ziel: Eine Dienstleistung, überzeugend verkaufen zu können. Begeisterungsfähigkeit, auf die Bedürfnisse des anwesenden Gesprächspartners eingehen zu können.

11. Pitch

Sie haben ein Start-Up gegründet. Sie wollen eine neuartige Idee, eine bisher nicht vorhandene Dienstleistung oder ein innovatives Produkt auf den Markt bringen.

Dazu benötigen Sie sehr viel Start-Kapital.

Deshalb präsentieren Sie in vorgegebener, kurzer Zeit Geldgebern Ihre Idee, um von ihnen eine finanzielle Unterstützung zu erzielen.

Pitch A

Sie stehen vor den sitzenden Geldgebern. Wählen Sie eine neuartige Idee, ein innovatives Produkt oder eine bisher nicht angebotene Dienstleistung, die Sie einem – virtuell vorhandenen – Kreis von Geldgebern schmackhaft machen wollen. Sie haben genau 1 Minute Zeit (Elevator-Pitch), die Geldgeber zu überzeugen.

Überlegen Sie, welche Argumente in 1 Minute wichtig sind, den Geldgebern einen Vorteil zu vermitteln, Ihre Idee finanziell zu unterstützen. Ziel: Idee, Produkt oder Dienstleistung, überzeugend anbieten zu können. Begeisterungsfähigkeit, auf die erhofften Vorteile des – nicht vorhandenen – Geldgebers abzielen zu können.

Pitch B

Sie stehen vor den sitzenden Geldgebern. Wählen Sie eine neuartige Idee, ein innovatives Produkt oder eine bisher nicht angebotene Dienstleistung, die Sie einem Kreis von (gespielten) Geldgebern schmackhaft machen wollen. Sie haben genau 1 Minute Zeit (Elevator-Pitch), die Geldgeber zu überzeugen.

Überlegen Sie, welche Argumente in 1 Minute wichtig sind, den Geldgebern einen Vorteil zu vermitteln, Ihre Idee finanziell zu unterstützen. Ziel: Idee, Produkt oder Dienstleistung, überzeugend anbieten zu können. Begeisterungsfähigkeit, auf die erhofften Vorteile des Geldgebers abzielen zu können.

12. Motivationsrede

Sie wollen Ihr Gegenüber dazu motivieren, ein Projekt in Ihrem Sinne umzusetzen oder unterstützend zu begleiten.

Motivationsrede A

Stellen Sie sich vor, Sie sind Vorgesetzte/r und wollen Ihre Mitarbeiter/innen motivieren. Denken Sie sich ein Projekt aus, das Sie darstellen wollen. Zum Beispiel ‚Änderung der Arbeitszeiten' oder ‚Umgestaltung der Arbeitsplätze unter ergonomischen (optimale Arbeitsbedingungen für den Menschen) Gesichtspunkten!'

Die Motivationsrede soll 10 bis 15 Minuten dauern. Bedenken Sie bei Ihrer Arbeit, dass Ihre Zuhörer wahrscheinlich Gegenargumente vorbringen, die Sie gut in Ihre Motivation einbinden sollen.

Ziel: Begeisterungsfähigkeit steigern. Gesprächspartner, zum Beispiel Kollegen, Vorgesetzte oder Mitarbeiter zu einer anderen Arbeitseinstellung zu motivieren. Lernen, auf Gegenargumente (souverän) reagieren zu können.

Motivationsrede vor einem oder mehreren Zuhörern B

Stellen Sie sich vor, Sie sind Vorgesetzte/r und wollen Ihre/n Mitarbeiter/in motivieren. Denken Sie sich ein Projekt aus, das Sie darstellen wollen. Zum Beispiel ‚Zusätzliche Arbeitsschicht wegen kurzfristigen Auftrags‘ oder ‚Verschiebung der Urlaubszeit zur Entzerrung des Dienstplanes‘.

Die Motivationsrede soll 10 bis 15 Minuten dauern. Bedenken Sie bei Ihrer Arbeit, dass Ihre Zuhörer wahrscheinlich Gegenargumente vorbringen, die Sie gut in Ihre Motivation einbinden sollen.

Ziel: Zuhörer zu motivieren und gegebenenfalls auf Einwände reagieren zu können. Begeisterungsfähigkeit steigern; lernen, auf Gegenargumente vernünftig reagieren zu können.

13. Rahmenrede

Sie begleiten eine Veranstaltung moderierend.

Dazu gehört, dass Sie den Festredner begrüßen und vorstellen.

Sie schaffen rhetorische Überleitungen zwischen verschiedenen Veranstaltungspunkten.

Stellen Sie sich vor, Sie haben einen Redner zu einem Thema eingeladen. Ihre Zuhörer sitzen erwartungsvoll auf ihren Plätzen.

Ihre Aufgaben sind: Versammlung eröffnen – Zuhörer begrüßen – Redner begrüßen – Redner vorstellen – Redner Wort erteilen – Redner danken – Zuhörer verabschieden.

Entscheiden Sie sich für eine (vorgestellte) Veranstaltung in einem größeren Rahmen.

Obwohl der Festredner nicht physisch anwesend ist, tun Sie so als ob. Bewegen Sie sich, gehen Sie auf ihn zu, tauschen Sie Blickkontakt aus.

Ziel: Eine Versammlung eröffnen und schließen zu können. Einen Redner wortgewandt vorstellen zu können.

14. Festrede

Neben traurigen Angelegenheiten gibt es glücklicher-weise eine ganze Menge schöner, festlicher Gelegen-heiten.

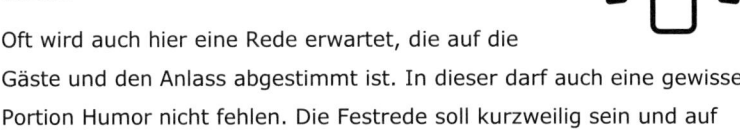

Oft wird auch hier eine Rede erwartet, die auf die Gäste und den Anlass abgestimmt ist. In dieser darf auch eine gewisse Portion Humor nicht fehlen. Die Festrede soll kurzweilig sein und auf den Anlass einstimmen.

Sie stehen vor den Gästen einer festlichen Gesellschaft und halten eine gefühlsbetonte Rede, ca. eine bis drei Minuten.

Ziel: In einer feierlichen Situation die richtigen Formulierungen zu finden.

141

15. Jubiläumsrede

Ähnlich wie eine Festrede kann eine Jubiläumsrede ge-staltet sein – es gibt etwas zu feiern.

Oft wird der bisherige Werdegang des Jubilars skizziert und der positive Weiterverlauf in der Zukunft ge-wünscht.

Sie stehen vor den Gästen eines Jubiläums-Festes und halten eine gefühlsbetonte Rede, ca. eine bis drei Minuten. Zum Beispiel können Sie so vorgehen: Begrüßung – Hinweis auf Anlass der Versammlung – Rückblick – Blick in die Zukunft – Ankündigung auf nächsten Programmpunkt oder auf den weiteren Ablauf.

Ziel: Zu einem Jubiläum die richtigen Formulierungen zu finden und gleichzeitig richtungweisend vorzugehen.

16. Trinkspruch

Dort, wo gefeiert wird, wird oft und gerne getrunken. Ein Trinkspruch wird in der Regel zu Ehren einer Person oder einer Personengruppe ausgesprochen. Kurz, lustig und treffend soll der Trinkspruch sein.

Es ist dafür gesorgt, dass jeder Anwesende auf ein gefülltes Glas zugreifen kann, um nach dem Trinkspruch auf das Wohl des Ehrengastes anstoßen zu können. „Lassen Sie uns das Glas gemeinsam erheben und auf das Wohl von … anstoßen!" Prost!

- -

Stellen Sie sich vor, Sie stehen mit einigen Gästen zusammen. Mit einem Glas Sekt in der Hand ergreifen Sie nun das Wort zu einem Trinkspruch, der die Gäste positiv auf das folgende Ereignis einstimmen soll. Manchmal wird ein Zitat eingesetzt, um dem Trinkspruch eine gewisse ‚Würze' zu verleihen.

Suchen Sie sich 2, 3 passende Zitate aus, die Sie in allen möglichen Situationen passend einsetzen können. Vergessen Sie nicht die Quelle anzugeben, aus der beziehungsweise von wem das Zitat übernommen wurde.

Ziel: Steigerung der Kreativität, Originalität und Spontaneität. In Kürze eine zukunftsorientierte Aussage machen zu können.

17. Hochzeitsansprache

Es gibt wieder etwas zu feiern. Zwei Menschen haben zueinander gefunden und planen, die nächsten Jahre – bis zum Ende ihres Lebens? – gemeinsam zu verbringen. Das ist ein besonderer Anlass, um eine passende

Rede zu halten. Die Gäste warten gespannt auf das, was Sie zu sagen haben. Natürlich gilt es, die beiden Ehrengäste zu würdigen.

Es darf Humorvolles in der Rede vorkommen, vielleicht auch Nachdenkliches. Auch die Gefühle dürfen angesprochen werden. Selbstverständlich stehen Sie bei dieser Rede.

- -

Stellen Sie sich eine Hochzeitsgesellschaft vor. Sie sollen oder wollen den Gästen einige Worte über das Hochzeitspaar sagen. Die Gäste und die Ehrengäste schauen Sie erwartungsvoll an, die Kameras sind eingeschaltet.

Nun ist es an Ihnen, der Hochzeitsfeier einen zusätzlichen, kleinen rhetorischen Höhepunkt zu bieten.

Ziel: Mit wenigen Sätzen in humorvoller Art Positives (oder leicht Ironisches auch Negatives) über die Ehrengäste mitteilen zu können.

18. Tischrede

Hier bestimmt die Zahl der Anwesenden, ob Sie im Sitzen eine Tischrede halten oder doch lieber aufstehen sollten.

Im zweiten Fall können Sie besser gesehen und gegebenenfalls auch besser gehört werden. Meist wird am Ende der Rede gemeinsam das Glas erhoben.

143

Tischrede A

Sie sitzen mit Ihren Gästen bei einem feierlichen (Arbeits)-Essen. Nach dem ersten Speisengang wird Ihre Tischrede erwartet.

Sie klopfen mit einem Besteckteil vorsichtig an den Kelch Ihres Weinglases, erheben sich und halten eine ein- bis höchstens fünfminütige Tischrede.

Gehen Sie – wenn Sie möchten – so vor: Begrüßung – Hinweis auf den Anlass der Versammlung – Rückblick – Blick in die Zukunft – Ankündigung auf nächsten Programmpunkt oder auf den weiteren Verlauf. Bereiten Sie eine Stichwort-Karte mit Stichpunkten zu Ihrer Tischrede vor.

Ziel: In harmonischer Art den Redeinhalt zu vermitteln. Den (fiktiven) Gästen die Wichtigkeit des Zusammenseins zu unterstreichen. In wenigen Minuten einen zeitlichen Abriss beziehungsweise Ablauf darlegen zu können.

Tischrede B

Sie sitzen mit Ihren Gästen bei einem feierlichen (Arbeits)-Essen. Nach dem ersten Speisengang wird Ihre Tischrede erwartet. Sie klopfen mit einem Besteckteil an den Kelch Ihres Weinglases, erheben sich und halten dann eine ein- bis höchstens fünfminütige Tischrede.

Gehen Sie – wenn Sie möchten – so vor: Begrüßung – Hinweis auf den Anlass der Versammlung – Rückblick – Blick in die Zukunft – Ankündigung auf nächsten Programmpunkt oder auf den weiteren Verlauf.

Benutzen Sie keine Stichwort-Karte und versuchen Sie frei zu reden. Tipp: Suchen Sie sich ein originelles Zitat, das bei vielen Situationen passend eingefügt werden kann. Ziel: In harmonischer Art den Redeinhalt zu vermitteln. Den (fiktiven) Gästen die Wichtigkeit des Zusammenseins zu unterstreichen.

In wenigen Minuten einen zeitlichen Abriss beziehungsweise Ablauf darlegen zu können. Steigerung der Spontaneität.

Tischrede C

Sie sind Gastgeber einer sehr großen Gästeschar und sitzen mit dieser bei einem jährlichen, feierlichen Bankett-Essen. Nach dem ersten Speisengang wird Ihre Tischrede erwartet. Sie klopfen mit einem Besteckteil an den Kelch Ihres Weinglases, erheben sich und halten dann eine ein- bis höchstens fünfminütige festliche Tischrede.

Gehen Sie auf den besonderen und festlichen Anlass ein. Benutzen Sie keine Stichwort-Karte und versuchen Sie frei zu reden. Tipp: Suchen Sie sich auch hier ein originelles Zitat, mit dem Sie Ihre Rede beginnen oder beenden.

Ziel: In harmonischer Art den festlichen Redeinhalt zu vermitteln. Der großen (fiktiven) Gästegruppe die Bedeutung des Zusammenseins zu unterstreichen. In wenigen Minuten einen kurzweiligen Inhalt darlegen zu können, der auf alle anwesenden Gäste passt. Steigerung der Spontaneität.

19. Laudatio (Lobrede)

Bei einer Lobrede beziehungsweise einer Lau-
datio (aus dem Lateinischen ‚laudare' für ‚prei-
sen' oder ‚loben') gibt es den Laudator und den
Laureat. Der Laudator ist derjenige, der die
Lobrede hält. Er ehrt den Laureaten.

Der Laureat ist die geehrte Person. Demjenigen, der die Lobrede halten darf, ist eine besondere Ehre und entsprechendes Vertrauen ge-
währt.

Suchen Sie sich eine bekannte Persönlichkeit aus. Stellen Sie sich vor,
dass diese Person eine Auszeichnung erhält. Erstellen Sie eine Lobrede.
Sie können sich dazu einen Spickzettel anfertigen. Die Lobrede sollte
ca. eine bis zwei Minuten dauern.

Ziel: In kurzer Zeit die wichtigsten Stationen und Verdienste eines Ehrengastes positiv darstellen zu können. Es schaffen, negative Verhal-
tensweisen des Ehrengastes außen vor zu lassen, um ausschließlich die
Verdienste zu würdigen.

145

20. Dankesrede

Sie wurden als Ehrengast begrüßt und willkom-
men geheißen. Nun ist es an Ihnen, eine kurze
Dankesrede an alle Anwesenden zu richten.
Vergessen Sie dabei nicht, sich kurz auch bei
jenem zu bedanken, der Sie vorgestellt hat.

Stellen Sie sich vor, Sie werden bei einem Zusammenkommen mehrerer
Personen positiv verbal gewürdigt.

Erwartungsvoll schauen die Anwesenden Sie nun an und erwarten von
Ihnen einige Worte des Dankes.

Stellen Sie sich in Position und halten Sie eine kurze Dankesrede (zwischen wenigen Sekunden und maximal einer Minute).

Hilfsmittel sind nicht erlaubt, da Sie auf die Dankesrede nur bedingt vorbereitet sind. In der Realität ahnen Sie oft schon im Vorfeld – wenn Sie nicht sowieso informiert wurden, – dass Sie geehrt werden. Stottern Sie dann nicht nur rum, wie: „Ich danke meinen Eltern. Ich danke meinem Partner. Ich danke meinem ..." Peinlich und langweilig.

Ziel: Steigerung der Spontaneität. Es schaffen, aus dem Stegreif positiv zu reagieren, sich für die Ehrung oder Würdigung zu bedanken und dabei weder verlegen noch überheblich zu wirken.

21. Trauerrede – Grabrede

Bedauerlicherweise gehört der Tod zum Leben. Nun sind Sie beauftragt oder sehen sich in der – moralischen – Pflicht, eine Trauerrede beziehungsweise eine Grabrede zu halten.

Hier muss auf die besondere Verfassung der Anwesenden eingegangen und die verstorbene Person mit passenden Worten gewürdigt werden.

Sie stehen vor Gästen einer Trauergemeinde und finden einige würdige und schlichte Worte. Sie können die Grabrede gliedern, um ihr eine nachvollziehbare Struktur zu geben.

1. Begrüßen Sie die Hinterbliebenen (mit Namen), die Angehörigen und die Trauernden.

2. Stellen Sie, wenn nötig, Ihre Beziehung zu dem Verstorbenen her.

3. Schildern Sie Ihre persönliche Betroffenheit und gehen gegebenenfalls auch auf die Todesursache ein.

4. Nennen Sie einige kurze lustige oder prägende Erlebnisse aus dem Leben des Verstorbenen.

5. Stellen Sie den Verstorbenen positiv dar. Würdigen Sie ihn und vermeiden Sie das Erwähnen negativer Charaktereigenschaften.

6. Drücken Sie Ihr Mitgefühl den Hinterbliebenen/Trauergästen aus.

7. Danken Sie den Zuhörenden und schließen Sie die Trauerrede mit einem Abschlusssatz.

Ziel: In einer traurigen Situation die richten Formulierungen zu finden. Mit tröstenden Worten den Verstorbenen zu würdigen.

Hinweis: Ein Nachruf kann ein gesprochener oder geschriebener Text sein. Statt Nachruf wird neuerdings auch das Wort Nekrolog eingesetzt. Ursprünglich bezeichnet ein Nekrolog eine Liste Verstorbener (Totenregister).

22. Smalltalk

Ein vernünftig umgesetzter Smalltalk öffnet Wege für ein späteres gesellschaftliches oder geschäftliches Zusammensein.

Richtig eingesetzter Smalltalk kann der Türöffner zum Job oder zum Verkaufsgespräch sein.

Wertschätzen Sie Ihren Gesprächspartner während des Smalltalks, indem Sie ihm Ihre volle Aufmerksamkeit schenken.

Smalltalk mit Gesprächspartner A

Sie sind zu einer Ausstellung eingeladen. Einige Besucher sind bereits anwesend. Sie werden einem Gast vorgestellt und dann beide vom Gastgeber allein gelassen. Führen Sie mit einem – nicht anwesenden – Gesprächspartner einen Smalltalk.

Vermeiden Sie dabei Themen, die eine Diskussion (also mindestens zwei entgegengesetzte Meinungen) heraufbeschwören. Tabu-Themen: Religion – Politik – Krankheit – Tod – Sexualität – Sport.

Ziel: Es schaffen, sich mit einem Fremden aus dem Stegreif über relativ Belangloses unterhalten zu können. Jederzeit den Smalltalk abbrechen zu können, ohne einen wichtigen gedanklichen Faden zu verlieren.

147

Sie sind zu einer Ausstellung eingeladen. Einige Besucher sind anwesend. Sie werden einem anderen Gast vorgestellt und dann allein gelassen. Führen Sie mit einem Gesprächspartner einen Smalltalk. Vermeiden Sie Themen, die eine Diskussion heraufbeschwören.

Ziel: Es schaffen, sich mit einem Fremden aus dem Stegreif über relativ Belangloses unterhalten zu können. Jederzeit den Smalltalk abbrechen zu können, ohne einen wichtigen gedanklichen Faden zu verlieren. Auf die Aussagen Ihres Gesprächspartners direkt reagieren zu können.

Bekanntlich fällt es manchen Menschen schwer, in einen harmonisch geführten Smalltalk einzusteigen. Sie tun sich schwer, auf andere zuzugehen und finden sich nicht zwangsläufig wohl, wenn dann eine Gruppe beieinandersteht.

148

Mit etwas Training gelingt es, in den Austausch zu treten und in einen interessanten ‚Talk' zu kommen. Gut – aber irgendwann ist die Zeit für einen Smalltalk auch vorbei.

In diesem Augenblick tritt für manche wieder ein Problem auf. Wie können Sie sich aus dem Smalltalk entfernen?

Holen Sie tief Luft, sprechen Sie den oder die anderen Smalltalk-Partner direkt an beispielsweise mit:

23. Interview

„Wer, wie, was, wieso, weshalb, warum, wer nicht fragt bleibt dumm."

Kennen Sie diese Behauptung aus der Sesamstraße?

Der Verkäufer fragt den Kunden, der Professor den Studierenden, der Richter den Angeklagten, die Ehefrau ihren Ehemann, der Journalist den Politiker.

Fast ließe sich annehmen, ohne Befragungen ginge es nicht. Schon das Kleinkind quält seine Eltern mit endlosen Kinderfragen.

Damit Wissenswertes und Interessantes vom Interviewten bekannt wird, bereitet sich der Interviewer gut vor.

Er bringt seine Fragen in eine vernünftige Reihenfolge, damit der Befragte bereit bleibt, ehrliche Antworten zu geben.

- -

Interview als Interviewer A

Sie befragen als Interviewer einen Gesprächspartner. Stellen Sie schriftlich 8 bis 15 Fragen zusammen. Befragen Sie eine fiktive Person.

Achten Sie darauf, dass nicht nur „Ja-nein-Antworten" gegeben werden können. Wechseln Sie die Frageart (offene Frage, geschlossene Frage, Alternativfrage, Schätzfrage und so weiter).

Wenn Sie schriftlich arbeiten, lassen Sie auf Ihrem Fragebogen genügend Platz für die Antworten. Zeigen Sie ein echtes Interesse an den Antworten des Befragten, wird dieser ehrlicher und ausführlicher antworten.

149

Ziel: Interessantes und Wichtiges in kurzer Zeit aus einem Gesprächspartner ‚herauszubekommen'.

- -

Interview als Interviewer mit Gesprächspartner B

Listen Sie 8 bis 15 Fragen zu einem Thema Ihrer Wahl schriftlich auf. Befragen Sie dann direkt und live eine Person.

Sie werden schnell merken, ob Ihre Fragen in einer sinnvollen Reihenfolge und verständlich gestellt wurden.

Ziel: Interessantes und Wichtiges in kurzer Zeit aus einem Gesprächspartner ‚herauszubekommen'.

24. Anmoderation

Sie haben die Anmoderation der Auftretenden bei einer Show, einem Casting, einem Wettbewerb übernommen.

Die Wettbewerber/Künstler/Eingeladenen werden lobend anmoderiert. Spannung bei den Zuschauern wird aufgebaut.

- -

Anmoderation A

Sie stehen als Moderator/Moderatorin auf der Bühne. Sie haben drei Künstler nacheinander anzukündigen. Überlegen Sie, welche Darstellung die Künstler zeigen wollen.

Dann stellen Sie sich vor Ihr virtuelles Publikum und kündigen den ersten Künstler an. Sie haben dazu etwa eine halbe Minute zur Verfügung. In der Ankündigung soll Neugierde auf den Künstler geweckt werden und ein Hinweis auf eine Besonderheit in seiner Laufbahn oder Darstellung gegeben werden. Danach mit dem zweiten und dem dritten Künstler ähnlich vorgehen.

Ziel: Die Anmoderation in der gegebenen Zeit neugierig machend und die Künstler lobend gestalten zu können.

Anmoderation B

Sie stehen als Moderator/Moderatorin auf der Bühne. Sie haben drei Künstler nacheinander anzukündigen. Überlegen Sie, welche Darstellung die Künstler zeigen wollen. Dann stellen Sie sich vor Ihr virtuelles Publikum und kündigen den ersten Künstler an. Sie haben dazu etwa eine 1 Minute zur Verfügung.

In der Ankündigung soll Neugierde auf den Künstler geweckt werden und ein Hinweis auf eine Besonderheit in seiner Laufbahn oder Darstellung gegeben werden.

Nach der (gedachten) Vorführung des ersten Künstlers moderieren Sie diesen ab. Sie haben dazu eine Viertel bis eine halbe Minute Zeit. Nehmen Sie Bezug auf die erbrachte Darstellung. Dann kündigen Sie den zweiten Künstler an. Zeit etwa 1 Minute. Nach dessen Auftritt gehen Sie wie beim ersten Künstler vor: Abmoderation und anschließend Anmoderation des dritten Künstlers.

Nach der dritten erbrachten Leistung moderieren Sie ab und verabschieden sich anschließend vom Publikum. Ziel: Die Anmoderation in der gegebenen Zeit neugierig machend und die Künstler lobend gestalten zu können.

25. Moderation

Täglich quälen sich tausende Beschäftigte durch langweilige Meetings, da die Moderation suboptimal arbeitet.

Das muss natürlich nicht sein.

Ein gut vorbereiteter Moderator wertschätzt die Gesprächsteilnehmer, lässt sie aussprechen und achtet gleichzeitig darauf, dass jeder seine Redebeiträge platzieren kann.

Sie sind Moderator/in und haben fünf bis sechs Gäste (Mitarbeiter/innen oder Familienangehörige) beisammen am Tisch sitzen. Arbeiten Sie ein Ziel aus, das alle gemeinsam erreichen wollen (zum Beispiel ‚Urlaubsziel' oder ‚Kostenverringerung').

Gehen Sie wie folgt vor: Begrüßung – Ziel der Moderation – Austausch – Vor- und Nachteile – Ergebnis finden – Bedanken – Verabschieden.

Ziel: Verschiedene Ideen oder Lösungswege zu koordinieren und in einem realistischen Ziel zusammenfassen zu können.

26. Talk-Runde

Ein interessantes Thema aus Gesellschaft, Wirtschaft, Politik, Religion und anderen Bereichen wird besprochen.

Welche Auswirkungen haben die Ereignisse? Wie kann darauf reagiert werden?

Welche Vorteile und Gefahren entstehen? Jede Meinung gilt und wird akzeptiert.

Sie sind Moderator/in einer Talk-Runde.

Fünf bis sechs Teilnehmer/innen (Vertreter/innen verschiedener Interessengruppen) sitzen auf Stühlen zusammen mit Ihnen in einem Kreis.

Bestimmen Sie ein Thema, über das geredet werden soll.

Ziel: Verschiedene Ideen oder Lösungswege zu koordinieren und eine einheitliche Übereinstimmung zu finden.

27. Diskussion

Bei der Talk-Runde können alle Teilnehmer gleicher Meinung sein.

Bei der Diskussion hingegen muss es wenigstens zwei Meinungen geben, sonst kann es gar nicht zu einer Diskussion kommen.

Sie sind Diskussionsleiter/in. Sie sitzen mit zweimal zwei oder drei Diskussionsteilnehmer/innen zusammen. Diese sind gegenüber platziert.

Eine Hälfte der Teilnehmer vertritt eine ‚Pro‘-Meinung, die andere Hälfte die ‚Contra‘-Meinung. Fair ist es, wenn es gleich viele Pro- und Contra-Teilnehmer gibt.

Bestimmen Sie (vorab) ein Thema, zu dem eine ‚Pro‘-Meinung und eine ‚Contra‘-Meinung vertreten werden kann. Lässt sich jemand von den Diskussionspartnern überzeugen und wechselt ‚das Lager‘, die eigene Meinung?

Alle Teilnehmer werden gleichberechtigt behandelt, gleich welche Meinung Sie als Diskussionsleiter vertreten.

Am Ende der Diskussion ein abschließendes Statement geben.

Ziel: Beide Meinungen zu akzeptieren. Darauf zu achten, dass alle Diskussionsteilnehmer/innen ungefähr gleich viele Redebeiträge leisten können.

28. Präsentation

Nun sind wir bei einer der Königsdisziplinen angelangt: der professionellen Präsentation.

Im Vergleich zu einem üblichen Vortrag können sowohl Hilfsmittel wie auch Medien und Anschauungsmaterial eingesetzt werden. Meist erfolgt die Präsentation im Stehen.

Präsentation A

Wählen Sie ein Thema Ihrer Wahl. Präsentieren Sie Ihr Thema in fünf Minuten. Benutzen Sie – wahlweise – eine Stichwort-Karte.

Setzen Sie mindestens ein Medium ein (Smartboard, Beamer, TV, Videoclip, Tafel oder ähnliches). Achten Sie auf Ihre Körpersprache, den Blickkontakt und den sinnvollen Aufbau Ihrer Präsentation.

Begrüßen Sie Ihre – nicht vorhandenen – Gäste und verabschieden Sie diese am Ende der Präsentation.

153

Ziel: Ein Thema fesselnd präsentieren zu können.

Präsentation B

Wählen Sie ein Thema Ihrer Wahl. Präsentieren Sie Ihr Thema in zehn Minuten. Benutzen Sie – wahlweise – eine Stichwort-Karte.

Setzen Sie mindestens ein Medium ein. Werden Sie mit Ihrem – nicht vorhandenen – Publikum interaktiv. Sprechen Sie die fünf Sinne an.

Achten Sie auf Ihre Körpersprache, den Blickkontakt und den sinnvollen Aufbau Ihrer Präsentation. Begrüßen Sie Ihre – nicht vorhandenen – Gäste und verabschieden Sie diese am Ende der Präsentation.

Ziel: Ein Thema fesselnd und bildhaft präsentieren zu können.

Wählen Sie ein Thema Ihrer Wahl. Präsentieren Sie Ihr Thema in ca. zehn Minuten. Benutzen Sie keine Stichwort-Karte. Setzen Sie mindestens ein Medium ein. Werden Sie mit Ihrem – nicht vorhandenen – Publikum interaktiv.

Sprechen Sie die fünf Sinne an. Achten Sie auf Ihre Körpersprache, den Blickkontakt und den sinnvollen Aufbau Ihrer Präsentation. Halten Sie Ihre Präsentations-Struktur gut im Auge. Begrüßen und verabschieden Sie Ihre – nicht vorhandenen – Gäste.

Ziel: Zuhörer frei für ein Thema fesselnd interessieren zu können, ohne eine Stichwort-Karte zu benutzen.

29. Online-Präsentation

154 Einige der weiter oben beschriebenen Reden und Präsentationen werden auch über digitale Formen umgesetzt.

Wählen Sie eine oder mehrere der oben beschriebenen Übungen. Nehmen Sie vor der Kamera am Monitor oder Laptop Platz.

Die Kamera stellt den virtuellen Weg zu ihrem Zuhörer, zu Ihren Zuhörern dar.

Zeichnen Sie Ihre Übung auf, um sie anschließend anzuschauen und analysieren zu können. Achten Sie auf sichtbaren Einsatz von Gestik und Mimik.

Ziel: Jegliche Darstellung online präsentieren zu können.

Präzise erklären

> *„Hohe Bildung kann man dadurch beweisen,*
> *dass man die kompliziertesten Dinge*
> *auf einfache Art zu erläutern versteht."*
> **George Bernard Shaw, ir. Dichter**
> *(1856 - 1950)*

So präsentieren, dass der andere eindeutig versteht

Verwunderlich, wie viele Missverständnisse es trotz eines relativ großen Wortschatzes in der deutschen Sprache immer wieder gibt. Viele tun sich außerordentlich schwer, präzise zu erklären.

Der Zuhörer ergänzt sowieso die empfangene Nachricht, wobei er sich an seinen eigenen Vorstellungen, seinen bisherigen Erlebnissen und gesammelten Erfahrungen, allerdings auch an seinen Vorurteilen orientiert.

Beispiel: „Der Präsentierende heißt die Zuhörer ..." Was fehlt? Nun: „willkommen".

Hier hat das Gehirn beziehungsweise das Gedächtnis ein relativ leichtes Spiel. Was aber heißt: „Eine junge Frau"? Wie alt ist eine „junge Frau"? Für den einen ist die junge Frau 17 Jahre alt, für den nächsten 22 und für den dritten 37 Jahre.

Wie viele Quadratmeter hat ein „großer Vortragssaal"? Was verstehen Sie unter einem „schönen Urlaub"?

Höchstwahrscheinlich wird sich jeder sein eigenes Bild vom Gehörten machen. Somit ist deutlich, dass die Erklärung, die Sie als Redner/Rednerin geben, in vielfältiger Form beim Zuhörer ankommt.

Wie soll der Zuhörer <u>genau</u> erkennen, was Sie meinen? Das heißt, noch genauer, noch präziser und so eindeutig wie möglich zu erklären.

Links ist nicht immer links – Zweideutige Eindeutigkeit

Der Gast hat soeben im Hotel eingecheckt und wird vom Rezeptionisten aufgeklärt, er möge die Aufzüge ‚links' benutzen. Der Gast bedankt sich, geht nach links und sucht verzweifelt die Aufzüge. Er findet sie nicht.

Orientierungslos irrt er durch die Hotellobby, bis er ein Schild findet, das ihn zu den Aufzügen bringt. Die Aufzüge befinden sich rechts. Was war geschehen?

1. Beispiel:

Rezeptionist: „Die Aufzüge befinden sich links."

Das ist richtig, aber nur aus Sicht des Sprechers.

Aus Sicht des Gastes befinden sie sich rechts. Der Rezeptionist hat sich nicht in die Sichtweise des Gastes versetzt.

Es kommt zu Irritationen.

Der Rezeptionist deutet in Richtung der von dieser Stelle aus nicht einsehbaren Aufzüge.

2. Beispiel:

Rezeptionist: „Die Aufzüge befinden sich links."

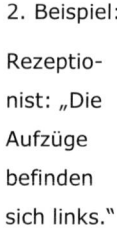

Das ist schon deutlich besser als im ersten Beispiel. Er deutet, indem er seinen Arm ‚nach links' hebt. Aus Sicht des Gastes deutet er allerdings nach rechts.

Es liegt hier eine inkongruente Botschaft vor.

Das Gesprochene stimmt aus Sicht des Gastes nicht mit dem Gezeigten überein (Sprache und Körpersprache sind nicht synchron). Das kann den Gast irritieren.

3. Beispiel:

Rezeptio-
nist: „Die
Aufzüge
befinden
sich in die-
ser Rich-
tung."

Der Rezeptionist deutet in Richtung der Aufzüge. Er vermeidet dabei das Wort ‚links'. Für den Gast ist somit eindeutig klar, in welche Richtung er sich begeben soll.

Die Nachricht ist kongruent.

Sprache und Körpersprache stimmen überein. Vielleicht unterstützt der Rezeptionist seine Aussage durch eine kurze Kopfbewegung in die entsprechende Richtung.

Der Gast fühlt sich wohl.

Gerade und auch in Online-Präsentationen kann links und rechts leicht verwechselt werden, zumal das übertragene Bild seitenverkehrt dargestellt werden kann. Sollten Sie als Redner/in die Wörter ‚links' oder ‚rechts' benutzen wollen, könnten Sie konkretisieren „aus Ihrer Sicht links".

Wer steht vorn, wer steht hinten?

Ein zweites Beispiel soll die Vielfältigkeit der Sprache weiter verdeutlichen. Otto von Bismarck (1815 – 1898), Reichskanzler im Deutschen Kaiserreich, soll einmal gesagt haben: „Wo ich sitze, ist immer oben." Zu ihm hätte auch gut diese Aussage gepasst: „Da wo ich bin, ist vorn." Aber was ist ‚oben', was ist ‚vorn'?

Wer steht
vorn?

Aus Sicht des Lesers die Person links.

Er sieht sie aus seiner Richtung ‚vor' der anderen wartend.

Aus Sicht der beiden die rechte.

Die rechte steht ‚vor' der linken.

Versetzten Sie sich am besten immer in ‚die Sicht' des Zuhörers und beschreiben aus ‚seiner Sicht'.

Motorik

Die Gesamtheit der Gebärden und Bewegungen, die die Sprache unterstützen, wird als Gestik bezeichnet. Darunter fallen die Bewegungen der Arme, der Beine und des Kopfes.

Unter Motorik wird die genaue Bewegung, zum Beispiel das Bewegen der Finger beim Griff nach einer Tasse oder das Halten eines Schreibstiftes verstanden.

Der Einsatz der Finger, um einen Text mit der Hand zu schreiben, wird als Feinmotorik bezeichnet. Daumen und Zeigefinger vereinen eine Unmenge von Nervenzellen.

Sie können beim Streichen mit den Fingern über Oberflächen neben der Temperatur auch genaue Eigenschaften aufnehmen. Ist die Oberfläche aus Stein, aus Holz, aus Stoff? Ist sie glatt, angeraut, grob? Trocken oder feucht? Liegt auf der Oberfläche eine Brotkrume oder eine Staubfluse?

Etwas begreifen

Um ‚begreifen' zu können, müssen Sie nach den Dingen ‚greifen'. Nicht umsonst hören Sie immer wieder die verzweifelten Ausrufe junger Mütter in Geschäften:

Die Finger und damit die Hände sind also extrem wichtig, um die Welt zu verstehen, zu begreifen. Deshalb können Sie mit den Händen auch viel mehr aussagen als mit Worten.

Bitten Sie jemanden zu erklären, was eine Wendeltreppe ist. In fast allen Fällen wird die Wendeltreppe mit den Fingern ‚nachgezeichnet‘.

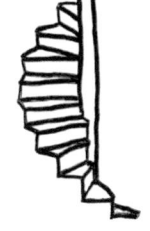

Die Beschreibung mit den Fingern ist ausdrucksstärker, sicherer und einfacher als umständlich mit üblicher Sprache. Hände unterstützen Aussagen.

Sie kennen den Angler, der sooooo einen großen Fisch angelte?

In manchen Ländern werden Hände, ja sogar die Arme extrem in die gesprochene Sprache integriert. Stellen Sie sich einen Italiener vor, der eine hübsche Person oder eine appetitanregende Speise beschreibt.

In hiesiger Kultur hat der Präsentierende manchmal Schwierigkeiten, auch die Hände während des Sprechens einzusetzen. Damit wird der Vortrag beziehungsweise die Präsentation allerdings auch ‚gefühlskälter‘ und ist schwieriger zu verstehen.

Gestik gezielt einsetzen

Ein geschulter Präsentierender wird deshalb seine Gestik gezielt einsetzen, um verbale Aussagen verständlicher und damit bildhafter zu gestalten.

Im Interesse des Gesprächspartners sollten Sie allerdings vermeiden, vor diesem herumzuhampeln.

Inzwischen ist es kein Geheimnis mehr, dass unbewegte Hände und Arme die Gehirnarbeit blockieren. Bewegung der Arme und Gehirnarbeit stehen also in unmittelbarem Bezug zueinander.

Zeigen Sie sich lebhaft, arbeitet Ihr Gehirn aktiver.

159

Sensibel ausdrücken

„Wer die Geometrie begreift,
vermag in dieser Welt alles zu verstehen."
Galileo Galilei, it. Universalgelehrter
(1564 - 1641)

Feinfühlig erklären

Können Sie auch ohne ‚Hände und Füße' zu benutzen, sauber und genau erklären?

Ein Ziel in Vorträgen besteht darin, Gestik wirkungsvoll und überzeugend einzusetzen. Aber schaffen Sie es auch, lediglich mit der Kraft Ihrer Worte bestimmte Informationen (möglichst verständlich) zu vermitteln? Dazu folgende Übung.

Übung: Verständlich beschreiben

Viele verschiedene Übungen haben Sie nun durcharbeiten können. Die folgende Übung soll zeigen, wie unglaublich schwierig es ist, Zuhörern verbal exakt das zu vermitteln, was Sie vermitteln wollen.

Bei dieser Übung arbeiten Sie mit Publikum.

Ihr Publikum sitzt. Sie sitzen oder stehen.

Platzieren Sie Ihr Publikum so, dass Sie sich Rücken zu Rücken zueinander befinden.

Jeder Zuhörer hat ein Blatt Papier auf einer Schreibunterlage vor sich und einen Stift in der Hand.

Die Zuhörer sollen idealerweise nicht auf die Vorgehensweise der Sitznachbarn achten (abgucken!) und nicht miteinander sprechen.

Dann erklären Sie Ihren Zuhörern <u>ausschließlich</u> verbal die folgende nebenstehende Zeichnung.

Achtung: Sie nehmen keinen Blickkontakt zu Ihren Zuhörern auf. Die Zuhörer dürfen keine Zwischenfragen stellen! Sprechen Sie langsam und laut verständlich.

Diese Übung scheint leicht, ist in der Umsetzung aber überaus schwierig. Versuchen Sie es und wenn Sie wollen, natürlich auch mit weiteren Zeichnungen. Sobald Sie glauben, ausreichend erklärt zu haben, beenden Sie das Spiel.

Vergleichen Sie die Ergebnisse Ihrer Zuhörer. Sie werden verblüfft sein. Verblüfft deswegen, weil höchstwahrscheinlich jeder etwas anderes zu Papier brachte.

Bei Übungen dieser Art ist es den Teilnehmern in Workshops und Seminaren des Autors nie gelungen, auch nur annähernd ein dem Original gleichendes Ergebnis zu erzielen, egal wie sich die/der Erklärende angestrengt hat.

Pfiffige meinen, eine Art gedankliches Netz über das Bild zu legen, um dann deutlicher zu erklären, in welchem Gitterfenster sie sich gerade bewegen. Das mag für den einen oder anderen hilfreich sein – für die meisten bringt es eher Verwirrung. Abgesehen davon nimmt diese Vorgehensweise deutlich mehr Zeit in Anspruch.

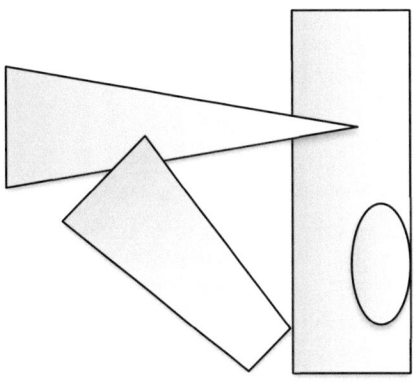
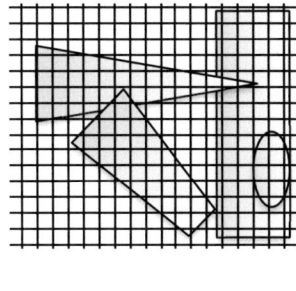

Der mutige Ritter und das fesche Burgfräulein

Erklären Sie jemandem das nächste Bild.

In Seminaren ist es tatsächlich schon mehrfach vorgekommen, dass der Ritter auf einem Pferd sitzend mutig angaloppiert kam. Dabei wurde das/ein Pferd nie erwähnt …

Übrigens: Haben Sie die Bildaussage auch richtig wiedergegeben? Nämlich, dass der tapfere Ritter mittels Stabhochsprung die hübsche Jungfrau befreien will? Ob er es schafft?

Kapitel 5 – Die belebende Interaktion

Umgang mit den Teilnehmenden

„Ein Langweiler ist ein Mensch, der redet,
wenn du wünschst, dass er zuhört."
Ambrose Gwinnett Bierce, US-am. Schriftsteller
(1842 - 1914)

Verbaler Angriff und gekonnte Abwehr

Noch interessanter wird es, wenn Ihr Gesprächspartner Sie mit Einwänden unterbricht.

Um gleich klarzustellen: Tatsächlich kann es sein, dass Sie Ihr Gegenüber einfach nicht verstanden hat oder eine tiefergreifende Information sucht.

Sollte er hingegen Einwände formulieren, um Sie aus Ihrer Verkaufsstrategie zu bringen, sind Sie mit einem unfairen Vorgehen konfrontiert.

163

Ihr Gegenüber unterbricht Sie? Sie haben den Eindruck, Sie sollen provoziert werden? Eine nicht zu unterschätzende Gefahr.

Damit Ihnen nicht die Zügel aus der Hand genommen werden oder Sie vor allen anderen Gesprächsteilnehmern als unglaubwürdig dastehen, gehen Sie wie folgt vor:

Ruhe bewahren und körpersprachlich reagieren

Bewahren Sie vor allem Ruhe.

Bewegen Sie sich, wenn möglich, auf den Gesprächspartner zu. Sitzen Sie, dann beugen Sie sich mit Ihrem Oberkörper vor.

Damit verringern Sie die räumliche Distanz und zeigen, dass Sie keine Angst haben.

Nehmen Sie deutlich Blickkontakt auf. Schauen Sie Ihrem Gesprächspartner direkt in die Augen, um Stärke zu demonstrieren.

Signalisieren Sie nonverbal Zustimmung, indem Sie ihm zunicken und ihn anlächeln.

Verbal aktiv werden

Antworten Sie in kurzen Sätzen. „Ja, interessant, und deshalb ...“ oder viel besser „Ja, und deshalb ...“

Vermeiden Sie dabei jegliche Provokation. „Das ist ein interessanter Aspekt und deshalb ...“

Hängen Sie Ihrer Antwort eine Frage an, denn Sie wissen ja, wer fragt, der führt.

Bitten Sie Ihren Gesprächspartner, Begriffe (genauer) zu definieren. „Was (genau) verstehen Sie unter ...?“

Heben Sie den Irrtum des Gesprächspartners deutlich hervor, suchen aber gleichzeitig nach Gemeinsamkeiten.

Empathie zeigen und aktiv wahrnehmen

Zeigen Sie Einfühlungsvermögen.

Versetzen Sie sich während des Dialogs in die Lage des Gesprächspartners.

Überlegen Sie weshalb er Sie unterbricht beziehungsweise diese Frage stellt.

Nehmen Sie deshalb aktiv wahr, was bedeutet, dass Sie die Absicht Ihres Gegenübers erahnen sollen.

Sie können verbale Angriffe des Gesprächspartners auch absichtlich missverstehen oder in einem anderen Sinn benutzen.

Zustimmung

Senden Sie positive Signale.

Beenden Sie berufliche Dialoge in beiderseitigem Einvernehmen. „We agree that we don't agree."

Selbst dann, wenn Ihre Interessen nicht in eine gemeinsame Richtung gelenkt werden konnten, zeigen Sie durch die Aussage eine Gemeinsamkeit.

Dieser Gemeinsamkeit können beide Seiten zustimmen.

In einer positiven Atmosphäre lässt sich später leichter weiterverhandeln.

Verschieben, Vertagen

Nennen Sie einen besseren Zeitpunkt.

Verschieben Sie gegebenenfalls eine weiterführende Diskussion auf das Ende Ihrer Präsentation oder zu einem anderen Zeitpunkt innerhalb der Präsentation. „Gerne klären wir das im Anschluss."

Sie gewinnen etwas Zeit, überlegt eine Strategie zu planen. In aller Ruhe wird dann das Unklare aus der Welt geschafft.

Einwände zum eigenen Vorteil drehen

„Denke dir einmal die glückliche Welt,
wenn jeder seinen eigenen Vorteil gegen den Vorteil des anderen vergäße."
Bernd Heinrich Wilhelm von Kleist, dt. Dramatiker
(1777 - 1811)

Einwand-Methoden

Es gibt viele rhetorische Möglichkeiten, Einwänden professionell zu begegnen. Einige davon sollen hier aufgezeigt werden. Nicht jede Methode passt immer und überall.

Deshalb wird empfohlen, dass Sie sich drei oder vier Varianten heraussuchen, mit denen Sie gut umgehen können. Merken Sie im praktischen Einsatz die gewünschte Wirkung, wird es Ihnen auf Dauer immer leichter fallen, Einwände in Ihrem Sinne zu entkräften.

Je nach Gesprächssituation setzen Sie dann eher die eine oder die andere Methode ein; auch empfiehlt es sich hier natürlich, im Vorfeld mit Freunden während eines harmlosen Übungsgesprächs die Einwand-Methoden zu trainieren.

Ziel: Ablenken und das Gespräch zum eigenen Vorteil ebnen.

1. Rückfrage-Methode, Gegenfrage-Methode

Beginnen Sie mit der Rückfrage-Methode. Sie wird eingesetzt, um Zeit zu gewinnen.

Zeit, die Sie sich wünschen, um eine vernünftige Antwort zu formulieren.

„Ich habe verstanden, dass Sie mich fragen, ..."

Wiederholen Sie die gestellte Frage mit Ihren eigenen Worten.

Sie haben Zeit gewonnen, um eine vernünftige Antwort zu finden.

2. Rückstell-Methode

Nicht ganz so professionell erscheint die
Rückstell-Methode. „Das beantworte ich
Ihnen gerne nachher."

In einem Seminar oder Meeting mag das
möglich sein, wobei das Risiko besteht,
dass nachher nicht mehr an die Beantwortung der gestellten Frage gedacht wird.

Bei Gesprächen sollte möglichst sofort geantwortet werden.

Würde die Antwort Ihre Struktur zerstören, können Sie die Rückstell-
Methode einsetzen.

Geben Sie am besten eine kurze Erklärung, weshalb Sie erst später auf
die Frage eingehen werden.

3. Vorwegnahme-Methode

Genial kann die Vorwegnahme-Methode
sein.

Sie ahnen bereits, dass Ihrem Gesprächspartner eine Rückfrage auf der Zungen-
spitze liegt.

Kommen Sie seinen Einwänden zuvor. Be-
vor er diese ausspricht, sagen Sie: „Sie mögen annehmen, dass ..."

Haben Sie gut aufgepasst und Ihren Gesprächspartner immer gut beo-
bachtet, kann Ihre Trefferquote hier sehr hoch liegen.

Durch Ihre Aussage signalisieren Sie Mitdenken. Sie zeigen Gemeinsamkeiten mit Ihrem Gegenüber.

4. Vorteil-Nachteil-Methode

Bekanntlich hat jede Münze zwei Seiten. Gäbe es ausschließlich Vorteile zu Ihrer Idee, bewegten Sie sich im unwahrscheinlichen Rahmen der Genialität.

Das ist nicht auszuschließen, dürfte aber eher die Ausnahme sein. Gehen Sie deshalb vom Üblichen aus. Nämlich, dass es bei jedem Projekt Vor- und Nachteile geben kann beziehungsweise muss.

Das bedeutet: Es ist hochwahrscheinlich, dass es Nachteile gibt, die Ihr Gesprächspartner schnell herausfindet und Sie damit konfrontiert. Lassen Sie es nicht so weit kommen.

Bevor Sie auf Nachteile angesprochen werden, räumen Sie diese bereits in Ihrer Präsentation ein.

Allerdings heben Sie die Vorteile besonders hervor. „Der Nachteil dabei mag sein, dass …, der Vorteil hingegen überwiegt, weil …"

Dadurch, dass Sie selbst die Nachteile angesprochen haben, nötigen Sie Ihr Gegenüber nicht, dies zu tun. Sie haben ihm sozusagen ein Argument entwendet, bevor er es einsetzen konnte.

Sie bauen mit dieser Vorgehensweise leichter Harmonie auf, da wenige Gegenargumente (zu möglichen Nachteilen) eingewendet werden können.

5. Bumerang-Methode

Die Aborigines in Australien machen es vor. Sie werfen einen Bumerang weg und dieser kommt in einem gro-ßen Bogen zu ihnen zurück.

Vergleichbares lässt sich in der Rhetorik darstellen.

Mit dieser Bumerang-Methode gelingt es Ihnen, einen angeblichen Nachteil in einen Vorteil umzuwandeln.

Beispielsweise wirft Ihr Gesprächspartner ein: „Ich will kein Geld unnütz in eine sinnlose Aktion vergeuden."

Sie antworten: „Gerade weil wir/Sie kein Geld unnütz vergeuden wol-len, werden ..."

6. Isolierungs-Methode

Sollte sich tatsächlich ein unerwartetes Hindernis ergeben, das so in dieser Form gedanklich noch nicht gelöst ist, dürfen Ihre Ideen an diesem einen Fall nicht scheitern.

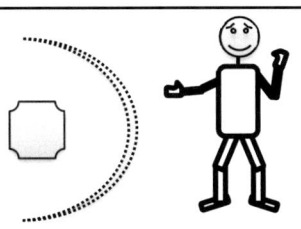

Isolieren Sie dieses Hindernis.

Sagen Sie: „Angenommen, dieses Hindernis gäbe es nicht, dann könn-ten wir ..."

Oder: „Lassen wir in diesem Augenblick einmal das Hindernis außen vor. Betrachten wir lieber ..."

7. Divisions-Methode

Sie haben in Ihrer Verkaufsstrategie bei einem Posten eine relativ hohe Zahl, die sich unangenehm anhört und sich im Verkauf als hemmend erweisen konnte.

Deshalb rechnen Sie die Zahl klein. Bei der Division-Methode gehen Sie wie folgt vor.

Die Angabe wird durch eine Menge oder Gruppe dividiert. „10.000? Bei 80 Millionen Deutschen sind das gerade mal 0,000125 %."

Aus der hoch wirkenden Zahl 10.000 wird nun eine unglaublich kleine Prozentzahl, die kaum ins Gewicht fällt.

8. Multiplikations-Methode

Die Multiplikation-Methode geht genau umgekehrt vor.

Sie möchten eine kleine Zahl vergrößern.

Eine gegebene Angabe wird mit einer Menge oder Gruppe multipliziert: „Jeder fünfte?

Bei einer Einwohnerzahl in Köln von knapp einer Million sind das bereits 200.000 Menschen!"

Aus der kleinen Zahl 5 wird plötzlich eine immense Angabe von 200.000.

9. Offenbarungs-Methode

Ihr Gesprächspartner findet ständig neue Gegenargumente.

Fragen Sie ihn: „Unter welchen Umständen würden Sie ..."

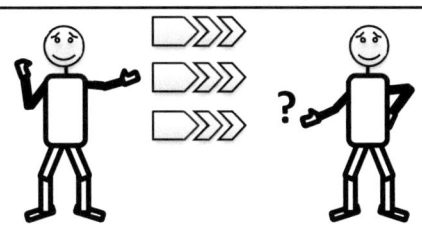

Nun muss er in seinen Aussagen konkreter werden, die dann für Sie leichter zu entkräften sein werden.

10. Ja-Aber-Methode

Sie hören das klassische „Ja, aber ..." Ruhig bleiben und nicht versuchen dagegen zu argumentieren!

Besser: Stimmen Sie ihrem Gesprächspartner zuerst einmal zu, damit er sich nicht bedroht fühlt.

Die Zustimmung bezieht sich nicht auf den

171

Inhalt des vom Gegenüber Geäußerten, sondern lediglich darauf, dass Sie verstanden haben, dass er Sie angesprochen hat. Ein deutlicher Unterschied.

Ihr Gesprächspartner wird das nonverbale Zustimmen auf seine inhaltliche Aussage beziehen, weshalb er ‚erst mal' ruhig bleibt – er spürt Ihre scheinbare Zustimmung.

„Ja, das ist korrekt, aber ...", oder, „wie bereits ausgeführt", besser: „Ja, das ist korrekt, und deshalb ...".

11. Ablenk-Methode

Hat sich die Diskussion an einem bestimmten Punkt festgefahren?

Lenken Sie von diesem – im Augenblick nicht lösbaren Gesprächspunkt – ab.

Bringen Sie einfach einen anderen Gesichtspunkt ins Gespräch ein. „Lassen Sie uns eben unser Augenmerk dorthin richten."

So können Sie über einen anderen Bereich sprechen, ohne den nicht gelösten ‚Knackpunkt' zu klären.

Konstruktive Lösungsfindung statt destruktivem Blockieren

Noch ein weiterer Tipp: Manche Menschen stellen sich selbst ungewollt ein Bein in ihrem Fortkommen. Sie blockieren sich selbst mit zahlreichen Killerphrasen.

„Ich würde gerne ein halbes Jahr beruflich aussteigen und die Zeit auf den Fidschi-Inseln verbringen, um mich zu entspannen." Wunderbar.

Aber dann donnern schon die eigenen Killerphrasen den Wunsch in Grund und Boden. „Ich kann meinen Arbeitsplatz kein halbes Jahr allein lassen." „Das kriege ich sowieso nicht genehmigt." „Und außerdem ist das doch alles zu teuer."

Merken Sie, wie schnell ein eigener Wunsch kaputtgemacht werden kann?

Sollte Ihr Wunsch ein echter Wunsch sein, vermeiden Sie solche Killerphrasen. Überlegen Sie lieber, wie Sie vorgehen wollen, um Ihren Wunsch Realität werden zu lassen.

	▪ „Wie komme ich an die Geneh-migung?"
Positive Formulierung:	▪ „Wen schlage ich für das halbe Jahr als Vertretung vor?"
	▪ „Wie kann ich den Fidschi-Auf-enthalt finanzieren?"

Können Sie sehen, wie sozusagen ‚von der anderen Seite' her gedacht wird?

Es ist zu beobachten, dass Menschen eher zu der einen oder der anderen Strategie neigen.

Gemeint ist damit, dass diese Menschen üblicherweise negativ oder positiv denken. Wen wundert es, dass sich daraus Pessimisten und Optimisten entwickeln?

173

Nun denken Sie von der positiven Seite her.

Ihr Wunsch rückt in greifbare Nähe. Guten Erfolg – und viel Spaß auf den Fidschi-Inseln.

174

Kapitel 6 – Lebhafte Körpersprache – Der Körper spricht seit Ewigkeiten

Das Spiegeln der Körpersprache

„Überall ist Ewigkeit."
Joachim Ringelnatz (Hans Bötticher), dt. Erzähler
(1883 - 1934)

Versteckte Botschaften

Sich tatsächlich eindeutig zu verständigen ist oft gar nicht so einfach.

Dabei muss bewusstwerden, dass laut Albert Mehrabian (*1939), einem US-amerikanischen Psychologen, die zwischenmenschliche Kommunikation auf drei Kanälen erfolgt:

175

1. Kanal	• Verbale Kommunikation (gesprochene Wörter)
2. Kanal	• Paraverbale Kommunikation (Stimme, Betonung, Lautstärke, Sprechtempo und so weiter)
3. Kanal	• Nonverbale Kommunikation (zum Beispiel Körpersprache)

Wie stark treten die Bereiche ein?

Die Prozentzahlen der drei Kommunikations-Kanäle geben an, wie stark diese bei einer üblichen zwischenmenschlichen Kommunikation genutzt werden:

• … nur 7 % auf die gesprochenen Wörter beziehen.	• verbal
• … immerhin 38 % auf die Art und Weise, <u>wie</u> Wörter ausgesprochen werden ausmachen.	• paraverbal
• … stolze 55 % auf die Körpersprache zurückzuführen sind!	• nonverbal

(Laut der Untersuchung von Albert Mehrabian)

55 % – das ist mehr als die Hälfte! – drücken die Sprache des Körpers (nonverbal) aus, und nur 7 % die gesprochenen (verbalen) Wörter! Sie sind überrascht, verwundert oder können dieses Resultat fast nicht glauben?

Bitte führen Sie sich vor Augen, was dieses Ergebnis bedeutet:

- Es kommt (fast) nicht darauf an, <u>was</u> Sie sagen, sondern
- <u>wie</u> Sie es sagen.

Das Erlebnis gehört dazu

Das komplette Gesamterlebnis beeinflusst zusätzlich Ihre Zuhörer.

Nicht umsonst arten manche Firmenpräsentationen fast zu Shows aus.

Viele Menschen wollen etwas ‚erleben', wie folgende Begriffe verraten: Erlebnisgastronomie, Erlebnistourismus, Erlebniseinkauf, Erlebnispräsentation.

Die Grenzen zwischen Präsentation und Show scheinen dabei manchmal kaum noch feststellbar. Ein jeder kann (und muss) für sich selbst festlegen, wie viel Erlebnis er in eine Präsentation einbringen will.

„Diese Präsentation war ein Erlebnis für mich, sie bereichert mein Leben."

So äußert sich eine Zuhörerin am Ende einer Veranstaltung. Gut, oder?

Kapitel 6 – Der Körper spricht – Körpersprache

Das Pult hemmt die Informations-Vermittlung

Redner, die hinter einem Pult stehen ‚verstecken' ihren Körper zu angenommenen 50 Prozent.

Das heißt, sie blockieren etwa die Hälfte ihrer Körpersprache.

Immerhin heißt das ca. 27,5 % (die Hälfte von 55 %) der Gesamtkommunikation.

Mehr als ein Viertel der Kommunikation wird erst gar nicht zum Zuhörer gesendet. Ist das nicht ungeschickt?

Der frei Stehende sendet 100 % ab.

Tatsächlich kann ein Redepult ca. 120 cm hoch sein. Je nach Körpergröße des Redners werden somit mehr als 50 % des Körpers unsichtbar.

Im Bild, gekennzeichnet durch die beiden senkrechten Linien, kaschiert der Redner links hinterm Pult sogar 65 % des Körpers.

Er reduziert seine ausgesandte Körpersprache um 65 %. Das ist viel zu viel, liebe Redner, liebe Rednerinnen.

Lösen Sie sich, wo immer es geht, vom Pult, und sei es auch nur für einige Redeteile, in denen Sie (und Ihre begleitende Körpersprache) dann komplett sichtbar und einsetzbar werden.

Die Gestik – Mit Hand und Fuß reden

> *„Die Körper wären nicht schön,*
> *wenn sie sich nicht bewegten."*
> **Johannes Kepler, dt. Astronom**
> **(1571 - 1630)**

Reaktion auf Aktion

Oh, was ist mit dieser Person geschehen?

178

Um die Körpersprache möglichst treffend deuten zu können und um keine Fehlinterpretationen zu fällen, rufen Sie sich folgenden Leitsatz immer wieder ins Gedächtnis:

Die Körpersprache kann nur dann richtig gedeutet werden, wenn das beobachtete Verhalten eine Reaktion auf eine Aktion darstellt!

Reaktion ⇔ Aktion

Was heißt das? Nun, Sie agieren, indem Sie etwas sagen oder tun und das Gegenüber reagiert. Just in diesem Moment kann die Reaktion, vielleicht sogar richtig, gedeutet werden.

Beispiel: Wenn jemand mit verschränkten Armen vor Ihnen steht oder sitzt, muss das noch lange nicht heißen, dass er Sie nicht mag.

Vielleicht ist ihm die neue Umgebung etwas unheimlich; vielleicht ist ihm kalt; vielleicht hat er körperliche Beschwerden, weshalb er diese Körperhaltung einnehmen muss.

Eine eindeutige Deutung ist hier nicht möglich!

Aber: Wenn Sie etwas tun oder sagen und auf diese Aussage hin ver-schränkt das Gegenüber die Arme vor der Brust, können Sie mit ziemli-cher Sicherheit davon ausgehen, dass diese Reaktion auf Ihre Aktion hin ausgeführt wurde.

Dann ist sie deutbar! Manch ein Redner will ein fesselndes Thema bieten, steht aber angewurzelt da wie eine 200-jährige Eiche.

Je länger die Präsentation dauert, desto eintöniger und langweiliger wirkt der Redner auf seine Zuhörer.

Andere wiederum springen auf der Bühne hin und her, als seien sie von einem Ameisenvolk überfallen. Die Präsentation wirkt dadurch unruhig und bringt die Zuhörer durcheinander.

Eine Kombination beider Verhaltensmuster scheint in den meisten Fällen angebrachter.

179

Was die Körpersprache verrät

„Hast du reinen Sinn, so ist dein ganzer Körper rein."
Epicharmos, gr. Autor
(um 540/550 – 460 v. Chr.)

Wohin mit den Armen und Händen beim Reden?

Die offene, willkommen heißende Körpersprache signalisiert dem Zuhörer eine abwechslungsreiche Präsentation.

Auf den folgenden Seiten werden Beispiele zur Körpersprache gezeigt, die bei Präsentationen, Vorträgen oder Veranstaltungen gesehen werden können.

Bei allen möglichen Deutungen sind idealerweise Reaktionen auf Aktionen zu berücksichtigen. Der Zuhörer sagt etwas oder eine Situation verändert sich – die Körperhaltung des Präsentierenden reagiert. Eine gute Haltung der Arme unterstützt das Gesagte.

Gleicher Hinweis zu Beginn: Arme nicht verschränken, besonders nicht zu Beginn der Präsentation.

Die Arme sollen nicht verschlossen vor dem Körper liegen, da diese Haltung gerne als ‚Blockade' gewertet wird.

Die Arme liegen vor der Brust.

Diese Körperhaltung wird als Reaktion auf eine vorangegangene Aktion in der Regel negativ bewertet.

Die betreffende Person verschließt sich, vielleicht verspürt sie Angst, Hemmungen oder ein Unwohlsein und versucht daher aus dieser Furcht heraus, einen vermeintlichen Angriff abzuwehren.

Ist diese Körpersprache bei Zuhörern zu sehen, könnten sie sich in einer Abwartephase befinden. „Mal sehen, was uns erzählt wird."

Die Arme sind in die Hüfte gestemmt.

Der Sprechende versucht, sich stärker und größer zu machen, als er ist.

Gleichzeitig hält er sich an sich selbst fest.

Zum einen entspricht sein Verhalten einem Imponiergehabe, zum anderen wird Entrüstung ausgedrückt: „Also, das sage ich Dir aber!"

Ein Unterarm wird mit einer Hand gehalten.

Eine gewisse Unsicherheit ist spürbar. Der Sprechende versteckt sich hinter sich selbst.

Er hält sich sozusagen an sich selbst fest. Da er Halt sucht, scheint er schwach zu sein.

Gerade zu Beginn einer Präsentation am besten vermeiden.

Beide Hände liegen ineinander und bilden die Bitte-Haltung.

Die Finger werden ineinander verflochten. „Bitte tut mir nichts." „Stellt mir keine Fragen, die ich nicht beantworten kann."

Diese Geste wirkt nicht unbedingt stark.

Eine Hand steckt in der Hosentasche.

Das soll lässig wirken. Nach heutigen Umgangsformen erlaubt, wenn sie hin und wieder gezeigt wird; allerdings nicht in den ersten Minuten zu empfehlen.

Auf den Zuhörer wirkt diese Körperhaltung dann als leicht arrogant.

Liebe Leserin, lieber Leser, Sie werden merken, wie knifflig es ist, gerade zu Beginn einer Präsentation ungeschickte Handhaltungen zu vermeiden.

Beide Hände stecken in den Hosentaschen.

Diese Haltung wird nach wie vor als sehr unhöflich und arrogant gewertet.

Die Person will zeigen, dass sie die Situation beherrscht, ist in Wirklichkeit aber möglicherweise sehr nervös.

Beide Arme liegen hinter dem Rücken. Die Hände halten aneinander fest.

Die Hände werden vor dem Zuhörer versteckt.

Dadurch kann der Zuhörer nichts mehr aus der Geste ablesen. Es soll heißen: „Ich bin brav – und höre aufmerksam zu."

Auf Dauer wirkt diese Haltung allerdings zu unterwürfig und wirkt schwach.

Ein Arm liegt angewinkelt vor dem Körper.

Ein Arm ist angewinkelt und die Hand wird ungefähr in Höhe des Bauches gehalten.

Gilt als leicht schützende Haltung, wirkt aber nicht unangenehm auf die Zuhörer.

Beide Arme können hin und wieder gewechselt werden.

Mit der Präsentation (und der entsprechend passenden Gestik) erst dann beginnen, wenn Redner <u>und</u> Publikum bereit sind.

Geben Sie Ihren Zuhörern ein wenig Zeit, sich zu sammeln.

Achten Sie besonders auf die Haltung Ihrer Hände. Keine Faust, keine gestreckten Finger (besser: leicht gekrümmte Hand = Annahme und Darbietung).

Kapitel 6 – Der Körper spricht – Körpersprache

Mit den Fingern und Händen und damit auch mit der zur Faust geballten Hand können Sie sehr viel ausdrücken. Infolgedessen können diese Gesten auch unterschiedlich bewertet und missverstanden werden.

Deshalb: Vorsicht mit Handbewegungen dieser Art. Aber nicht aus lauter Furcht gar keine Gestik einsetzen. Sonst verlieren Sie Ihre menschliche Ausdruckskraft beziehungsweise Ihr überzeugtes Auftreten.

Bejahende und verneinende Gesten

Verallgemeinernd gilt: Bejahende Gesten nach oben zum Körper hinausführen und verneinende Gesten nach unten und vom Körper weg.

Und: Übertreibend – große Gesten; bescheiden – kleine Gesten.

Wie bei vielen anderen Dingen auch, scheint der ‚Goldene Mittelweg' in hiesigen Breitengraden die beste Umsetzung zu sein.

183

Die Arme in Bewegung – Lasst die Hände sprechen

Enge Armbewegung bei der Gestikulation.

Die wenig ausholende Armbewegung während des Sprechens, Vortragens und Gestikulierens zeigt ein gewisses Maß an Unsicherheit.

Der Arm ist immer in der Nähe des Körpers und bereit, diesen bei einem vermeintlichen Angriff schnell zu schützen.

Die Arme sind nach vorn ausgestreckt.

Die Person verkürzt durch das Vorstrecken der Hände die Distanz zu den Zuhörern. Das ist positiv zu werten.

Diese Körperhaltung sagt: „Sei herzlich willkommen." Oder: „Komme zu mir."

Die Hände bilden eine Raute beziehungsweise ein Boot. Die Hände liegen nahe am Körper an. Die beiden Daumen zeigen nach oben und bilden eine Spitze. Die anderen Finger zeigen nach unten, berühren die Fingerspitzen der anderen Hand und bilden damit ein Dreieck nach unten.

Für die Haltung ist es gleich, ob die zusammengeführten Hände mit den Fingerspitzen nach unten oder in Richtung Zuschauer zeigen. Die Bedeutung bleibt identisch.

Die Geste zeigt den Grundriss eines Bootes, das vom Kapitän gelenkt wird. Die beiden Daumen stehen stellvertretend für den Redner. Das Boot (der Redeinhalt) gelangt dahin, wohin es der Kapitän bewusst steuert.

Obwohl sie harmlos aussieht, ist diese Geste eine starke, da sie Störungen oder Zwischenrufe nicht zulässt. Zu Beginn einer Rede passt sie sehr gut. Danach sollte sie aufgelöst werden, da sich der Zuschauer gegebenenfalls bedroht fühlen könnte.

Die Hände werden aneinander gerieben. Die Person ist selbstsicher und gut gelaunt. Das Geschäft gilt als ‚gemacht'.

Eine typische Geste bei Verkäufern, denen eben ein Geschäftsabschluss gelungen ist. Meist wird diese Bewegung durch einen positiven Gesichtsausdruck, wie ein verschmitztes Lächeln, verstärkt.

Früher war diese Haltung bei Verkäufern zu sehen, sobald ein Kunde den Laden betrat. Er sah das ‚Geschäft' bereits als erfolgreich umgesetzt an. Bei Präsentationen könnte diese Haltung aus Sicht des Zuhörers als eine gewisse Überheblichkeit gedeutet werden.

Eine Hand wird senkrecht gehalten. Die Handkante zeigt in Richtung Zuhörer. Die Person bahnt sich mit dieser Handbewegung einen Weg durch eine gedachte Menge.

Dies geschieht, um sich Platz und Raum zum Durchgehen zu schaffen oder in der Präsentation, um sich durch die im Raum stehenden Argumente ‚zu pflügen'. „Lassen Sie uns die Widerstände durchbrechen."

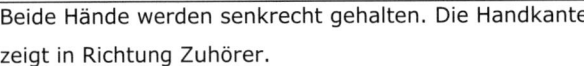

Die Hände bilden ein Spitzdach.

Zeigen die Fingerspitzen beim Spitzdach nach oben, so kann diese Haltung Arroganz ausdrücken: „Jetzt höre mal zu!"

Zeigen die Fingerspitzen des Daches zum Gegenüber, ist mit einem verbalen Angriff zu rechnen.

Beide Hände werden senkrecht gehalten. Die Handkante zeigt in Richtung Zuhörer.

Mit beiden Händen wird ein unsichtbarer Raum eingegrenzt.

„Von hier bis hier!" Das Gesagte wird räumlich von anderem (Ungesagtem) ausgegrenzt.

Mit einer Hand wird in die andere gehackt.

Dies ist eine deutlich aggressive Geste. Hier wird ein Einwurf oder das Argument ‚abgehakt'.

Die Aussage könnte sein: „Ich stelle klar."; „So ist es gemeint und nicht anders."

Der Betreffende wünscht keine weitere Diskussion zu diesem Thema.

186

Unwillkürliche und willkürliche Gesten

Es wird unterschieden zwischen unwillkürlichen Gesten und willkürlichen Gesten. Zur ersten Gruppe gehören angeborene Reflexe (Schutzreflexe), die der Körper ‚zur Verteidigung' nutzt. Damit wird zum Beispiel verhindert, dass eine Fliege ins Auge fliegt.

Auch spontane Reflexe (spontanes Bücken), wenn jemand beispielsweise in der Kindheit häufig Klapse auf den Hinterkopf bekam, gehören zu den übernommenen Reflexen.

Bewusst ausgeführte Geste

In der zweiten Gruppe finden Sie die willkürlichen Gesten. Das sind Bewegungen des Kopfes, der Arme, der Hände, die ganz bewusst ausgeführt werden.

Einzel-Gesten

187

Hände und Finger sagen – im Sinne der Körpersprache – unglaublich viel aus.

Kleine Nuancen können schon verschiedene Aussagen bedeuten. Die Gesten können in folgende Gruppen geordnet werden:

Unterstreichungs-Geste.

Diese Geste zeigt, dass etwas abgehakt oder abgeschnitten wird.

„Bis hierher – es wird nicht weiterdiskutiert!"

Zeige-/Hinweis-Geste.

Durch diese deutliche Darstellung wird etwas ‚ganz klar' gemacht. „So machen wir das, und nicht anders!"

Diese Geste erzeugt Aufmerksamkeit. Wird die linke Hand gehoben, wird das Gefühl angesprochen, mit der rechten Hand geht es um Sach-Interessen.

Demonstrativ-Geste.

Ein Arm ist etwas abgewinkelt. Die Hand zeigt parallel zum Fußboden. Hier wird beispielsweise eine Höhe oder eine Maßeinheit angezeigt. „Ungefähr so hoch."

Abgrenzungs-Geste.

Beide Arme werden nach oben angewinkelt, die Handflächen zeigen zum Betrachter.

„Bis hierher und nicht weiter. Komme nicht näher!"

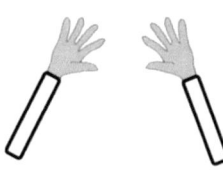

Betonungs-Geste.

Diese Geste unterstreicht oder untermauert eine Aussage.

„Ja, so wird es umgesetzt." „Das ist korrekt so."

Illustrierende Geste.

Mit den Fingern werden Zeichen in die Luft gemalt. Hier die gespreizten Zeige- und Mittelfinger einer Hand.

„Einverstanden!" „Victory." Liegen beide Finger parallel nebeneinander, dann wird die Zahl 2 angegeben.

Sprachersatz-Geste.

Diese Gesten finden Sie zum Beispiel in der Gebärdensprache.

Oder über weitere Distanz soll ein Buchstabe (hier das ‚P') vermittelt werden.

Symbolische Geste.

Der Zeigefinger und der Daumen berühren sich an der Spitze und bilden einen Kreis.

In hiesiger Kultur steht das für „OK".

Kapitel 6 – Der Körper spricht – Körpersprache

Berührungs-Geste.

Einer der beiden berührt den anderen. Die Aufmerksamkeit des Gegenübers wird erhöht. Der
Gastgeber stellt den Präsentierenden, den er gut
kennt, auf der Bühne vor.

Manchmal begrüßen sich zwei Personen (mit der
rechten Hand) und berühren den anderen jeweils mit der linken Hand
an der Schulter. Hier soll Verbundenheit und/oder Freundschaft gezeigt werden.

Schwache Gesten

Am Kopf kratzen.

Ähnlich wie das Kratzen am Nasenflügel ist manchmal ein
Verhalten bei Präsentierenden zu finden, die verlegen
sind. Oder sie befinden sich in einer peinlichen Situation.

Gegebenenfalls noch schlimmer: Sie fühlen sich sogar er-
tappt. Sie kratzen sich dann mit einem Finger hinten am
Kopf. Oft in der Höhe des Haar-Wirbels. Interessanterweise scheint es
in diesem Augenblick tatsächlich an der Kopfhaut zu jucken. Hier gibt
es wohl noch einiges zu erforschen.

Am Hals kratzen.

Auch bei diesem Verhalten scheint eine Unsicherheit sichtbar zu werden. Der Präsentierende kratzt sich am Hals.
Möglicherweise wurde ihm gerade eine Frage gestellt, die
er auf Anhieb nicht beantworten kann.

Folgt eine unsichere Antwort, um nicht als unwissend dazustehen, riskiert der Präsentierende, dass ihm die Antwort nicht geglaubt wird. Lieber zugeben, wenn Sie etwas nicht wissen.

Ich-mache-mich-schön-Geste.

Eine interessante Geste, die in beruflichen Verhandlungen eher Nervosität und Schwäche ausdrückt, häufig – aber nicht nur – bei Frauen zu sehen.

Streichen Sie eine Haarsträhne aus dem Gesicht, zeigt diese Handlung die ‚Ich-mache-mich-Schön-Geste'.

Natürlich machen Sie sich für den Gesprächspartner schön. Häufig zu Beginn einer Präsentation zu sehen.

Ein freundliches Kompliment an den anderen, der diese Geste bewusst oder unbewusst, aber positiv wahrnimmt.

Aber Vorsicht: Wird diese Geste zu häufig eingesetzt, kann der Effekt nach hinten losgehen.

Denn: <u>Zu</u> schön sein, kann auch ein gewisses Defizit an Intelligenz vermitteln (weswegen diese Geste beruflich vermieden werden sollte).

Hin und wieder bringen Personen gleichzeitig mit beiden Händen Haare aus dem Gesicht. Das wirkt etwas übertrieben …

Stinkefinger und Victory-Zeichen

Die bekannte ‚Kanzlerin-Raute' war das Markenzeichen der langjährigen deutschen Bundeskanzlerin. Der hochgestreckte Stinkefinger eines namhaften Sportlers wurde nach ihm benannt.

Das ‚Victory'-Zeichen eines britischen Premierministers hat bis heute überlebt. Egal ob diese Gesten gezielt oder spontan eingesetzt werden, stehen sie für ihre deutliche Aussagekraft.

Nur durch eine bestimmte Haltung von Finger, Hand oder Arm übermittelt eine Person zeitgleich hunderten ja vielleicht tausenden Menschen eine eindeutige Botschaft.

Wohlgemerkt, ohne auch nur ein Wort auszusprechen. Die folgenden Beispiele zeigen, wie (un-)ausgesprochen wichtig die Sprache des Körpers ist.

„Ich will es begreifen!"

191

Die deutsche Sprache verrät es bereits. Wie oben erklärt, würde folgende Aussage „Ich kann es nicht begreifen" bedeuten, dass ein bestimmter Sachverhalt nicht verstanden werden kann.

Schlecht für den Gesprächspartner. Oder doch nicht?

Der Redner muss das Vorgetragene ganz einfach (be-)greifbar machen. Nur das Gehör einsetzen und das Gesprochene verstehen langt nicht. Lassen Sie einen weiteren Sinn, den Tastsinn, eingreifen (greifen!).

Zeigen Sie durch den Einsatz Ihrer Hände unterstützend an, was Sie gerade erläutern.

„Das Thema ist unwahrscheinlich komplex."

Mit beiden senkrecht gehaltenen Händen – die Kante am kleinen Finger zeigt zum Gesprächspartner – bilden Sie einen eingrenzenden Bereich ab.

Damit wird der komplette Umfang des Themas gezeigt.

„Lassen Sie uns heute auf die wichtige Basis eingehen."

Durch das Zusammenführen beider Hände grenzen Sie nun das gesamte Thema zu einem kleineren Teil ein.

Der Gesprächspartner kann erkennen, dass aus dem großen, gesamten Thema jetzt ein kleiner Ausschnitt bearbeitet wird.

„Nähern Sie sich dem interessanten Thema."

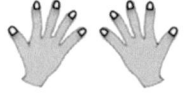

Mit einer Hand oder mit beiden Händen – die Oberseite der Hände zeigen zum Betrachter –

winken Sie sozusagen den Gesprächspartner zu sich heran.

„Aber bewahren Sie einen objektiven Abstand."

Sie drehen die Hände so, dass die Innenseite zum Publikum zeigt. Gleichzeitig wenden Sie die Hände

etwas von Ihrem Oberkörper ab in Richtung Gesprächspartner. Durch diese Geste zeigen Sie eine gewünschte Distanz an.

Schon haben Sie Ihre Hände unterstützend eingesetzt; die verbale Aussage wird greifbar. Abgesehen davon vermitteln Sie bei diesem Vorgehen die oben beschriebenen kongruenten Botschaften.

Gesprochenes und Gezeigtes laufen synchron. Verbale und nonverbale Kommunikation stimmen überein.

Die sensiblen Fingerspitzen

Gerade in den Fingerspitzen haben unglaublich viele Nervenzellen ihren Sitz, die Berührungen aller Art sofort und intensiv ans Gehirn weiterleiten.

Gute Gesprächspartner können durch Einsatz von Gesten nicht nur die Vorstellung eines Hörers anregen („ungefähr ein Meter hoch"), sondern auch das Sinnesempfinden („eine schwere Kugel aus Glas").

Lebhafter Einsatz von Gesten

Was ermöglichen Gesten nicht alles? Sie können beispielsweise angeben:

Längenmaß	• „1 m" • Mit der flach ausgestreckten Hand – Handfläche nach unten – wird die ungefähre Höhe eines Meters angezeigt.
Gewichtsmaß	• „100 Gramm" • Eine Hand – mit der Oberfläche nach oben – wiegt ein nicht vorhandenes Gewicht ab.
Zahl	• „3" • Mittelfinger, Zeigefinger und Daumen liegen parallel nebeneinander und werden nach oben gehalten.
Symbol	• „Kreuz" • Die Zeigefinger beider Hände werden im rechten Winkel zueinander gekreuzt.
Sache	• „Pyramide" • Die Fingerspitzen der beiden Zeigefinger zeigen zueinander sowie die Spitzen beider Daumen. • Sie bilden ein Dreieck, die Seite einer Pyramide.
Form	• „Oval" • Daumen und Zeigefinger berühren einander bei der Spitze und bilden einen abgeflachten Kreis.

193

Richtung	• „Dort" • Mit dem ausgestreckten Zeigefinger und aus-gestreckten Arm wird auf einen bestimmten Punkt in der Entfernung gezeigt.
Bewegung	• „Von hier nach dort" • Der ausgestreckte Zeigefinger zeigt auf einen entfernten Punkt und bewegt sich dann zu ei-nem anderen.
Empfindung	• „Gut so" • Der ausgestreckte Daumen zeigt nach oben, die eingeklappten Finger nach innen.
Eigenschaft	• „Ungefähr" • Eine Hand wird waagrecht leicht nach vorn gezeigt und wackelt einmal bis zweimal hin und her.
Vorgang	• „Telefonieren" • Der kleine Finger und der Daumen einer Hand sind gestreckt, die anderen drei Finger nach innen geklappt. • Die Hand wird zu einem Ohr geführt, wobei der Daumen am Ohr liegt und der kleine Fin-ger vor dem Mund.

Wer diese Überlegungen durchdenkt, dem sollte nachvollziehbar sein, wie vielfältig und gleichzeitig wichtig der Einsatz von Gesten ist.

Gesten verbinden

Der eine kommt vom Hölzchen aufs Stöckchen, hier kommt es vom Finger zur Hand.

Die Beispiele zeigen Gesten, die die Beziehung zweier Menschen zueinander darstellen.

Sie reichen einander die Hand.	▪ … nach einem langen Streit zur Versöhnung.
Sie reichen sich die Hand.	▪ … zur Begrüßung und (früher) als Zeichen, keine Waffe in der Hand zu halten.
Er klopft dem anderen auf die Schulter.	▪ … zur Ermutigung oder als Lob.
Er nimmt jemanden am Arm.	▪ … um ihn schützend zu führen beziehungsweise zu lenken.
Er umarmt jemanden.	▪ … zur Begrüßung und als Ausdruck der Freundschaft, aber auch zum Trost.
Sie halten einander an der Hand.	▪ … beim Spazierengehen; um Einigkeit zu demonstrieren.
Sie haken sich gegenseitig unter.	▪ … um eine breite, feste Front zu bilden.

Lügt die Körpersprache oder lügt nur das gesprochene Wort?

Aufgrund der Erkenntnis, dass die Körpersprache bereits vor dem gesprochenen Wort existierte, kann davon ausgegangen werden, dass die Reaktionen im und mit dem Körper mehr oder weniger automatisch und zum Teil auch unbewusst ausgeführt werden.

In Untersuchungen wurde festgestellt, dass bestimmte Reaktionen sogar auf der ganzen Welt in gleicher Weise erfolgen und gleich gedeutet werden!

Es lässt sich davon ausgehen, dass die Körpersprache die Wahrheit sagt – sofern sie nicht gezielt falsch eingesetzt wird. Verbal kann ein Mensch behaupten, dass es regnet, obwohl tatsächlich die Sonne scheint und das herrlichste Wetter zu sehen ist.

Ganz einfach: Er schwindelt oder noch schlimmer – er lügt.

Wenn jemandem kalt ist, wird er versuchen, seinen Körper zu schützen. Er erzeugt künstlich Wärme, wenn die Haut anfängt zu zittern. Er hält die Arme vor die Brust und reibt vielleicht die Arme, sodass ihm wärmer wird.

Erfolgen diese Reaktionen, dann können Sie sie als wahr annehmen. Nämlich, dass dem Gegenüber kalt ist. Er schwindelt hier nicht. Eine ganze Menge der nonverbalen Kommunikation kommt also aus dem Inneren des Menschen.

So kann festgehalten werden: Reagiert ein Gesprächspartner unbewusst, kann davon ausgegangen werden, dass er die Wahrheit sagt.

Hinweise zur Deutung der Körpersprache

Um aller Kritik gleich entgegenzutreten: Es wird sich wohl kaum jemals alles hundertprozentig deuten lassen, da jede Situation eine andere ist und jeder Mensch in jeder Situation wieder anders reagiert.

Niemand muss fürchten oder hoffen, dass sich ein Mensch lediglich aufgrund seiner Körpersprache absolut charakterisieren ließe.

Durch Hinzunehmen des gesprochenen Wortes ist das vielleicht einigen Spezialisten möglich. Aber für die Allgemeinheit gilt, dass nur bestimmte Dinge gedeutet und gewertet werden können.

So sollte bei dieser Thematik nicht vergessen werden, dass ein Mensch ‚menschlich' reagiert und damit auch Fehlinterpretationen entstehen können.

Die Komplexität erschwert die Deutung

Weiterhin ist es fast unmöglich, nur einen kleinen Ausschnitt aus einem menschlichen Verhalten zu nehmen und daraus auf das komplette Verhalten Rückschlüsse zu ziehen. Zu komplex ist das Zusammenspiel aller Muskeln im menschlichen Körper.

Stellen Sie sich vor, Sie wollten einen Schluck Wasser aus dem Glas trinken, das vor Ihnen auf dem Schreibtisch steht. Es wird Ihnen kaum gelingen, das Wasserglas zu greifen, ohne sich vorher mithilfe Ihrer Augen versichert zu haben, wo genau das Glas steht.

Während Sie das Glas greifen, werden Sie diesen Vorgang über das Auge kontrollieren. Das heißt, dass hier die Motorik der Hand und die Bewegung der Augen zusammenarbeiten. In der Praxis werden Sie Motorik und visuelle Wahrnehmung gleichzeitig aufnehmen, verarbeiten und deuten.

Auch wenn das Glas zum Munde geführt wird, erfolgt wieder eine Reaktion mit dem Kopf und mit dem Mund, was Sie durch das Bewegen der Lippen erkennen können. Schließlich muss der Mund zu einem gewissen Grad geöffnet werden, wenn Sie das Glas zum Trinken ansetzen.

Können Sie sich vorstellen, wie unendlich vielfältig das Zusammenspiel der Sinne und Körperteile und natürlich auch der Hilfsmittel oder Umgebung ist, um ein Ziel zu erreichen?

Das komplette Zusammenspiel vieler Details zur Erreichung eines Ziels ist unglaublich komplex. Ziele dieser Art gibt es im Laufe des Tages Hunderte, wenn nicht sogar Tausende.

Mimik, Blickkontakt, Lächeln

Augenkontakt

„Schau mir in die Augen"

Mit dem Blick in die Augen sehen Sie sozusagen in das Innere des Menschen. Stimmt das? Nun, die Augen verraten sehr viel. Sie können glänzen, sie können trocken wirken. Sie blicken fragend, bohrend, verträumt, verliebt, böse ...

Die Pupillen sind eng oder geweitet, die Augen sind zu Schlitzen verengt oder sind weit aufgerissen. Jeweils scheint etwas Unterschiedliches wahrgenommen worden zu sein. Solch ein Verhalten wird in Gesprächsrunden auch erkennbar.

Wird der Blickkontakt zum Gesprächspartner gehalten, wird das als Offenheit und Aufmerksamkeit interpretiert. Nach unten gerichtete Augen lassen auf Hemmung, Scheu, Traurigkeit, aber auch auf Schwindeleien tippen. „Der kann mir nicht in die Augen schauen."

Bleibt der Blick zu lange fixierend auf das Gegenüber gerichtet, dann tritt allerdings auch wieder Unbehagen ein. Der Angeschaute wird nervös oder gar aggressiv. Der andere scheint stärker als der Gesprächspartner. Möglicherweise liegt gar keine böse Absicht vor.

Die Erfahrungen des bisherigen Lebens, die Beobachtungen im sozialen Umfeld, lassen Wertungen zu. Diese müssen nicht zwangsläufig richtig sein, zeigen aber eine hohe Wahrscheinlichkeit der richtigen Deutung.

Als Gesprächspartner oder gar als Gesprächsleitung heißt das, dass Sie die Teilnehmenden immer wieder mit ‚offenen' Blickkontakten bedenken sollen, sie andererseits aber auch nicht ständig fixieren müssen. Dann sind alle zufrieden.

Blickkontakt vor großem Publikum auf der Bühne

In den folgenden Betrachtungen wird von einem Rechtshänder ausgegangen.

Stellen Sie sich vor, Sie stehen auf einer Bühne vor einem größeren Publikum.

Stehen Sie genau in der Mitte der Bühne.

Sie schauen nach vorn, wird sich ein gewisser Blickwinkel bilden, den Sie als Redner/Rednerin üblicherweise abdecken. Dabei fällt auf, dass Sie – aus Ihrer Sicht – ein weiteres Sichtfeld nach links als nach rechts haben.

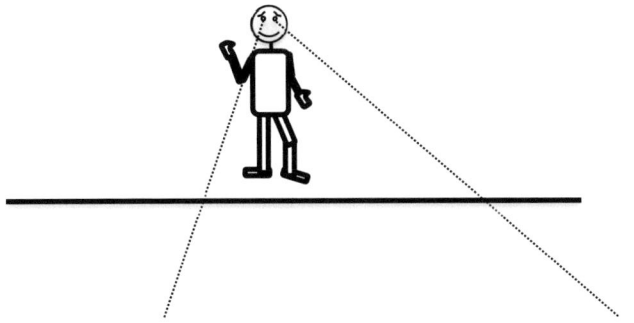

199

Stehen Sie nun an der einen Seite der Bühne (aus Sicht der Zuschauer rechts) decken Sie nur einen kleinen Teil der Zuschauer ab.

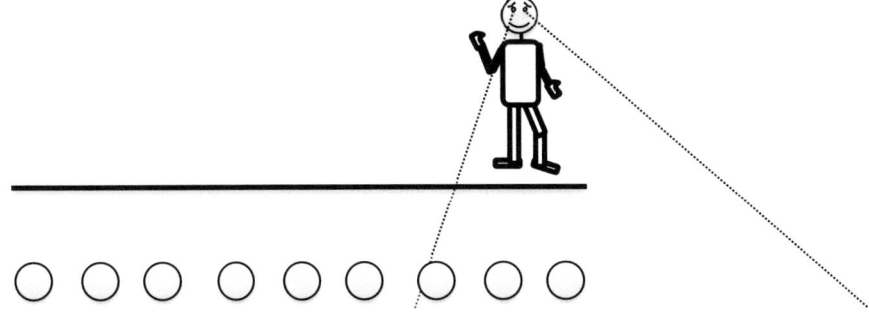

Reden Sie hingegen an der anderen Seite der Bühne, haben Sie automatisch eine viel größere Zuschauerzahl in Ihrem Blickfeld.

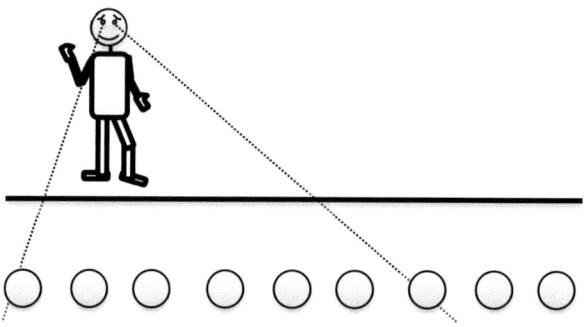

Falls ein Pult genutzt werden soll, steht dieses häufig an dieser Seite der Bühne. Der beste Blickkontakt zum Publikum ist gewährleistet.

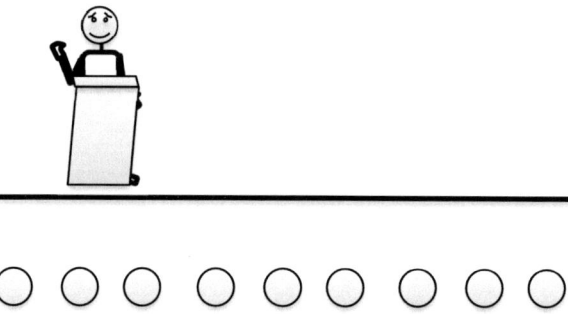

Lächeln – und trotzdem ein Bösewicht?

Der Volksmund behauptet: Lächeln entwaffnet. Wer Gutes beabsichtigt, lächelt das Gegenüber an. Der Bösewicht hingegen schaut grimmig drein. Er wird sofort erkannt und der andere ist auf der Hut.

Dummerweise kann auch jemand eine andere Person anlächeln und trotzdem Böses beabsichtigen. In Gesprächs- und Verkaufssituationen kann hier in eine böse Falle getappt werden.

Glücklicherweise hat ein brillanter Forscher das echte vom falschen Lächeln unterscheiden können.

Das ‚echte‘ Duchenne-Lächeln

Schon im Jahre 1862 fiel dem französischen Anatom Duchenne (Guillaume Benjamin Amand Duchenne de Boulogne, 1806 – 1875) der kaum wahrzunehmende Unterschied zwischen aufrichtiger Freude und grimassenhaftem Grinsen beim Lächeln auf.

Duchenne stellte fest, dass ein Lächeln mit dem Mund so lange kein Zeichen von Fröhlichkeit ist, bis sich auch jener Teil des Muskels zusammenzieht, der das Auge umgibt.

Das sogenannte ‚Duchenne-Lachen‘ gilt heute als Ausdruck offener und ungetrübter Heiterkeit – im Gegensatz zu dem falschen, aufgesetzten Lächeln.

Zusammenspiel der Gesichtsmuskeln

Mehr als 100 Jahre später, in den 70er Jahren, erkannte der US-Psychologe und Mimikforscher Paul Ekman (*1934), dass genau 24 Gesichtsmuskeln zusammenspielen und die Bandbreite bei Gefühlsregungen bei Über- beziehungsweise Unterlegenheit darstellen.

Dieses Zusammenspiel der Gesichtsmuskeln sagt deutlich mehr aus als gesprochene Worte, ja, es lässt im Dialog sogar wissen, welcher Gesprächspartner der Überlegene ist.

Überlegen in diesem Zusammenhang kann derjenige sein, der das Gespräch gerade lenkt, oder der die besseren Argumente platzieren konnte.

Laut Jörg Merten, Psychologe an der Universität in Saarbrücken, signalisiert das Zusammenspiel der Gesichtsmuskeln in einem winzigen Augenblick fast unbewusst wahrnehmbar Ekel, wenn jemand zu lange angestarrt wird.

Die Oberlippe bewegt sich dann leicht zur Nasenspitze und die Nase zieht sich ein wenig zusammen.

Action Units

1978 führten Carl-Herman Hjortsjö (1914 – 1978) und Paul Ekman den Begriff ‚Action Units‘ ein. Nach diesen beiden Forschern bestehen die elementaren Grundbewegungen aus 46 sogenannten ‚Action Units‘ (Bewegungs-Einheiten).

Diese kleinsten Bewegungs-Einheiten werden als Microexpressions (Mikroexpression) bezeichnet. Aus diesen Grundbewegungen setzt sich das komplette Mimenspiel des Gesichts zusammen.

Die Action Units sind im Facial Action Coding System (FACS, Gesichts-Kodierungs-System) erfasst. Zum Beispiel:

Action Unit 6	• Heben der Wangen
Action Unit 12	• Heben der Mundwinkel
Action Unit 24	• Zusammenpressen der Lippen

Das menschliche Lächeln ist durch eine festgelegte Folge von Muskelbewegungen charakterisiert. Der Ablauf der Bewegungen dieser Folge zeigt, ob es sich um ein echtes Lächeln handelt.

Ist das Lächeln hingegen geheuchelt, verzögert oder verändert sich dieser Ablauf. Nach Entschlüsselung dieser Bewegungsfolgen startete Terrence Joseph Sejnowski (*1947) eine interessante Versuchsreihe.

Es war ihm beim Versuch am Rechner möglich, 95 % geheucheltes Lächeln von echtem Lächeln zu unterscheiden. Ziel dieser Arbeit mit dem Rechner ist es, alle Informationen zu entschlüsseln, die das Gesicht unwillkürlich unbewusst mitteilt.

Erfolgreiche Identifizierung

Als greifbare Vision könnte dieses System somit Zugriff/Zugang, nach erfolgter Identifizierung, auf Konten, zu Tresoren, durch Eingangssperren und so weiter erlauben.

Das System könnte Medizinern, Psychiatern und Psychologen helfen, die Mimik ihrer Patienten zu deuten.

Für Gerichtsverfahren oder bei Polizeibefragungen öffneten sich ungeahnte Möglichkeiten. Passkontrollen könnten sich anders gestalten, Bankräuber könnten leichter wiedererkannt werden; in Dialogen, Verhandlungen und Verkaufsgesprächen gäbe es fast keine Geheimnisse mehr.

Allerdings wäre auch absolute Menschenüberwachung nicht nur in Städten keine Utopie mehr.

Lassen sich die Erkenntnisse der wissenschaftlichen Untersuchungen auf jegliche Gesprächssituation übertragen? Da viele Deutungen beim Gesprächspartner unbewusst erfolgen, liegt eine hohe Wahrscheinlichkeit vor, richtig zu empfinden.

Natürlich kann es immer Situationen geben, die die Wahrnehmung und damit die Deutung in eine andere (falsche) Richtung schicken.

Verräterische Mimik – Die sechs Grundemotionen

Im Jahr 1978 fanden Wallace V. Friesen (*1933) mit Paul Ekman (*1934) heraus, dass beim Kleinkind immer die gleichen und typischen Gesichtsmuskeln bei Angst, Ekel, Wut, Überraschung, Freude und Trauer zusammenwirken.

Erst später setzen Scham und Verachtung dieselben Gesichtsmuskeln in Bewegung.

Drückt ein Mensch (unbewusst) eine dieser Grundemotionen aus, werden die entsprechenden Gesichtsmuskeln aktiviert und die dazugehörenden Bewegungsmodule (‚Action Units') werden aktiv.

Durch dieses Mienenspiel verrät der Mensch seine inneren Gefühle. Auch diese Erkenntnis verstärkt die Annahme, dass die Stimmung bei Gesprächspartnern mit hoher Wahrscheinlichkeit gedeutet werden kann.

Hier werden die sechs Grundemotionen dargestellt.

„Ich freue mich. Das gefällt mir." Freude zeigt sich. Die Wangen und Mundwinkel sind leicht angehoben. Die Lippen öffnen sich.

Können Sie beim Gesprächspartner diese Mimik erkennen, scheint einem positiven Gespräch nichts im Weg zu stehen. Offensichtlich freut sich der Gesprächspartner auf den Austausch.

Sie könnten durch Ihre Mimik erkennen lassen, dass Sie sich ebenso auf dieses Gespräch freuen.

„Oh, was ist das?" Überraschung offenbart sich. Die Nasenwurzel, die Augenlider und der Augenwinkel heben sich an. Der Unterkiefer senkt sich ab.

Oh, hier ist der Gesprächspartner überrascht über das Gehörte. Hatte er etwas Neues erfahren? Oder wundert er sich über eine Aussage, die er nicht zuordnen kann? Ein Nachfragen Ihrerseits kann hilfreich sein.

„Nein, das gefällt mir gar nicht und löst Angst in mir aus." Die Person hat Furcht oder Angst.

Das drückt sich aus durch das Heben der Nasenwurzel, der Augenwinkel und der Augenlider.

Die Augenbrauen werden gesenkt, die Lippen geöffnet und gespreizt.

Erkennen Sie bei Ihrem Gesprächspartner diese Emotionen, ist unbedingt eine Erklärung notwendig. In seriösen, offenen Gesprächen ist Angst deplatziert.

Sie haben die Möglichkeit, Ihren Gesprächspartner direkt anzureden, um die Ursachen seiner körpersprachlichen Signale zu klären.

„Da werde ich jetzt richtig wütend! So geht das nicht weiter!"

Die Person zeigt Ärger oder Wut. Die Augenlider heben und straffen sich, die Augenbrauen ziehen an der Innenseite nach unten.

Diese und auch die nächsten Grundemotionen sollten idealerweise in einer Gesprächssituation nicht auftreten.

„Das ist ja eklig! Pfui!" Ekel wird ausgedrückt.

Das zeigt sich durch das Heben der Oberlippe, das Runzeln des Kinns, das Senken der Augenbrauen, das Rümpfen der Nase und Vorschieben der Unterlippe.

Hoffentlich bezieht sich das Signal des Ekels nicht auf Sie als Gesprächspartner oder auf etwas, was Sie gerade äußerten.

Vielleicht geht es um ein gewisses Thema oder Produkt, das diese Emotionen beim Gesprächspartner hervorruft.

„Ich bin traurig, hoffentlich muss ich nicht gleich weinen."

Traurigkeit wird verraten. Der Mundwinkel und die Augenbrauen werden nach unten gezogen, die Nasenwurzel wird angehoben.

Nach gängiger Meinung wird Traurigkeit, gegebenenfalls auch ein Weinen in Gesprächssituationen nicht gezeigt.

Häufige Meinung: Stärke vertreten! Trotzdem kann es natürlich zu Situationen kommen, die Tränen in die Augen treiben.

Sie als Gesprächspartner könnten einen Augenblick das Gespräch unterbrechen, um dem traurigen Menschen die Möglichkeit zu geben, sich wieder zu sammeln.

In Extremfällen könnte es besser sein, eine kurze Pause einzulegen.

Weitere aussagekräftige Gesichts-Emotionen

Neben den oben beschriebenen sechs Grundemotionen gibt es noch eine Reihe anderer Stimmungen, die im Gesicht wieder offenbart werden.

Viele andere Bilder, die durch die Gesichtsmuskeln in Kombination mit der Augenhaltung erkannt werden, können Ihnen als Gesprächspartner helfen, die aktuelle Stimmung einzuschätzen.

„Das gefällt mir sehr gut." Die Person lächelt.

Die Mundwinkel werden leicht nach oben gezogen. Unter den Augen bilden sich Lachfältchen.

Ähnlich dem Lächeln von oben ist dieses Gesichtsbild positiv für das Gespräch. Hier zeigt sich „Ein Lächeln entwaffnet."

Bilden sich beim Lächeln an den Außenseiten der Augen kleine ‚Lachfalten', handelt es sich um ein ‚echtes', von innen kommendes Lächeln, das weiter oben beschriebene Duchenne-Lächeln.

Fehlen diese Lachfalten, könnte von einem ‚professionellen' Lächeln gesprochen werden. Ein Lächeln, dass aufgrund der Situation eingesetzt wird, also nicht unbedingt der inneren Stimmung entsprechen muss.

Gut, wenn in Gesprächsrunden eine angenehme Stimmung herrscht. Es kann aber auch anders sein.

„Geht mich nichts an!" Die Person drückt ihren Missmut aus. Beide Mundwinkel werden kurz nach unten gezogen.

Es könnte auch Desinteresse oder Nichtwissen vorliegen.

Nicht gut fürs Gespräch. Versuchen Sie zu klären, wie Sie Interesse wecken und die ablehnende Haltung abbauen können.

„Ich bin nicht überzeugt. Ich sage jetzt mal nichts."
Schweigen, um nichts Falsches zu sagen.

Die Person will und kann nichts sagen. Sie presst die
Lippen zusammen, damit ja kein unbedachtes Wort
‚herausrutscht'.

Auch ein kritischer Moment.

„Nein, nein, nichts sagen, erst überlegen." Schweigen, um Zeit zu gewinnen. Von innen wird auf die
zusammengelegten Lippen gebissen.

Die Person hält die Lippen geschlossen, um Zeit zu
gewinnen. Sie ist nachdenklich, aber auch unsicher. Damit sie nichts
sagen ‚muss', beißt sie sich auf die Lippen.

Vielleicht überlegt der Gesprächspartner. Zumindest hält er sich verbal
zurück. Benötigt er ein wenig Zeit, seine Entscheidung zu treffen?

„Das ist alles Unfug, was ich hier höre. Wenn das
so weitergeht, dann ..." Drohung und Stärke werden angedeutet.

Die Oberlippe wird nach oben gezogen. Wird die
Lippe so hochgezogen, sind die Zähne sichtbar. Hier wird Verachtung
gezeigt.

Eine Drohung liegt in der Luft. Sehr wahrscheinlich wird das Gespräch
über kurz oder lang ohne positives Ergebnis abgebrochen.

Vielleicht kann eine kurze Pause helfen, eine andere Einstellung zu erreichen.

„Ich weiß nicht, was ich dazu sagen soll." Sprachlo-
sigkeit wird demonstriert. Der Mund wird geöffnet
und bleibt einige Zeit unbewegt.

Die Person zeigt Erstaunen über das, was gerade gesagt oder getan wurde.

„Na, ob das alles stimmt?" Sind Zweifel angebracht? Die Person scheint nachzudenken oder kritisch zu überlegen.

Manchmal ziehen sich gleichzeitig die Augenbrauen zusammen.

Bei solch einem Mienenspiel könnten Sie direkt nachfragen, um ein mögliches Missverständnis schnellstmöglich aus dem Weg zu räumen.

„Hm, lecker, der/die/das gefällt mir." Zuneigung wird gezeigt.

Mit der Zunge wird ein- oder mehrmals über die Lippen gefahren. Die trockenen Lippen werden befeuchtet.

Die Zuneigung sollte sich nicht auf den Gesprächspartner beziehen. Hier wird eine geäußerte Idee gedanklich durchgespielt, wobei sich diese verräterische Zungenbewegung zeigen kann.

209

Stimmung des Gegenübers erahnen

Machen Sie es sich noch einmal bewusst: Die sichtbaren Emotionen entstehen im Gespräch oftmals unbewusst und ohne Absicht. Trotzdem sind sie verräterisch.

Setzt der Gesprächspartner nicht gerade ein ‚Pokerface' auf, können Sie die Stimmung des Gegenübers erahnen.

Sie können dadurch erkennen, ob seine Gesprächsstrategie und Ihre Äußerungen verstanden und akzeptiert werden. Spüren Sie einen durch die Körpersprache gezeigten Widerstand, sollten Sie nicht ‚gnadenlos' Ihre überlegte Strategie weiterverfolgen.

Lieber eine kurze Pause einlegen, sich mit dem Körper etwas zurücknehmen und nachfragen, ob Ihre Aussagen missverständlich angekommen sind – oder gar eine Ablehnung provozierten.

Im Idealfall wird der Gesprächspartner nun seine Bedenken äußern. Damit haben Sie die Möglichkeit, Erklärungen zu geben und Missverständnisse auszuräumen.

Das Beobachten der Gesichtszüge erfolgt natürlich auch von Seiten des Gesprächspartners. Auch er will erkennen, ob die ausgetauschten Informationen bei Ihnen auf fruchtbaren Boden stoßen.

Wurde bisher verstärkt auf die durch die Gesichtsmuskeln veränderte Mimik geachtet, wird im Folgenden verstärkt auf die Stellung der Augen beziehungsweise der Pupillen eingegangen.

Mikroexpression – Gesichtsausdruck

Nur Bruchteile von Sekunden dauert es, kaum merkbare Gesichtsausdrücke zu zeigen. Hierbei wird von Mikromimik oder Mikroexpression gesprochen.

Biologen, Psychologen und andere Fachleute sind schon ewig dabei, Emotionen einwandfrei aufgrund von messbaren Gesichtsausdrücken wissenschaftlich nachzuweisen und eine Eindeutigkeit (zum Beispiel: Lügen Ja/Nein) zuzuordnen.

Damit der Gesprächspartner von Ihnen keinen falschen Eindruck erhält, verhalten Sie sich authentisch und ehrlich.

Kapitel 7 – Aus Wörtern werden Sätze

Die Basis für die verbale Kommunikation

„Wer A sagt, muss auch B sagen."
Redewendung

Wortstil – Wörter werden lebendig

Das trockene Holz knisterte im Feuer, das behagliche Wärme ausstrahlte. Die Gruppe, müde von der Nahrungsbeschaffung, aber interessiert an Neuigkeiten, hatte sich eng zusammen um die Feuerstelle gedrängt.

Angeregt gestikulierten alle miteinander und tauschten sich mit Tönen und unter Einsatz ihrer Körpersprache aus. Plötzlich geschah es: Das erste ausgesprochene Wort hallte von der Höhlenwand zurück. War es ein Wort gleichbedeutend für Mama, Papa oder Feuer?

211

Niemand weiß es, da es keine Überlieferungen gibt. Wann wurde das erste Wort gesprochen? Vor 70.000, 100.000 oder gar 130.000 Jahren?

Entstehung des gesprochenen Wortes

Unzählige Theorien ranken sich um die Entstehung der Sprache. Unabhängig davon, wie es tatsächlich vorging, hat sich die menschliche Sprache rasant entwickelt.

Der Duden 2021 geht von 300.000 bis 500.000 Wörtern in der deutschen Sprache aus. Dazu kommt fachliche Terminologie und Wörter, die außerhalb der Wörterbücher existieren – geschätzt kommt eine Zahl von über 20.000.000 in die Diskussion.

Wikipedia veröffentlichte 2021 die Zahl von 70.000 bis 75.000 Wörtern in der deutschen Standardsprache. Angeblich benutzt laut Duden der Durchschnittsdeutsche 12.000 bis 16.000 Wörter in seinem aktiven Wortschatz, darunter ca. 3.500 Fremdwörter.

Produktiver und rezeptiver Wortschatz

Die verwendeten Wörter entsprechen dem aktiven (produktiven) Wortschatz. Im Gegensatz hierzu steht der passive (rezeptive) Wortschatz von ca. 50.000 Wörtern.

Damit sind Wörter gemeint, die eine Person zwar versteht, aber überwiegend selbst nicht einsetzt.

Denken Sie an veraltete Wörter wie ‚Landauer‘ (eine viersitzige Kutsche), ‚Gattin‘ (die Ehefrau), ‚Fisimatenten‘ (Unsinn, der Umstände verursacht), ‚Bratkartoffelverhältnis‘ (eine lose Liebesbeziehung: Mahlzeit gegen sexuelle Leistung) und ‚Eisenbahn‘ (heute wird verwendet ‚Bahn‘ oder ‚Deutsche Bahn‘).

Des Weiteren scheint es doch sehr interessant zu sein, dass eine Person mit etwa 2.000 verschiedenen Wörtern bereits 90 % des gesprochenen oder geschriebenen Textes abdeckt.

In einem ausführlichen Textbeitrag genügen in der Regel nur 4.000 Wörter, um 95 % des Textes abzudecken.

Auch aussagefähig: Angeblich machen nur 9 verschiedene Wörter in der englischen Sprache bereits 25 % der benutzten Wörter aus.

Wörter kommen und gehen. Die Sprache lebt. Angeblich entstanden in etwa 12 Monaten (2020 bis 2021) ca. 1.200 neue Wörter, die sich um die Corona-Pandemie drehen: beispielsweise pandemiebedingt, Maskenmuffel, Coronafrisur, Covidioten, Long Covid … (Quelle: Leibnitz-Institut).

Würde ein heute lebender Mensch in 1.000 Jahren wiedergeboren – könnte er sich verständlich äußern und die dann Lebenden verstehen?

So scheint es vernünftig, einen kleinen Überblick von Wortarten zu geben.

Die acht Wortarten

Immer wieder wird die Pluralform von ‚Wort' irreführend verwendet.

Wörter:	• Wörter ist die Pluralform von Wort. Wörter bestehen aus Buchstaben. „Ich schreibe jetzt 5 Wörter an die Tafel."
Worte:	• Worte steht für eine allgemeine Aussage/Bedeutung. Worte bestehen aus Gedanken. „Seine Worte halten noch die nächsten Tage nach."

Wörter lassen sich in folgende 8 Wortarten (oder Redeteile) unterteilen.

Nomen	• Präsentation • Vortrag	Präpositionen	• Von • Zu
Pronomen	• Er • Sie	Konjunktionen	• Und • Wenn
Adjektive	• Klein • Schön	Adverbien	• Oft • Nur
Verben	• Sprechen • Vortragen	Interjektionen	• Ach • Ui

Es fehlen die Artikel (der, die das), die manchmal als separate Wortart genannt werden. Aber die Sprache besteht nicht nur aus zusammenhanglosen Wörtern. Sie wird beeinflusst:

Beeinflussung der Sprache durch:	• Aussprache (Phonologie) • Grammatik (Syntax) • Bedeutung (Semantik)

Wörtern einen Sinn und eine Stimme geben – Bedeutung eines Wortes

„Der Mensch soll seine Atmosphäre immer mitbringen."
Friedrich Hebbel, dt. Dramatiker
(1813 - 1863)

Stimmung und Atmosphäre schaffen

Manch ungeschickt eingesetzter Begriff lässt die Stimmung schlagartig kippen. Mit geschickt verwendeten Wörtern schaffen Sie es, eine besondere und gewünschte Stimmung und Atmosphäre zu schaffen.

Die Stimmung, die Sie erreichen wollen, um Ihre Ideen, Ihre Ziele, Ihre Produkte überzeugend an die Frau beziehungsweise an den Mann zu bringen.

Lexeme

214

Wird in diesem Zusammenhang von einem Wort gesprochen, gilt der Begriff Lexem (gr. ‚lexis' für ‚Wort'). Lexem ist die Bezeichnung für die Bedeutung eines Wortes. Im Folgenden wird dargestellt, in welcher Beziehung Wörter zueinanderstehen können.

Synonymie ist die Relation der Bedeutungsgleichheit.	• Haus, Gebäude. Zwei Lexeme können in dem einen Satz synonym sein, in dem anderen nicht. • „Das Bild ist scharf." Oder „Die Suppe ist scharf." Das Lexem ‚scharf' hat in beiden Fällen eine unterschiedliche Bedeutung.
Hyponymie bezeichnet die Unterordnung unter einen Oberbegriff.	• Frau ist ein Hyponym zu Mensch. • Blume ist ein Hyponym zu Pflanze.

Antonymie bezeichnet die Relation zwischen Wörtern mit gegensätzlicher Bedeutung.

Dabei wird zwischen abstufbarer Antonymie, nicht abstufbarer Antonymie und Konversionen unterschieden.

- Abstufbare Antonymie zeigt die Ausprägung einer Eigenschaft: hell – dunkel (sehr hell – sehr dunkel)
- Nicht abstufbare Antonymie bezeichnen komplementäre Begriffe: schwanger – nicht schwanger (etwas schwanger ist nicht möglich und damit nicht abstufbar)
- Sind voneinander abhängig: Frage – Antwort

Kohyponyme sind Lexeme eines selben Oberbegriffs.

- Mann, Frau und Kind haben denselben Oberbegriff: Mensch.

Inkompatibilität stellt eine lexikalische Unverträglichkeit dar.

Es handelt sich hier um Lexeme, die sich gegenseitig ausschließen.

- Entweder ist die Tür offen oder geschlossen. (Beides gleichzeitig ist nicht möglich).

Gruppieren von Lexemen

Lexeme lassen sich gruppieren. Sie gehen dann Kollokationen (gehäuftes benachbartes Auftreten von Wörtern) ein.

Vorhersehbare Weise:	Zum Beispiel ‚Schwein' und ‚quieken': „Ein Schwein ..."
Vielfältig kombinierbare Weise:	Zum Beispiel ‚Rede' und ‚interessant, langweilig, spannend, langatmig ...': „Eine Rede ist ..."
Nicht vorhersehbar Weise:	Zum Beispiel ‚haben': „... hat ..."

Lexeme mit gleicher und unterschiedlicher Bedeutung

Hierbei werden zwei Gruppen gebildet: Polysemie und Homonymie.

Polysemie bedeutet, dass ein Lexem mehrere Bedeutungen hat:	• Zum Beispiel ‚scharf' (Hund, Messerschneide, Essen, Gewürz, Bild, Mensch).
Homonymie bedeutet, dass verschiedene Lexeme (gleicher Schreibweise) verschiedene Bedeutung haben:	• Zum Beispiel ‚Nagel' (einmal der Metallstift und einmal der Fingernagel).
Bei einer lexikalischen Beziehung treten zwei Lexeme in Beziehung zueinander:	• „Die Sätze waren gekonnt geformt. • Besonders die einzelnen Wörter gefielen ihm."

Laterales Denken

Laterales Denken sucht alle Seiten eines Problems einzuschließen (auch unorthodoxe):	• Unilateral = einseitig betrachtet. • Bilateral = zweiseitig betrachtet; von zwei Seiten ausgehend (z. B. die Sicht der Partner betrachtend). • Trilateral = dreiseitig betrachtet.

Die affektive Bedeutung eines Wortes

Unter affektiver Bedeutung eines Wortes wird die emotionale Reaktion bezeichnet, die das Wort nach sich zieht.

Der Autor befragte ca. 200 Personen verschiedener Altersgruppen, welche Geschmacksrichtungen sie folgenden (wahllos) erfundenen Namen für Süßigkeiten zuordnen würden.

Dabei kam heraus (Angaben in Prozent):

	salzig	bitter	sauer	süß
Bumpies	6,82	3,41	14,20	**75,57**
Checkies	29,44	9,44	23,33	**37,78**
Quellies	11,24	9,55	32,02	**47,19**
Abaray	15,70	**47,09**	14,53	22,67
Sassos	**51,18**	9,41	25,29	14,12

217

Aus der Zusammenstellung lässt sich ablesen, dass über 75 % der Befragten dem (erfundenen) Wort ‚Bumpies‘ die Geschmacksrichtung ‚süß‘ zuordnete, und 47 % dem Wort ‚Abaray‘ die Geschmacksrichtung ‚bitter‘.

Das ist ein wichtiger Hinweis für Marketingabteilungen oder für die Verantwortlichen, die einen passenden Namen für ein neues Produkt suchen.

Es ist deutlich zu erkennen, dass Wörter beim Menschen bestimmte Gefühle erzeugen.

Weiter wurde gefragt, für welche Lebensmittel (Süßigkeiten) das erfundene Wort stehen könnte.

Dabei kam heraus (Auszug. Alle Angaben in Prozent, keine Angabe einer Zahl = keine Nennung):

	Bumpies	Checkies	Quellies	Abaray	Sassos
Kaugummi	21,05	10,87	18,09	4,41	
Weingummi	10,53	14,13	29,79	7,35	6,80
Gummibärchen	12,63	8,70	11,70		3,88
Lakritz		4,35	1,06	27,94	25,24
Bonbons	29,47	17,39	18,09	14,71	21,36
Mäusespeck	4,21		8,51	1,47	
Brausetabletten		1,09	8,51		
Schokolade	6,32	14,13	1,06	30,88	2,91
Kekse	8,42	10,87	1,06	5,88	
Chips	7,37	15,22	1,06	2,94	23,30
Salzstangen		3,26	1,06		10,68
türkisches Gebäck				4,41	
Tacos					5,83

Fazit: Überlegen Sie gut, welche Wörter Sie in Ihren Präsentationen und in Ihren Gesprächen verwenden, um möglichst Empfindungen beim Zuhörer zu erzielen, die von Ihnen gewünscht sind.

Der Autor hat ca. 160 Studenten und Studentinnen 2001 gebeten, von zehn Wörtern die affektive (gefühlsbetonte) Bedeutung des Wortes einzuschätzen.

Die dunkel markierten Felder zeigen jeweils die meisten Wertungen.

	eigentlich									Köln									
unangenehm	16	27	44	18	27	14	4	3	5	1	1	2	4	10	13	44	32	52	angenehm
kalt	0	23	29	27	38	12	11	9	3	9	9	15	9	19	24	26	23	25	warm
eckig	11	25	30	20	29	16	14	9	4	7	9	16	15	24	20	36	15	17	rund
rau	5	14	27	24	33	13	20	18	3	3	8	11	20	40	29	26	14	8	glatt
alt	6	23	28	15	56	12	11	5	0	27	19	21	7	37	15	13	15	6	neu

	Krieg									spontan									
unangenehm	0	20	7	1	1	0	0	1	1	0	1	0	2	10	21	36	44	45	angenehm
kalt	118	24	7	3	4	0	0	0	1	2	2	4	7	27	30	46	28	12	warm
eckig	85	31	18	8	9	3	3	0	1	4	11	17	11	28	15	37	24	9	rund
rau	125	15	7	4	3	0	2	0	2	2	5	15	18	31	37	28	16	6	glatt
alt	80	7	20	11	26	4	4	2	3	1	4	1	4	26	22	33	36	30	neu

219

	selbstbewusst									nur									
unangenehm	0	1	1	2	8	11	48	45	41	15	33	31	25	30	9	9	2	3	angenehm
kalt	3	4	11	20	29	19	33	22	15	12	26	33	35	31	9	6	1	1	warm
eckig	3	10	20	19	28	19	28	12	16	10	21	20	24	27	16	22	10	5	rund
rau	2	6	17	30	34	20	19	15	14	6	15	25	36	30	15	15	9	4	glatt
alt	4	1	6	10	71	28	21	12	6	14	13	17	22	63	14	9	3	0	neu

	danke									Erfolg									
unangenehm	0	0	1	0	2	4	16	45	87	0	0	0	0	5	6	20	55	70	angenehm
kalt	1	1	0	0	3	6	23	45	75	2	6	12	4	23	24	28	22	34	warm
eckig	1	0	3	4	11	8	37	40	52	6	8	11	11	17	33	27	20	23	rund
rau	2	0	0	6	18	19	35	43	33	4	11	8	12	35	20	24	23	18	glatt
alt	18	12	11	11	65	14	12	8	4	4	3	7	7	58	19	19	23	17	neu

	interessant									Körpergeruch									
unangenehm	0	1	3	5	9	17	47	37	38	62	31	13	7	26	10	2	4	3	angenehm
kalt	1	6	14	15	27	33	36	26	1	10	12	18	8	22	23	28	18	19	warm
eckig	10	14	21	18	29	29	23	8	5	10	10	19	19	37	30	18	10	6	rund
rau	2	14	29	25	33	23	17	9	7	14	12	31	22	37	19	15	6	2	glatt
alt	5	12	15	11	26	15	19	20	34	36	18	27	16	41	13	3	2	1	neu

Die Emotion auslösende Bedeutung eines Wortes

Hier wird von affektiver Bedeutung eines Wortes gesprochen. Darunter wird die emotionale Reaktion bezeichnet, die das Wort nach sich zieht.

Wörter lösen Gefühle aus

In einem Überzeugungsgespräch muss nicht nur die Struktur stimmig sein, das Ziel genannt werden und die Wortwahl vernünftig gewählt sein, sondern auch eine gute Stimmung erzeugt werden.

Die gute Stimmung baut selbstverständlich auch der Gesprächsteilnehmer durch sein menschliches und authentisches Auftreten auf.

Zurück zur Wortwahl: Ein wenig Psychologie kann hier helfen, noch besser und überzeugender dazustehen. Nämlich mithilfe gezielt gewählter Wörter, die passend und fließend in die Präsentation eingefügt werden.

Angenehmes und wohlwollendes Gefühl

Um verständlicher zu machen, was Wörter positiv ausdrücken können, werden hier einige Beispiele genannt.

Folgende Begriffe lösen bei den meisten Menschen ein angenehmes und wohlwollendes Gefühl aus.

Lesen Sie die Wörter oder sprechen Sie sie nach. Inwieweit lösen diese Begriffe ein angenehmes Gefühl aus?

Positive Adjektive

Groß, stark, erfolgreich, hübsch, sonnig, farbenfroh, schnell, schmackhaft, glänzend, adrett, zielorientiert, ordentlich, aufgeräumt, pflichtbewusst, dynamisch, mutig, liebenswert, geschmeidig, flink, flexibel, kreativ, zukunftsorientiert und viele andere mehr.

Positive Verben

Bewegen, erreichen, erhalten, entscheiden, gewinnen, errichten, lachen, ankommen, überraschen, überreichen, würdigen, ehren, auszeichnen, loben, gönnen, unterstützen, erzielen und viele andere mehr.

Positive Nomen

Ziel, Gewinn, Auszeichnung, Urlaub, Glanz, Sauberkeit, Ruhe, Freude, Neugierde, Erfolg, Feinheit, Eleganz, Übersichtlichkeit, Sonnenschein, Gebirgsgipfel, Genuss und viele andere mehr.

221

Konnotation

Es ist deutlich abzulesen, dass Wörter aussagekräftige Gefühle und damit eine manipulierende Wirkung erzeugen können. Natürlich ist kein Wort ‚schlecht' oder ‚gut'. Allerdings beeinflussen Wörter den Zuhörer.

Manche Wörter werden als ‚ungut' abgelegt (wie Körpergeruch). Andere Wörter erzeugen eher einen angenehmen Effekt (wie Duft).

Hier greift der Begriff Konnotation. Darunter wird der Begriffsinhalt, die Nebenbedeutung eines Wortes verstanden. Es greift eine emotionale Wortbedeutung.

Die lästigen Unwörter

„Eigentlich jung kann man nur im Alter sein.“
Eugen Diederichs, dt. Verleger
(1867 - 1930)

‚Eigentlich' heißt ‚eigentlich nicht'

Im Folgenden werden einige Wörter, die in einer Präsentation oder in einem Gespräch nicht unbedingt etwas zu suchen haben, als Unwörter bezeichnet. Zu diesen zählen:

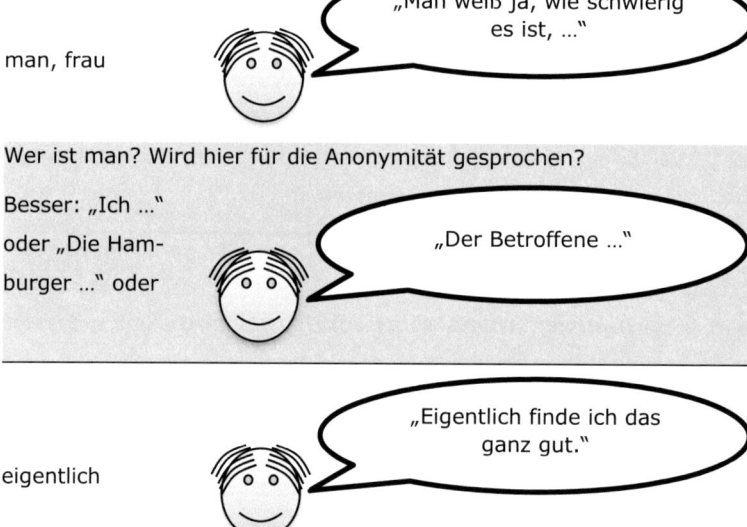

man, frau

„Man weiß ja, wie schwierig es ist, ...“

Wer ist man? Wird hier für die Anonymität gesprochen?

Besser: „Ich ...“
oder „Die Hamburger ...“ oder

„Der Betroffene ...“

eigentlich

„Eigentlich finde ich das ganz gut.“

Aber nur eigentlich. ‚Eigentlich' bedeutet ‚eigentlich nicht'. Das Wort ‚eigentlich' stellt eine Einschränkung dar, lässt also dem Sprecher noch ein Hintertürchen offen. In den meisten Fällen kann das Wort ‚eigentlich' ersatzlos gestrichen werden. Ausnahme: ‚Im eigentlichen Sinne'. Besser:

„Ich finde das gut.“

eben, eben mal

„Betrachten Sie eben mal die Unterlagen."

Eben mal scheint eine kurze Zeitspanne zu signalisieren. Es wird demnach nicht viel Zeit in Anspruch nehmen, in die Unterlagen zu sehen. Besser:

„Betrachten Sie bitte jetzt die Unterlagen."

irgendwie, irgendwann, irgendwo und vergleichbare Wörter

„Irgendwie erscheint mir das komisch."

Besser:

„Mir erscheint das komisch."

also, so

„Also lassen Sie uns weiterfahren."

223

,Also' zu Beginn eines Satzes scheint einen logischen Aufbau im Dialog fortzuführen. Tatsächlich lässt sich meistens der Satz im selben Sinne ohne dieses Wort bilden.

Besser:

„Lassen Sie uns fortfahren."

„Sie sollten was tun."

sollte, könnte, müsste

Sollten heißt nicht, dass der Betroffene es wirklich tun wird. Die anscheinend höfliche Form soll niemandem wehtun. Sie ist im Dialog aber nicht unbedingt im Sinne der Zielorientierung förderlich.

Besser:

„Erledigen Sie bitte …"

halt

„Schauen Sie halt mal nach."

Weswegen halt?

Besser:

„Schauen Sie bitte nach."

Ungeschickte Kraft der Wörter?

Mancher verwendet in seinen Reden Formulierungen wie „sag ich mal".
Das ist interessant, da die Person sowieso gerade spricht. Gibt es eine
Notwendigkeit zu betonen, dass jemand ,gerade mal sagt'? Rhetorisch
unangenehm wird es, sollte diese Formulierung mehrmals in der Rede
geäußert werden.

Wer viel spricht, verspricht sich manchmal. Das ist menschlich und nachvollziehbar.

In entscheidenden Gesprächen, bei seriösen Reden, beispielsweise zu
Festtagen oder Erinnerungsveranstaltungen sollte fehlerfrei gesprochen
werden, um der ,Würde' der Situation zu entsprechen.

Bestimmte Wörter lösen bestimmte Assoziationen aus. Der rhetorisch
Geschickte kann so unterschwellig durch die eingesetzte Wortwahl manipulieren oder eine gewisse Stimmung erzielen.

Allerdings gibt es auch eine ganze Menge Wörter, die in Vorträgen, Reden
oder Präsentationen deplatziert scheinen. Hier erfolgt ein Überblick.

225

Wenn möglich vermeiden

Weder eine gute Gesprächsrunde noch ein Vortragender hat es nötig, auf
bestimmte Wörter oder Laute zurückzugreifen. Vermeiden Sie deswegen:

Vulgärdeutsch:	▪ Mit den Händen fuchteln, quatschen, logo, echt?
Schwammwörter:	▪ Ding, Sache, nett, schön, im Prinzip, im Grunde, eventuell
Fremdwörter:	▪ Falls sie genutzt werden, sofort erläu-tern!
Verlegenheitswörter:	▪ Wissen Sie, und so, natürlich, also, tja, nicht wahr* (* Ausnahme in der Suggestivfrage)

Anglizismen, zumindest nur bewusst einsetzen:	• Kids, Airport, Spot, Challenge, Performance, Portfolio, Support, Commitment, Cashflow
Überholte Wörter:	• Gemahlin, gestatten, entzückend …
Abkürzungen:	• Ausnahmen sind Akronyme wie: EU, USA, NATO …
Beleidigende Aussagen:	• Zunehmende Beleidigungen gegenüber Polizist/innen, Politiker/innen, Ersthelfer/innen und anderen Personen, die überwiegend im öffentlichen Leben stehen. Auch Personen aus sogenannten Minderheitsgruppen sind oft betroffen • Durch die öffentliche Äußerung auf diversen Plattformen im Internet wird in kürzester Zeit eine immens große Zahl Interessierter angesprochen, die sich unter Umständen mit den Beleidigungen gegenüber einer anderen Person (oder Personengruppe) regelrecht überbieten.
Jugendsprache:	• Am Start sein (etwas Neues haben), lass was starten, dissen (sich über etwas abfällig äußern), chillen (bequem und stressfrei die Zeit genießen). • Jugendwörter: 2016 ‚isso' für ‚Zustimmung'. • Jugendwort 2020: ‚lost' für ‚ahnungslos, unentschlossen, ideenlos, überfordert'.

226

Verlegenheitslaute, Füll-laute, Verzögerungslaute:	• Ah, öh, ähm
Diskriminierungen:	• „Der Alte da drüben."
Auch nonverbale Beleidi-gungen schlagen aufs Ta-schengeld:	• Vogel zeigen 1.000 €, ‚Stinke'-Finger 4.000 € (gestreckter Mittelfinger) [Zahlenangabe als Beispiel zu sehen]
Fäkalwörter:	• „Schei…"

Netzjargon – Akronym und Leetspeak

Ein Akronym (altgr. ‚akros' für ‚Spitze, Rand' und ‚onoma' für ‚Name') ist eine Abkürzung, die aus den Anfangsbuchstaben mehrerer Wörter gebildet wird. Abkürzungen dieser Art finden sich sehr häufig bei Verwendung bestimmter Foren oder Plattformen im Internet. Zum Beispiel:

Wg?	• „Wie geht es?"
Wmdg?	• „Was machst du gerade?"
lol	• Laugh(ing) out loud = laut auflachen.
Omg	• „Oh mein Gott!"
LG	• „Liebe Grüße."

Das Wort Leetspeak bezeichnet Buchstaben oder Ziffern, die für bestimmte Wörter oder Wortkombinationen stehen. Das Wort Leetspeak (engl. ‚elite' für ‚Elite' und ‚speak' für ‚Sprache') kommt aus der englischen Sprache. Die Zahl links in der Spalte steht für den angegebenen Buchstaben.

0	• O/Q	3	• E	6	• G	9	• G/P
1	• L/I	4	• A/H	7	• T		
2	• R	5	• S	8	• B		

Das Wort LEET wird dann in der Ziffernfolge 1337 angegeben. Auch solche Darstellungen sind möglich:

2	• To/too	8	• ate	R	• are	4U	• For you
4	• For/four	N8	• (Gute) Nacht	U	• you	CU	• Sea you

Zum Netzjargon gehören noch Wörter, bei denen das Plural-s durch ein z ersetzt wird: Aus ‚Jungs' wird dann ‚Jungz'.

Schwache Formulierungen vermeiden – Leider

Leider (im Sinn von „Ich bedaure."):	• „Das habe ich leider nicht bedacht."
	• „Es tut mir leid, dass der Ausdruck so unsauber ist."
	Besser: • „Das habe ich nicht bedacht." • „Der Ausdruck ist nicht so sauber."
	Am besten: Vorher bedenken beziehungsweise für einen sauberen Ausdruck sorgen.

Wenn möglich einzusetzen

Gestalten Sie Ihre Sprache lebendig. Benutzen Sie deshalb:

Wenig Hauptwörter, aber viele Verben:	• Statt: „Ich bitte um Erledigung." • Besser: „Ich bitte, zu erledigen."
Viele Eigenschaftswörter:	• Statt: „Die Frau." • Besser: „Die energisch auftretende, lächelnde Frau."

Natürlich?

Natürlich ist, wenn die Blumen blühen. Es kommt aus der Natur, ... dann ist es natürlich.

Im heutigen Sprachgebrauch auch als ‚selbstverständlich' betrachtet.

Natürlich (im Sinn von ‚selbstverständlich'):	• „Natürlich höre ich Ihnen zu."
Natürlich (im Sinn von ‚erwartet'):	• „Natürlich hat er seine Präsentation nicht rechtzeitig fertiggestellt."
... etwas verworren:	• „Die Tiere werden natürlich in einer unnatürlichen Zuchthaltung gezüchtet." (Aussage eines Naturschützers)

Einziger?

Kein Einziger:	• Weshalb nicht gleich ‚Keiner'?
Ein <u>einziger</u> Stau auf der A3. (Gibt es <u>zwei</u> einzige?):	• Heißt das: Es gibt nur einen Stau auf allen Autobahnen in Deutschland – nämlich den auf der A3?
	• Oder heißt das: Es gibt nur <u>einen</u> Stau auf der A3? Ansonsten dort keine weiteren?
	• Oder etwa: Es gibt nur einen Stau auf der A3; auf allen anderen Autobahnen gibt es jeweils mehr als einen Stau?
	• Oder: Viele kurze Staus auf der A3 bilden <u>einen</u> ‚ewig' langen.

„Die Autobahn ist voll gesperrt." Genügt auch „Die Autobahn ist gesperrt."?

Scheint es so?

Scheinbar (nur dem Schein nach, also NEIN):	• Er hörte scheinbar zu.
anscheinend (offenbar, also JA):	• Er hörte anscheinend zu.

Damalig?

Die damalige DDR:	• Die DDR existierte mehrere Jahre (1949 – 1990). • Rückblickend ist es die DDR. • Sie war <u>damals</u> nicht <u>damalig</u>, sondern existent.

Abkürzungen

230

Es könnte der Eindruck entstehen, dass viele es bei der Schrift so einfach wie möglich gestalten wollen. Jeder Buchstabe, der geschrieben wird, kostet Zeit.

Demnach: abkürzen?

Suspension bedeutet das Ersetzen von Buchstaben am Wortende durch Punkt oder andere Satzeichen:	• ‚abw.' anstelle von ‚abwesend'
Kontraktion ist das Auslassen von Buchstaben innerhalb eines Wortes:	• gehen = gehn
Kurzschriftzeichen ist ein Symbol, das ein Wort darstellt:	• † = gestorben

Kapitel 7 – Aus Wörtern werden Sätze

Ungeschickte Pluralformen

Manche Nachrichtensprecher reden von LKWs, die einen Stau verursachen. LKWs – müsste das nicht LKW heißen?

LKW (oder Lkw) ist ein Kürzel für Lastkraftwagen:	• Einzahl: ein Lastkraftwagen (LKW)
	• Mehrzahl: zwei Lastkraftwagen (LKW – ohne s)
	• Vergleichbares gilt für den Personenkraftwagen (PKW)
TOP ist ein Tagesordnungspunkt:	• Einzahl: ein Tagesordnungspunkt (TOP)
	• Mehrzahl: zwei Tagungsordnungspunkte (TOP, nicht TOPs)

Übrigens: 1 Graffito, 2 Graffiti; 1. Spaghetto, 2 Spaghetti.

Singularetantum und Pluraletantum

Ein Singularetantum (lat. ‚singularis‘ für ‚im Singular stehend‘ und ‚tantum‘ für ‚nur‘) bezeichnet Begriffe, die ausschließlich in der Einzahl vorkommen.

Es gibt keine Mehrzahlform. Pluraletantum (lat. ‚pluraslis‘ für ‚im Plural stehend‘ und ‚tantum‘ für ‚nur‘) zeigt genau das Gegenteil: Es handelt sich um Begriffe, die es nur im Plural, nicht aber im Singular gibt.

Singularetantum (Mehrzahl: Singulariatantum):	• Hunger, Durst
	• Weltall
	• Klarheit
	• Das Rhetorische

Pluraletantum (Mehrzahl: Pluralia-tantum):	• Leute
	• Spesen
	• Ferien
	• Memoiren

Reden, sagen, sprechen

Die Sprache ist wunderbar vielfältig. Versuchen Sie, zu häufig benutzten Wörtern Synonyme (sinnverwandte Wörter) zu finden.

Oder auch Wörter, die – je nach Aussage des Satzes – eine ähnliche oder verstärkende Wirkung haben.

Ihre Präsentation wird bildhafter und deutlicher – und vor allem abwechslungsreicher.

| Sagen | annehmen, ansagen, antworten, bedeuten, befragen, behaupten, belehren, bemerken, betonen, beurteilen, beweisen, denken, einwerfen, entgegnen, erachten, erwidern, finden, glauben, heißen, informieren, kommentieren, meinen, plädieren, präsentieren, predigen, reden, referieren, rezitieren (künstlerisch vortragen), schildern, sprechen, urteilen, überzeugen, vermuten, vertreten, vortragen, wissen lassen |

Ausdrucksweise – Lokution – Sprechakte

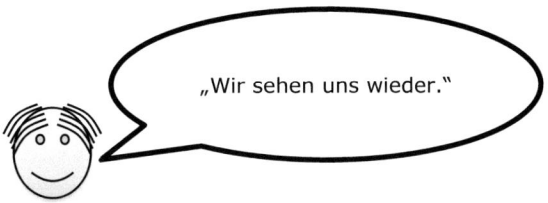

„Wir sehen uns wieder."

Beim Sprechen werden nicht nur Sachverhalte dargestellt, sondern auch ‚Handlungen' umgesetzt.

Der britische Philosoph John Langshaw Austin, (1911 – 1960) unterscheidet folgende Funktionen der Sprache (Sprechakte oder Sprechhandlungen):

Lokutionärer Akt (lat. ‚locutio' für ‚Sprache'):	• Ist der Sprechakt im Hinblick auf Artikulation, Konstruktion und Logik der Aussage. • Einfaches Aussprechen der Wörter eines Satzes. Die Wörter als solche zählen. • Der reine Sachinhalt wird dargestellt. • „Wir sehen uns wieder." (als reines Feststellen der Tatsache)
Perlokutionärer Akt:	• Ist der Sprechakt im Hinblick auf die Konsequenz der Aussagen (zum Beispiel die Wirkung auf Gefühle, Gedanken und Handlungen des Hörers.) Hat Konsequenz für den Hörer. • Betontes Aussprechen der Wörter. Hier zum Beispiel als Drohung. Die Wörter werden mit der damit verbundenen Tätigkeit benutzt.

	- Zum Beispiel Versprechen, Drohung, Ankündigung.
	- „Wir sehen uns wieder." (als Drohung)
	- Ist der Sprechakt im Hinblick auf seine kommunikative Funktion (zum Beispiel Appell, Frage und so weiter).
Illokutionärer Akt:	- Durch das Aussprechen der Wörter wird auf einen Erfolg hingearbeitet.
	- Zum Beispiel Erwartung, Flucht, Planung.
	- „Wir sehen uns wieder." (als Hoffnung)

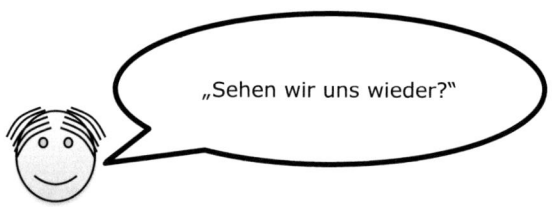

„Sehen wir uns wieder?"

Von Buchstaben zur Schrift

„Übe dich selbst, indem du liesest,
und tu dazu etwas Nützliches, indem du schreibst."
Hrabanus Maurus, dt. Mönch
(783 - 856)

Formen der Handschrift

Haben Sie sich nicht manchmal darüber geärgert, weshalb Sie mal große, mal kleine Buchstaben benutzen? Hier ein ganz kurzer Ausflug zu den Formen der Handschrift (Chirographie).

Majuskel	Minuskel	Karolingische Minuskel
zwischen 2 Linien Zweizeilenschema	zwischen 4 Linien Vierzeilenschema	Duales Alphabet
Großbuchstaben	Kleinbuchstaben	Kombination aus Majuskeln und Minuskeln
AB	**bp**	**Ap**
Griechenland: ab 3. Jh. v. Chr. Rom: ab 1. Jh. n. Chr.	Griechenland: ab 7./8. Jh. n. Chr.	Nach Karl dem Großen: (742 – 814)

Wörter nur in Großbuchstaben geschrieben sind ‚VERSALIEN'.

Die Schreibweise in dieser Art wird mit ‚KAPITÄLCHEN' bezeichnet. Und in der Darstellungsweise werden verschiedene graphische Gegensätze unterschieden. Dazu zählen: Kursivdruck, Fettdruck, Farbe, sonstige Hervorhebung.

Von der Schrift zu Bildzeichen – Die Emojis

Ende der 90-er Jahre gelang dem Japaner Shigetaka Kurita (*1972) eine geniale Erfindung.

Angelehnt an die bekannten Smileys erfand er für einen Smartphone-Hersteller unzählige kleine Bildzeichen, die Emojis (‚e' = Bild, ‚moji' für ‚Zeichen'), die heute für die Kommunikation in Smartphones und vergleichbaren Geräten mittels Unicode (digital festgelegter Code für sinntragende Schriftzeichen) nicht mehr wegzudenken sind.

Bildchen auf 12 mal 12 Pixel

Er wollte etwas erfinden, das den Auftraggeber von anderen Unternehmen abheben sollte. So begann er zuerst mit Symbolen, die auf 12 mal 12 Pixel beruhten. Damals hatte die Technik nicht mehr Möglichkeiten.

Heute sind die Emojis viel ausgefeilter und meistens auch farbig. Es werden immer mehr. Die Emojis werden eingesetzt, um eine Nachricht aufzulockern oder zu unterstreichen.

So berichtete ‚The Wall Street Journal' am 26. März 2014 über einen Gedanken von Herrn Kurita: Wenn eine Frau einem Mann ein Herz-Emoji sendet, könnte es dem Mann das Gefühl einer romantischen Verbindung geben. Vielleicht war es aber von der Frau auch nur als ‚niedlich' eingesetzt.

Shigetaka Kurita wird in diesem Zusammenhang zitiert: "I used to think that was true just in Japan. But it's the same everywhere."

„Früher dachte ich, das wäre nur so in Japan. Aber es ist dasselbe überall."

Die Emojis, die am ehesten Gefühlsstimmungen ausdrücken, werden auch Kaoani (jap. ‚animiertes Gesicht') genannt, abgekürzt als Kao (jap. ‚Gesicht').

Bei der geschriebenen Aussage ...

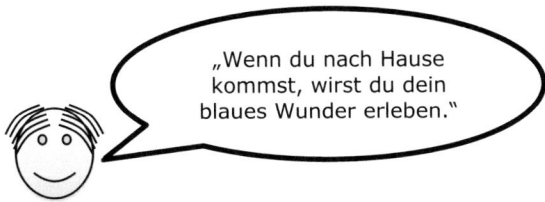

„Wenn du nach Hause kommst, wirst du dein blaues Wunder erleben.“

... lässt nicht erahnen, ob eine Drohung ausgesprochen wurde, oder ein verlockendes Angebot. Durch die Ergänzung mit einem Smiley aber sehr wohl:

Ergänzung durch einen Smiley:	• Wenn du nach Hause kommst, wirst du dein blaues Wunder erleben.“ ☹ (= Drohung) • Wenn du nach Hause kommst, wirst du dein blaues Wunder erleben.“ ☺ (= Überraschung)

Im Online-Gebrauch werden Emojis in der Regel ans Satzende gesetzt.

Ethnie

Es kam natürlich, wie es kommen musste. Wieso waren die abgebildeten menschlichen Figuren überwiegend weißhäutig?

Tja, nun kamen auch schwarzhäutige, braunhäutige und andershäutige dazu.

Emoji – 4.000 Jahre alt?

Unglaublich, eine etwa 4.000 Jahre alte Emoji-Abbildung wurde auf einem Tonkrug aus der Hethiter-Zeit gefunden. Der Ausgrabungsleiter im türkischen Karkamis (im Jahr 2017) war der italienische Professor Nicolò Marchetti.

Auf dem Tonkrug soll eine Art lachender Smiley zu erkennen sein.

Übrigens: Seit 2014 wird am 17. Juli der Welt-Emoji-Tag begangen.

Der Tag wurde gewählt, da viele Emoji ‚Kalender‘ dieses Datum zeigen.

Memojis und Animojis

Durch die Zusammenfügung von ‚me‘ und ‚Emoji‘ entsteht das Wort ‚Memoji‘. Frei übersetzt könnte es ‚mein persönliches Emoji‘ heißen.

Ein Memoji kann mit entsprechender Software auf dem Smartphone vom Nutzer selbst hergestellt werden, und zwar ganz individuell gestaltet. Zusätzlich kann das Memoji Stimmungslagen sehr deutlich ausdrücken.

Ein Animoji ist ebenso ein individuell erstelltes Emoji, wobei die eigenen Gesichtszüge in eine Figur oder ein Tier eingefügt wird. Das Tier zeigt die Gesichtszüge des Sprechers.

Von Wörtern zum aussagekräftigen Satz

„Dem Schöpfer eines guten Satzes
kommt der am nächsten,
der den Satz zuerst zitiert."
Ralph Waldo Emerson, US-am. Schriftsteller
(1803 - 1882)

Der elegante Satzstil

Jedes Wort beeinflusst die Aussage eines Satzes. Wie sollte der Satzstil sein?

Gute Umsetzung:	• flüssig • im Plauderton • kurz (durchschnittlich 7 Wörter, damit der Durchschnitts-Zuhörer gut folgen kann) • Aktivsätze (besser als Passivsätze. „Ich steuere das Fahrzeug" statt „Das Fahrzeug wird von mir gesteuert.") • neuer Gedanke – neuer Satz (den Punkt am Ende des Satzes ‚mitdenken', damit der Zuhörer besser verstehen kann)
Vermeiden Sie:	• Schachtelsätze • Satzbrüche (Anakoluthe; „Ich habe die Schuhe gesehen und – oh Himmel, du wirst es nicht glauben!")

239

Übrigens: Es ist weniger tragisch sich zu versprechen, als Satzgebilde aufzubauen, denen kaum einer folgen kann.

Elliptische Sätze

Elliptische Sätze sind verkürzte (Antwort-)Sätze. Zum Beispiel:

- „Wo gehst du hin?"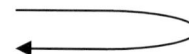

- „In die Stadt."

Kontrafaktischer Konditionalsatz

Ein kontrafaktischer Konditionalsatz ist ein Konditionalsatz, der immer wahr ist, weil er von einer falschen Prämisse ausgeht.

Eine Prämisse ist ein Vordersatz/Voraussetzung eines logischen Schlusses.

Rhetorisch gesehen ist solch ein Satz nur dann sinnvoll, wenn auf einer Annahme eine folgende Diskussion oder Präsentation aufgebaut wird.

Gleichzeitig wird vermieden, dass die Richtigkeit der Annahme bezweifelt wird.

Die 3 Phrasen im Satz

„Der sehr junge Redner spielte korrekt die Folie ein."

In diesem Satz sind drei Phrasen zu erkennen:

Verbalphrase:

- „… spielte korrekt …"

Nominalphrase:

- „… die Folie …"

Adjektivphrase:

- „… sehr junge …"

241

Verallgemeinerung, Tautologien und Alliterationen

„Alle Verallgemeinerungen sind gefährlich.
Auch diese!"
Alexandre Dumas der Jüngere, frz. Schriftsteller
(1824 - 1895)

„Jeder hat schon mal ..."

Wirklich jeder? Hat tatsächlich jeder Mensch auf dieser <u>Erde</u> ...? „Na ja", mögen Sie sagen. „Natürlich nicht <u>jeder</u> – aber <u>fast</u> jeder."

Die Frage sei erlaubt: „Weshalb sagen Sie nicht gleich <u>fast</u> jeder?"

Bei Verallgemeinerungen laufen Sie Gefahr, dass Ihre Aussagen auf einen Ihrer Zuhörer nicht zutreffen.

Diese Person fühlt sich möglicherweise ungerecht oder gar falsch behandelt. Vielleicht auch unverstanden oder übergangen. Oder sogar persönlich angegriffen. Wollen Sie das?

Weshalb dann das Risiko eingehen, einen ‚Gegner' zu etablieren?

Abgesehen davon treffen die meisten Verallgemeinerungen eh nicht voll zu:

Verallgemeinerungen:	<ul><li>„<u>Jeder</u> Deutsche lernt in der Schule Englisch."</li><li>„<u>Jeder</u> Kölner liebt seinen Dom."</li><li>„<u>Alle</u> Autofahrer sind rücksichtslos im Straßenverkehr."</li><li>„Ich stehe <u>immer</u> um 7:00 Uhr morgens auf."</li><li>„<u>Kein</u> Mensch spricht chinesisch."</li><li>„Ich nehme <u>nie</u> Medikamente."</li></ul>

- „Das würde ich <u>niemals</u> tun."

- „<u>Niemand</u> würde sich so verhalten."

Sie vermeiden mögliche Unannehmlichkeiten dadurch, dass Sie die Verallgemeinerungen mit einem einschränkenden Wort entschärfen:

	- „<u>Fast</u> alle von uns haben ..."
Verallgemeinerungen entschärfen:	- „<u>Kaum</u> einer würde ..."
	- „<u>Fast</u> immer (sehr häufig) ..."
	- „So gut wie kein Mensch ..."

Sollte Ihre Aussage auf einen der Gesprächspartner nicht zutreffen, so
wird dieser sich kaum persönlich angegriffen fühlen.

Denn er könnte ja gerade derjenige sein, der nicht unter <u>fast</u> <u>alle</u> fällt.

243

Tautologie – Pleonasmus

„Die Sprache ist die Quelle der Missverständnisse" meinte bereits der französische Schriftsteller Antoine de Saint-Exupéry (1900 – 1944).

Aber auch bei der Benutzung von Wörtern ergeben sich manchmal lustige oder unnütze Kombinationen. Dazu zählen die Tautologien.

Tautologien (Häufung gleichbedeutender Wörter/Wort-Verdoppelung, ‚t'auto' für ‚dasselbe') beziehungsweise Pleonasmen (Einzahl: Pleonasmus, gr. ‚pleonasmos' für ‚Überfluss, Vergrößerung') sind Aussagen, die bereits Gesagtes wiederholen.

Beispiel: ein weißer Schimmel. Ein Schimmel (also das Pferd) ist in der Regel weiß – auch wenn er als junges Pferd ein dunkles Fell haben kann.

Deshalb ist das Eigenschaftswort ‚weiß' überflüssig, da es keine zusätzliche Information bringt.

244

alter Greis	großer Riese	kaltes Eis
aus (dem Raum) hinaus/in … hinein	karierter Schotten-rock	neu renovieren [nov = neu]
aus und vorbei	zwei Zwillinge (= 4 Personen)	neu eröffnen [er = neu]
auseinander dividie-ren	riesig groß	schlicht und einfach
dazu addieren	kleines Zwerglein	schwarzer Rappe
ein einziger	leises Flüstern	seltene Rarität
falscher Irrtum	letztendlich	sich einander gegenseitig
Fernsehen gucken	messerscharfer Schnitt	tiefe Kluft
weißer Schimmel	zurück reduzieren	ich persönlich
wieder von neuem	tote Leiche	aufsummieren
hinein interpretieren	Laola-Welle (span. ‚la ola' für ‚Welle')	

Manche Tautologien sind etwas schwieriger als solche zu entlarven:

bereits schon	kontrovers diskutieren	Rück-Vergütung
Eigeninitiative	neuer Anfang	frühzeitig
Stillschweigen	Rück-Antwort	schwere Verwüstung
Einzel-Individuum	gemeinsame Teamarbeit	
furchtbare Katastrophe (eine Katastrophe ist sowieso schon furchtbar)		

Tautologie ist die Häufung sinngleicher Wörter oder sogar die mehrfache, oft umständliche Umschreibung eines Sachverhaltes in Ermangelung des betreffenden Ausdrucks.

Das Wort Verum (lat. ‚verum' für ‚wahr') steht auch für die Tautologie. Es handelt sich dann um eine Aussage, die immer wahr ist. „Wenn es hagelt, dann hagelt es."

245

Sprachklischees

Als Sprachklischees gelten Wortverbindungen mit hohem Bekanntheitsgrad.

bettelarm	himmelhoch	spiegelglatt
bierernst	hundemüde	steinreich
bildschön	hundsgemein	stinkfaul
bitterkalt	mausetot	stinkwütend
blutrot	potthässlich	stockfinster
brottrocken	saublöd	strohdumm
elendslang	saukalt	todschick
goldrichtig	schweineteuer	splitternackt

Nicht mögliche Wörter?

Wie gefallen Ihnen diese häufig benutzten und doch nicht sinnvollen Wörter?

Un-Mengen	Un-Kraut	Un-Wetter
Un-Kosten	Un-Tier	

Nicht steigerbare Adjektive

Auch hier wird häufig falsch gesteigert. ,Eindeutiger' gibt es nicht, denn ,eindeutig' ist bereits ,eindeutig'.

arbeitslos	ideal	schwarz
durchsichtig	jährlich	stressfrei
eindeutig	letzter (allerletzter)	tot (mausetot)
einzig	perfekt	quadratisch
eisern	gesperrt (total gesperrt, voll gesperrt)	wolkenlos (absolut wolkenlos)

Irritierende Auflistung

Manchmal wird es lustig, wenn irreführende Aussagen ausgesprochen werden. Je nachdem, in welchem ,Bereich' das Gedächtnis gerade arbeitet, lässt es sich aufs Glatteis führen.

Lesen Sie folgende Begriffe in der ersten Zeile laut vor.

Talsohle, Talfahrt, Talkrunde

Baugenehmigung, Bauerlaubnis, Bauernhöfe

Sind Sie reingefallen oder hat Sie Ihr Gedächtnis rechtzeitig gewarnt? Mussten Sie beim dritten Wort stocken?

Vielen getesteten Personen passiert genau das. Sie lesen: Tal-Sohle, Tal-Fahrt, Tal-krunde … Was ist Tal-krunde?

Das Gehirn hatte sich darauf eingestellt, dass die erste Silbe aus drei Buchstaben, hier ‚Tal' besteht und überträgt diese Erwartungshaltung auf den nächstfolgenden Begriff.

Auch das nächste Wort kann in zwei Bedeutungen gelesen beziehungsweise erkannt werden.

Druckerzeugnis: Druck-Erzeugnis, Drucker-Zeugnis

Paarformeln

Paarformeln werden auch als Zwillingswörter, Paarwörter oder Binominale bezeichnet.

Paarwörter sind feststehende Redewendungen. Sie werden zur besonderen Betonung beziehungsweise zur Verstärkung eingesetzt.

Das zweite Wort wiederholt das erste, aber in Form eines anderen Begriffs.

247

Ab und zu	Haut und Haar	Klipp und klar
Auf Herz und Nieren	Hinz und Kunz	Kind und Kegel
Auf und davon	Glanz und Gloria	Mord und Totschlag
Brief und Siegel	In Hülle und Fülle	Schnurz und schnuppe
Erstunken und erlogen	Jacke wie Hose	Sodom und Gomorrha
Hopfen und Malz (verloren)	Mit Pauken und Trompeten	Stein und Bein (schwören)
Bei Nacht und Nebel	Nie und nimmer	Feuer und Flamme

Paarformeln mit Wortwiederholungen

Ein Wort wird zweimal ausgesprochen.

Arm in Arm	Nach und nach	Schritt für Schritt
Durch und durch	Schlag auf Schlag	Zug um Zug
Grau in grau		

Silbenverdopplung – Wortverdopplungen – Reduplikationen

Werden Silben oder Wörter verdoppelt, wird von Reduplikation gesprochen. So wird vom Ururgroßvater oder von einem Vorvorfahren gesprochen.

Mama	Wauwau (Hund)	Zack, zack!
Papa	Bonbon	Bora-Bora
Mau Mau (Kartenspiel)	PoPo	Bubu

Verdreifachung – Triplikation

Bei einer Triplikation (lat. ‚triplicatio‘ für ‚Verdreifachung‘) liegt eine dreimalige Wiederholung desselben Wortes oder derselben Wortgruppe vor.

pipapo	Ui, ui, ui!	Toi, toi, toi

Verkleinerungsform

Bei einer Verkleinerungsform, einem Diminutiv (lat. ‚deminuere‘ für ‚verringern‘) wird häufig ein ‚lein‘ oder ‚chen‘ an das Wort angehängt.

„Das Problemchen werden wir schon in den Griff bekommen.“

„Das wird höchstens ein Stündlein in Anspruch nehmen.“

Verneinungen von schön

unschön (Verneinung)

nicht unschön (doppelte Verneinung)

keinesfalls nicht unschön (dreifache Verneinung)

Negation des Gegenteils

nicht viel = wenig

gar nicht viel = (noch) weniger

Die größere Hälfte

„Du bekommst die größere Hälfte."

Das ist lieb gemeint, aber eine Hälfte entspricht genau der Hälfte, also 50 %.

Ist ein Teil größer als der andere, dann handelt es sich nicht mehr um eine Hälfte, sondern um das kleinere oder größere Teil.

Oxymoron – scharfsinnig aber dumm

Bei einem Oxymoron (gr. ‚oxys' für ‚scharfsinnig' und ‚moros' für ‚dumm') werden zwei sich widersprechende Begriffe zu einer Aussage kombiniert.

Oder passt die Kombination doch?

Junger Rentner	Alter Knabe	Schön hässlich
„Komm, geh!"	süßsauer	

Die Wertung des Wortes ‚erst', ‚nur', ‚fast'

Hier haben Sie die Möglichkeit, wie Sie mit dem bewussten Einsatz scheinbar gleicher Wörter einen unterschiedlichen Sinn erzielen können.

erst:	• erst entspricht zuerst: „Lass mich erst anrufen." • erst entspricht später (spät): „Sag mal, hast du erst jetzt alle deine Hausaufgaben erledigt?" „Lass das erst mal auf dich zukommen."
nur:	• nur entspricht leider wenig: „Habe nur noch 5 Euro." „Habe nur einen Hauptschulabschluss." • nur entspricht glücklicherweise wenig: „Es wurde nur eine Person verletzt." „Habe nur einen Fehler in der Klausur."
fast:	• fast 1.000 entspricht positiv viel: „Ich habe schon fast 1.000 Sammelbildchen zusammen." • knapp 1.000 entspricht negativ, noch nicht mal: „Es haben sich knapp 1.000 Demonstranten eingefunden." • annähernd 1.000 entspricht ausgeglichen: „So etwa 1.000 Euro haben wir für den Urlaub im Sparschwein."

Alliteration

In einem Text/Satz beginnt jedes Wort immer mit demselben Buchstaben (Alliteration, Stabreim).

„Wollen wir wieder Weißbier wegtrinken?"

Kannibalismus in der Sprache?

Ehrlich gesagt

Und damit sind diese Einleitungen zu überdenken:

Die hörbare Kraft der Stimme

Die Basis für die paraverbale Kommunikation

„Eine Sprache mit vielen Konsonanten ist wie ein Kartoffelacker.
Eine Sprache mit vielen Vokalen ist wie ein Blumenbeet."
Enrico Caruso (Errico Caruso), it. Opernsänger
(1873 - 1921)

Die wohlklingende, ‚sonore‘ Stimme

„Hat der eine kräftige Stimme", lobt die begeisterte Opernbesucherin, die vor Rührung in Tränen ausbricht. Der italienische Sänger Enrico Caruso galt seinerzeit als begabtester Tenor weltweit, der die Opernhäuser füllte.

Die oben erwähnte Besucherin würde bestätigen, dass der gesungene Text wichtig ist, aber viel ausdrucksstärker die Stimme zum Tragen kommt.

Neben dem nicht gesprochenen Wort (nonverbale Kommunikation) und dem gesprochenen (verbale Kommunikation) nimmt eine dritte Komponente eine wichtige Rolle im Gespräch ein: die paraverbale Kommunikation.

Kommunikation besteht bekanntlich nur zu 7% aus Worten, zu 38% aus Ton und Stimme und zu 55% aus Körpersprache.

Der vernünftige Einsatz der Stimme ist also nicht zu unterschätzen. Diese Zahlen bestätigen die Annahme der Besucherin. 38 % der Stimme wirken deutlich stärker als 7 % der verbalen Kommunikation.

Trotzdem soll festgehalten werden, dass die eingesetzten Wörter, die gesprochene Sprache, außerordentlich wichtig ist.

Die Art und Weise der Betonung, die Stimmlage, ob monoton oder bewegt gesprochen wird, ob laut oder leise, nuschelnd oder kristallklar, spielt eine oft unterschätzte Komponente im Bereich der Rhetorik.

Die meisten Menschen bevorzugen beispielsweise in TV-Dokumentationen tatsächlich eine sonore (wohltönende, klangvolle) männliche (Hintergrund-)Stimme.

Offensichtlich wirkt diese Art der Stimme beruhigend und gleichzeitig überzeugend in den Ohren der Zuhörer und der Zuhörerinnen. „Das, was gesagt wird, stimmt."

Die Modulation der Stimme

Die menschliche Stimme wird durch die sogenannten Stimmlippen im Kehlkopf erzeugt, um danach in der Mundhöhle, der Rachenhöhle und im Nasenraum moduliert zu werden.

Hierbei wird die engste Stelle im Kehlkopf durchlaufen, die Stimmritze beziehungsweise Glottis heißt.

Hier wird die Tonhöhe des Grundtons bestimmt, da ein unterschiedlich großer Kehlkopf die Länge der Stimmbänder und damit die Tonhöhe beeinflusst. Dabei erreicht:

das Kind	▪ 440 Herz (HZ)
die Frau	▪ 250 Herz
der Mann	▪ 125 Herz

Das ist der Hauptgrund, weshalb die männliche Stimme dunkler klingt. Die meisten Menschen haben einen Stimmumfang von 1,3 bis 2,5 Oktaven, manche erreichen sogar 3 Oktaven.

Durch die Stimme kann sogar auf das Geschlecht geschlossen werden und eine Orientierung zum Lebensalter des Sprechenden erfolgen. Die Stimme ermöglicht das reguläre Sprechen, Flüstern, Lachen und Weinen, sowie Schreien.

Hohe und tiefe Stimmlage – Herausforderung für die Frau

Eher unangenehm klingt eine helle, schnell schrill wirkende Stimme in den Ohren der meisten Menschen.

Da die Stimmhöhe bei Frau und Mann genetisch bedingt unterschiedlich ist, ergeben sich bei diesem Thema verschiedene Herausforderungen beim Einsatz und der Wirkung der Stimme.

Damit ist die durch das Geschlecht bestimmte höhere Stimmlage der Frau (zumindest der meisten Frauen) gemeint.

Angenehmes Sprechtempo – die Stimme trainieren?

Heißt das, dass die Frau lediglich aufgrund der Stimmlage mehr Überzeugung leisten muss als der Mann?

Erschwerend kommt hinzu, dass bei auftretender Nervosität in der Präsentation oder im Bewerbungsgespräch der Mensch (egal ob männlich oder weiblich) dazu tendiert, in eine höhere Stimmlage und gleichzeitig in ein schnelleres Sprechtempo zu verfallen.

Beides verstärkt den Eindruck der fehlenden Überzeugungskraft.

Was kann die Frau tun? Vielleicht Folgendes: Die Frau könnte sich überlegen, gegebenenfalls ein Sprech- und Stimmtraining in Anspruch zu nehmen.

In solch einem Training werden Techniken beigebracht, wie sie ruhiger atmen, weniger schnell und in nicht allzu hoher Stimmlage sprechen kann.

Da aber nicht jede Frau vor jedem Gespräch oder jeder Präsentation ein Stimmtraining in Anspruch nehmen soll oder gar muss, kann sie sich, zumindest zum Teil, selbst trainieren.

So könnte sie sich vor einen Spiegel setzen und einen Text sprechen. Dabei würde sie sich selbst beobachten, ob die Sprechgeschwindigkeit stimmt und die Stimme nicht zu hoch klingt.

Oder den Text gleichzeitig aufnehmen. So könnte sie sich später die Aufzeichnung anhören und analysieren.

Wichtig: Eine Person mit hoher Stimme sollte keineswegs ihr Ego verändern, sondern lediglich – besonders zu Beginn einer Präsentation – ihre Stimme wirkungsvoll einsetzen, da sie eine entscheidende Wirkung auf die Zuhörer hat. Das betrifft natürlich Frau wie Mann mit hoher Stimme.

Kann die Person durch dieses Vorgehen profitieren – weshalb dann nicht? Eine weitere Überlegung kommt dazu.

Bekanntlich ist der erste, der entscheidende Eindruck nach wenigen Augenblicken bereits gebildet.

Kieselsteine oder Korken zum Sprechtraining

Der bedeutende griechische Redner Demosthenes (384 – 322 v. Chr.) und spätere Staatsmann in Athen empfahl, einige Kieselsteine in den Mund zu nehmen. Dann soll, am Strand stehend, gegen die Brandung angeredet werden.

Die Lautstärke der Wassergeräusche soll übertönt werden. Nach seiner Meinung wird dadurch die Sprachtechnik und das Stimmvolumen verbessert.

Da nicht jeder mit Kieselsteinen am Strand stehend die Brandung übertönen möchte, gibt es eine modernere Variante: Einen Korken zwischen die Zähne klemmen und versuchen, möglichst deutlich zu sprechen.

Stimme ruhig halten bei kritischen Rückfragen

Nach einer Präsentation könnte es zu einem Austausch, einer Diskussion oder einem Feedback mit Zuhörern kommen. Vielleicht erwischen Sie gerade einen sehr kritischen Zeitgenossen.

Jemanden, der jetzt die Chance sieht, seine Kritik zu Ihrer Präsentation zu äußern.

Trotz aller Professionalität könnte es sein, dass Sie innerlich unruhig, ärgerlich, vielleicht sogar wütend werden. So kann es geschehen, dass Ihre Stimme aufgeregt, unter Umständen schrill klingt. Schnell werden Sie dadurch unglaubwürdig. Um das zu vermeiden, lieber einmal tief Luft holen und ruhig vorgehen.

Selbstverständlich sollte die Stimme während einer Präsentation laut genug sein, sodass die Zuhörenden gut verstehen können und nicht etwa den Faden verlieren. Abgesehen davon ist es peinlich, ruft einer aus den hinteren Reihen:

„Lauter bitte!"

Ab einer bestimmten Teilnehmerzahl ist der Einsatz eines Mikrofons sowieso empfehlenswert. Dann muss nicht zu viel Energie in eine gut zu verstehende Stimme investiert werden.

Die Stimmbänder werden geschont. Kleinere Nuancen in der Betonung sind besser zu verstehen.

Sprechrhythmus – Tonhöhe, Betonung; Lautstärke

Es wird festgehalten, dass nicht nur die Wörter und der Satzbau über das Gesprochene entscheiden, sondern auch die Art und Weise, wie etwas ausgesprochen beziehungsweise betont wird.

Hier wird von suprasegmentalen Merkmalen gesprochen, die sozusagen ‚über' den ausgesprochenen Wörtern schwingen. Die Stimme segmentiert – unterteilt – die einzelnen Wörter nicht.

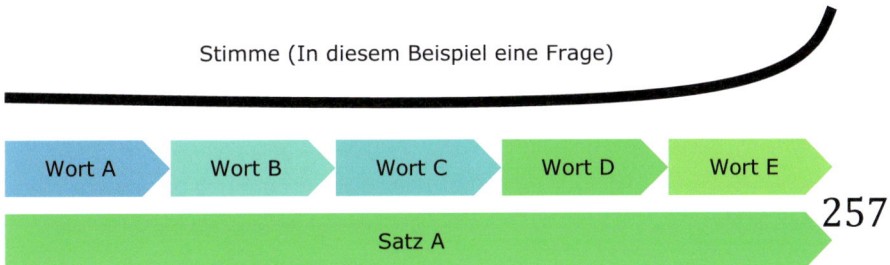

Sie ist suprasegmental (lat. ‚supra' für oberhalb). Sie liegt sozusagen oberhalb der einzelnen Wörter beziehungsweise des gebildeten Satzes.

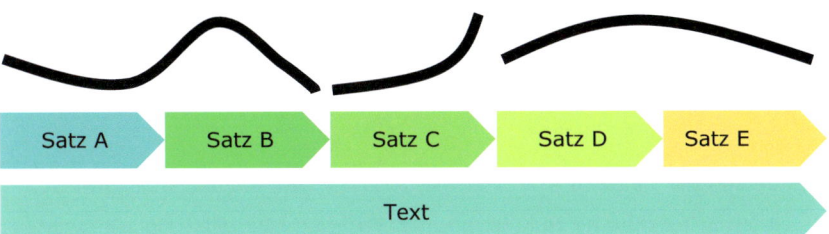

Durch folgende Stimmparameter können Sie Ihre Stimme beeinflussen und damit die Aufmerksamkeit der Gesprächspartner beeinflussen:

Stimmparameter:	• Durch die Tonhöhe. Die steigende Tonhöhe zieht eine Frage nach, die fallende Tonhöhe eine Aussage.
	• Durch die Lautheit (empfundene Lautstärke), also die Betonung.
	• Durch die Klangfarbe = Timbre.
	• Durch das Sprechtempo, wobei schnell gesprochen eine Dringlichkeit zeigt und langsam gesprochen eher überlegend und betonend wirkt.

Tonhöhe, Lautstärke und Sprechtempo ergeben den Sprechrhythmus der gesprochenen Sprache.

Phonologie/Fonologie

Die Phonologie (gr. ‚phone' für ‚Ton, Laut') beschäftigt sich mit der Funktion der unterschiedlichen Laute. Die monotone Vortragsweise wirkt langweilig und einschläfernd.

Setzen Sie bewusst eine ‚Melodie' ein, um eine angenehme, abwechslungsreiche Stimme zu kreieren. Hier wird von Intonation (lat. ‚intonare' für ‚ertönen lassen') gesprochen.

Intonation (Satzmelodie) ist der zeitliche Verlauf von Tonhöhen:	• im Wort (Wortmelodie)
	• im Satz (Satzmelodie)
	• im Sprechakt (Sprachmelodie)

Das Auslösen von Reaktionen durch die Stimme

Die Stimme löst beim Zuhörer Gefühle, Aufmerksamkeit und Reaktionen aus. Wird heftig und schnell gesprochen, zeigt die Stimme eine lebhafte Dynamik und löst gegebenenfalls einen erhöhten Blutdruck aus.

Der Zuhörende wird aufmerksam. Es kann sein, dass er bei anhaltendem ‚Stakkato' der Stimme aggressiv wird.

Wird langsam und monoton gesprochen, ohne jegliche Akzentuierung, kann der Blutdruck beim Zuhörer abfallen. Der Zuhörende verliert nach und nach die Aufmerksamkeit. Vorsicht: Unter Umständen schläft er sogar ein.

Überzeugende Stimme

Sie, liebe Leserin, lieber Leser, können erkennen, dass das bewusste Spiel mit der Stimme Reaktionen beim Zuhörer auslöst, ohne dessen Zutun wohl gemerkt.

Sie können dieses Wissen gezielt in Ihrer Präsentation einsetzen.

259

Die Stimme gewinnt an Stärke, wenn …	• … sie voll, kräftig ist, • … klar und deutlich wahrnehmbar ist, • … Lautstärke und Geschwindigkeit variieren.
Der/die Präsentierende …	• … achtet auf die Tonhöhe, • … passt den Rhythmus der Sprache der Körpersprache an.

Paralinguistisches Merkmal – Flüstern

Die Paralinguistik befasst sich mit sprachbegleitenden Erscheinungen. Neben den oben erwähnten Möglichkeiten des Stimmeinsatzes wird hierunter zum Beispiel das Flüstern verstanden.

Ein Flüstern kann etwas Verschwörerisches oder Verräterisches bedeuten, aber auch die Angst zeigen, sich Dritten gegenüber zu verraten.

In der Präsentation eignet sich das Flüstern nur bedingt. Das Flüstern erfordert eine absolute Aufmerksamkeit der Zuhörer und ist – wenn überhaupt – nur kurzfristig einzusetzen, um zum Beispiel eine Situation deutlich zu machen.

Neben Flüstern zählt in dieser Kategorie noch ein heißer oder rauer Ton, eine belegte oder vibrierende Stimme, wenn jemand zum Beispiel dem Weinen nahe ist.

260

Das Mittel der Betonung – Prosodie

Zuletzt noch einige Worte zur Betonung.
Unter Prosodie wird die Art und Weise
verstanden, wie ein Satz gesprochen wird
(Betonung, Akzent, Intonation). Sie bildet die Gesamtheit der lautlichen Sprach-
eigenschaften.

Je nach Betonung ändert sich die Bedeu-
tung der Aussage. Schauen Sie sich den folgenden Satz an und lesen Sie
ihn laut vor: Ich arbeite heute im Büro. Je nach Betonung der einzelnen
Wörter, verschiebt sich der Schwerpunkt der Aussage.

„<u>Ich</u> arbeite heute im Büro."

„Ich arbeite, nicht etwa du arbeitest heute im Büro."

261

„Ich <u>arbeite</u> heute im Büro."

„Ich arbeite, ich schlafe nicht etwa im Büro."

„Ich arbeite <u>heute</u> im Büro."

„Ich arbeite heute, also nicht gestern oder morgen im Büro."

262 Immer derselbe Satz – aber fünf verschiedene Schwerpunkte.

Nutzen Sie das Mittel der Betonung, um Ihre Präsentation ‚farblicher‘ zu gestalten.

Tonfall

Der Präsentierende hat die Möglichkeit, gezielt zu betonen.

Die Betonung dient der …	• Sprechtonerhöhung
	• Sprechtonverstärkung
	• Sprechtondehnung

Zusätzlich kann auch die Lautstärke Aufmerksamkeit erregen. Selbst zwischenzeitliches und kurzfristiges Flüstern kann die Aufmerksamkeit lenken und erhöhen.

Die präsentierende Person nimmt durch unterschiedliche Sprechweisen großen Einfluss auf die verbale Aussage und natürlich auf die Zuhörer.

Beim Sprechen kann sie eine monotone, einschläfernde Sprechweise wählen.

Das Gegenüber wird sich sehr darüber freuen, weil es bald in einen erlösenden Schlaf fallen kann.

Stellen Sie sich diese Sprechweise auf längere Zeit vor. Eintönig. So wie der Inhalt der Präsentation, der Aussage. Die monotone Sprechweise hat keine Höhen und Tiefen.

Je gleichförmiger die Sprechweise ist, desto ermüdender wird das Gesagte empfunden. Auch eine wellenartige Sprechweise mit immer gleichen Höhen und Tiefen wird den Zuhörenden eher an die Kirche als an einen dynamischen Vortrag oder an eine beeindruckende Präsentation erinnern.

Dynamische Sprechweise

Daraus folgt, dass die Sprechweise eines Präsentierenden eine bewegte sein sollte.

263

Die dynamische Sprechweise kennzeichnet unregelmäßige Betonung, mal laut unterstreichend, mal leise Aufmerksamkeit heischend. Mal wird etwas langsamer, mal etwas schneller gesprochen.

In dieser Vielfalt der Tonfälle spiegelt sich die Vielfältigkeit des Themas wieder. Die Zuhörer sind sensibilisiert, weil sie nie wissen können, was als nächstes geschehen wird, ganz im Gegensatz zu den beiden zuerst genannten Sprechweisen.

Es ist außerdem ratsam, den Redefluss durch Sprechpausen zu unterbrechen, da diese positiv auf die Konzentrationsfähigkeit des Gegenübers wirken können.

Es ist selbstverständlich, dass klar, deutlich und sauber gesprochen wird. Was nutzt die schönste Fachinformation, wenn sie genuschelt oder unverständlich vermittelt wird?

Abwechselnde Stimme

Bringen Sie Leben in die Sprache. Da Ihr Thema aktuell und lebendig ist, orientiert sich daran auch die Aussagekraft der Ausführungen:

Mal …	• sachlich – bestimmt – abschließend
	• fragend – zweifelnd
	• traurig
	• erfreut – lustig
	• ironisch – sarkastisch
	• darstellend

Unter ‚darstellend' ist zu versehen, dass eine verbale Aussage nonverbal bildlich gemacht wird. Sie benutzen dazu zusätzlich das sehr große Repertoire der Körpersprache.

Je bewegter Ihre Sprechweise, desto bewegter und damit aussagekräftiger die Reaktionen der Zuhörer!

Zäsur – Sprechpause – Kunstpause

Ungewollte Sprechpausen können entstehen, wenn die Erinnerung einen Streich spielt, weil beispielsweise ein gesuchtes Wort nicht gefunden wird.

Hier sind allerdings gewollte Sprechpausen gemeint, die der Sprechende absichtlich einsetzt.

Auch wortlose Momente, also bewusst eingefügte Pausen, können Aufmerksamkeit und Spannung beim Gesprächspartner bewirken.

Vor-Zäsur:	• Eine bewusste Verzögerung – erzeugt Spannung.
Nach-Zäsur:	• Eine Pause nach einer Aussage – erzeugt Nachdenken.

Kapitel 7 – Aus Wörtern werden Sätze

Mancher Redner spielt regelrecht mit dem Wechsel zwischen Gesprochenem und Nichtgesprochenem – hier sind die Sprechpausen gemeint.

Sprechpausen dienen …	• zur Gliederung.
	• zur Erzeugung von Spannung.
	• um Ruhe (wieder) herzustellen.
	• um schnelles Sprechen auszugleichen.
	• um Luft zu holen.
	• um dem Teilnehmer die Möglichkeit zu geben, die Informationen auch zu verarbeiten.

Lesegeschwindigkeit

Das ideale Sprechtempo soll bei 100 bis 130 Wörtern pro Minute liegen. Die Lesegeschwindigkeit kann so errechnet werden: Anzahl Wörter geteilt durch Sekunden x 60 = Wörter pro Minute (WpM).

< 100 WpM	←	extrem langsam
100 – 150 WpM	—	langsam
150 – 200 WpM	—	durchschnittlich
200 – 250 WpM	—	schnell
> 250 WpM	→	extrem schnell

Der schnell Sprechende riskiert, dass der Zuhörer auf Dauer nicht folgen kann. Er kann das Gehörte erst minimal zeitversetzt im Gedächtnis bearbeiten, während die nächste Information des Präsentierenden bereits erfolgt.

Das bedeutet eine erhöhte Aufmerksamkeit und benötigte Energie. Kann die Energie nicht mehr aufgebracht werden, schaltet sich der Zuhörer aus dem Geschehen aus. Ungut für den Präsentierenden.

Gender – Soziales Geschlecht

„Das Genie hat kein Geschlecht."
Anne-Louise-Germaine de Staël, frz. Schriftstellerin
(1766 - 1817)

Alle Geschlechter einbeziehen

In Deutschland ist seit dem 1. Januar 2019 das ‚Dritte Geschlecht' gesetzlich anerkannt. Es repräsentiert Menschen, die sich nicht eindeutig dem männlichen oder weiblichen Geschlecht zuordnen können.

Ziel ist die <u>sprachliche</u> Gleichstellung, das heißt geschlechtsneutral nicht nur weibliche oder männliche Personen, sondern auch das ‚Dritte Geschlecht' anzusprechen.

In den ersten Monaten des Jahres 2021 und danach immer wieder, gab es plötzlich heftige Diskussionen zum Thema ‚Gendern'. Was bedeutet Gendern?

Gendergerechte Sprache

Häufig ist die Rede von gendergerechter Sprache, die alle Geschlechter in gesprochener und geschriebener Weise gleichermaßen anspricht. Wie soll die deutsche Sprache angepasst werden, um neben der häufig benutzten männlichen Form verstärkt auch die weibliche einzubeziehen?

Diesbezügliche Fragen wurden und werden emotional diskutiert, inwieweit sich die Berücksichtigung – wie beziehungsweise die Nicht-Berücksichtigung – der unterschiedlichen Verwendung Ungerechtigkeiten oder Benachteiligung am Arbeitsplatz, Lohnunterschiede und Karrierechancen auswirken würde.

Wird häufiger die männliche Form gewählt (der Chef), könnte sich die Schwierigkeit auftun, Frauen in der Rolle ‚Chef' zu sehen.

Haben Frauen deswegen eine größere Herausforderung, eine entsprechende Position zu erzielen? Unabhängig davon, wie die eigene Meinung dazu ist, sollte sich zumindest jeder Interessierte die Mühe machen, einige Gedanken in Richtung dieses Themas zu beleuchten.

Kapitel 7 – Aus Wörtern werden Sätze

Egal ob Kommunikation, Gesprächsführung, Präsentation und andere Formen des zwischenmenschlichen Austausches, ergeben sich für einige neue Überlegungen beim gendergerechten Austausch.

Vor wenigen Jahren wurden „Sehr geehrte Damen und Herren" begrüßt, später „Liebe Anwesende". Wie schaut das nun mit dem sogenannten 3. Geschlecht aus?

Korrekte Anrede

Aber wie soll das mit der Anrede im Gespräch funktionieren? Wird bisher von Frau Mertens und Herrn Mertens gesprochen, fühlt sich die Person der dritten Geschlechtszuordnung nicht angesprochen.

Die erste Empfehlung lautet, sofern der Vorname bekannt ist:

„Guten Tag Helene Mertens".

Bei dieser Form der Anrede wird die Geschlechterbezeichnung Frau/Mann umgangen. Ob sich diese Form der Anrede durchsetzt, werden die nächsten Jahre zeigen.

Manchmal ist es gar nicht so einfach, in Gesprächsrunden oder Interviews immer die gendergerechte Form zu finden. So ist von Mitarbeitenden, Führungskräften, Studierenden und so weiter zu sprechen.

Um zu vermeiden, immer wieder „Gesprächspartner und Gesprächspartnerin" sagen zu müssen, setzen manche Moderatoren und Gesprächsleiter ein ‚Gender'-Sternchen ein. Das Strahlen zeigende Sternchen soll die Vielfalt der Richtungen in der Diversität zeigen.

Genderstern im Schriftbild und im Gesprochenen

Im Schriftbild sieht das so aus: Leser*innen, Gesprächspartner*innen. Gesprochen wird das Sternchen nicht.

Es wird eine kleine Pause eingelegt, dort wo das Gender-Sternchen eingefügt ist. Also so: „Gesprächspartner-innen."

Hier wird von einem sogenannten Glottisschlag (Stimmloser glottaler Plosiv, Knacklaut) gesprochen. Sagen Sie beispielsweise ‚Speiseeis' kommt dieser Glottisschlag vor.

Zwischen den Wörtern ‚Speise' und ‚Eis' legen Sie eine kurze Pause ein. Diese Art der Unterbrechung findet vor der nächsten Silbe statt, damit das Wort verständlich ausgesprochen werden kann.

Vergleichbares finden Sie auch bei Wörtern wie ‚be-auftragen' oder ‚verreisen'.

268 Nicht in die Gender-Falle treten

Um in Gesprächsrunden und Verkaufsgesprächen nicht ungewollt in die Gender-Falle zu geraten, könnte die Moderation oder die sprechende Person zu Beginn ihrer Aktion darauf hinweisen, dass sie Frauen und Männer und Zugehörige des 3. Geschlechts alle gleichwertig wertschätzt – auch dann, wenn sie häufiger die weibliche oder männliche Form wählen sollte.

Der Hinweis soll seriös gemeint sein und keinesfalls ironisch gedeutet werden können.

(Weibliche) Gesprächsführerinnen können/sollten wie selbstverständlich auf ihre Person bezogen in der weiblichen Form sprechen: „Ich … als … Leiterin, Kundin, Beobachterin, Entscheiderin, Chefin" und so weiter.

Die Person der Mensch

Reden Sie von der Käuferin/dem Käufer, könnten sie sagen: „Die Person." In Folge: „Sie … sie … sie."

Dann wird nicht mehr von einer (weiblichen) Käuferin geredet, sondern von einer im Gespräch eingebundenen Person (m, w, d – männlich, weiblich, divers).

Schon kann das persönliche Fürwort ‚sie' verwendet werden.

Ähnliches gilt für ‚der Mensch'. „Er ... er ... er." Auch hier gilt, dass der Mensch jedes Geschlecht vertritt.

Übertriebener Gender-Gedanke?

Manche Personen sind der Meinung, dass das Umsetzen des Gender-Gedankens in der Sprache zu übertrieben praktiziert wird.

Also: „Ist doch egal, ob Kunde oder Kundin gesagt wird?" Nein. Fühlt sich nur ein/e Gesprächspartner/in durch die ‚falsche' Anrede unangenehm berührt, liegt es am Verhalten der moderierenden oder gesprächsleitenden Person.

Mit ein Ziel in Gesprächsrunden soll sein, jeden optimal zu erreichen – und damit im doppelten Sinne positiv anzusprechen.

So liegt es natürlich an Ihnen, liebe Leserin lieber Leser, (liebe Lesende) zu entscheiden, wie Sie vorgehen wollen, inwieweit Sie das geschlechtergerechte Sprechen in Ihre Gesprächskultur einbinden.

269

Im vorliegenden Buch wird manchmal auch das generische Maskulinum verwendet, das unabhängig des Geschlechts das Wie und Was der Tätigkeit beschreibt.

Viel Spaß beim Gendern.

270

Kapitel 8 – Der Erste Eindruck – auf Stimmungen achten

Die Wirkung des eigenen Erscheinungsbilds

„Heutzutage gilt ein Mann schon als Gentleman, wenn er die Zigarette aus dem Mund nimmt, bevor er eine Frau küsst."
Barbra Streisand (Barbara Joan Streisand), US-am. Sängerin
(*1942)

Die entscheidenden ersten 7 Sekunden

In nur maximal 7 Sekunden entscheidet sich, ob jemand sein Gegenüber sympathisch findet oder nicht. In nur (maximal!) 7 Sekunden!

Von diesen 7 Sekunden hängt häufig sehr viel ab. Sobald die präsentierende Person dem Publikum erstmals sichtbar wird, sind die Vorurteile über sie gebildet.

271

Verständlicherweise gibt es keine zweite Chance für den ersten Eindruck. Deshalb sind diese ersten Sekunden so außerordentlich wichtig für den Präsentierenden.

Subjektiver erster Eindruck

Natürlich muss der gewonnene erste Eindruck nicht der Wahrheit entsprechen; das ist fast unmöglich.

Es wäre sonderbar, immer und bei allen Personen in solch kurzer Zeit zu wissen, welche Charaktereigenschaften die beobachtete Person hat. Vielleicht ist der Mensch ganz anders als er erscheint.

Aber vor allem: Die Zuhörenden haben in kürzester Zeit einen Eindruck vom Präsentierenden gewonnen. Aus deren Sicht – also subjektiv gesehen – gilt der erste Eindruck als richtig. Wie es in der Kommunikation so richtig heißt: Wahr ist nicht, was der Präsentierenden sagt, sondern was der Zuhörende empfindet.

Ihnen als präsentierende Person mag es genauso gehen. Sie haben einen Menschen als aufrichtig, gehemmt, freundlich, selbstbewusst, verkaufsorientiert handelnd und so weiter eingeschätzt.

Wie kann es sein, dass Sie einen Menschen in so kurzer Zeit einschätzen? Vielleicht hat die Person noch gar nichts gesagt!

Mit anderen Worten scheinen Sie auf Dinge, Elemente, Ausstrahlungen, die nicht-gesprochen also nonverbal erfolgen, zu reagieren.

Dasselbe gilt umgekehrt für den Zuhörer. Also heißt es: Ein möglichst positives Bild abgeben.

Kopf hoch!

Bei Versuchen wurde herausgefunden, dass ein Mensch (immer derselbe Mensch!), der (auf einem Bild) seinen Kopf neigt als demütig, der, der den Kopf hebt als überheblich bis arrogant eingeschätzt wird.

Die Gefahr der (Miss-)deutung besteht allerdings darin, dass der Zuschauer einen falschen – möglicherweise absolut falschen – Eindruck von einer Person – hier vom Präsentierenden – bekommt.

Daraus folgt, dass die gleich startende Präsentation nicht unbedingt optimal verlaufen muss.

Welches Bild der Präsentierende vermittelt

Voller Erwartung sitzen die Zuschauer im Raum und warten mit Spannung auf die gleich beginnende Präsentation. Dann erscheint sie, die präsentierende Person.

Wie wirkt sie auf die Zuschauenden? Zum Beispiel:

... greifbare Komponenten

Auf den Betrachteten bezogen:	• Geschlecht
	• Körperbau
	• Hautfarbe
	• Haarstruktur
	• Größe
	• Alter

273

... die Begleitumstände um die äußere Erscheinung der Person

Nicht nur der Körper redet mit dem Gegenüber, sondern auch das ‚Drumherum'.

Kleidung	• modern, konservativ, schmutzig, Farbe ...
Duft	• aufdringlich, Persönlichkeit unterstreichend ...
Statussymbole	• Fahrzeug, spezielle Sitzgelegenheit ...
Accessoires	• Aktenkoffer, Schreibstifte, Smartphone ...
Schmuck	• Brille, Armbanduhr, Ring ...

... nicht greifbare Komponenten

Zu den nicht greifbaren Komponenten zählen:

	• Charisma
	• Umgangsformen
Auf den Betrachteten bezogen:	• Habitus (Gebaren)
	• Authentizität
	• Auftreten (im Sinne des Selbstbewusstseins)

... das Verhalten der Person

Haltung	• offen, verkrampft
Gang	• selbstbewusst, lahm, hinkend
Gestik	• ausladend, kaum feststellbar
Mimik	• lächelnd, starr
Blickkontakt	• offen, verschämt
Atmung	• unruhig, hastig, ruhig
Stimme	• freundlich, fordernd
Tonfall	• monoton, abwechslungsreich
Sprachrhythmus	• stotternd, flüssig

... die Gegebenheiten und die räumliche Situation

Hierarchie	• geistiges Level
	• die Stellung im Beruf

Sprache	• Spricht die Person dieselbe Sprache? • Verwendet sie Fremdwörter?
Standort	• hinter einem Pult • frei stehend
Territorium	• in der Cafeteria • im Büro des Beschäftigten • im Büro der vorgesetzten Person • in einem Besprechungsraum
Sitzplatzwahl	• mit dem Rücken zum Fenster oder • zur Tür ausgerichtet

... die eigene Einstellung des Zuschauenden

Die eigene Tagesform	• müde • gestresst • ausgeschlafen • engagiert • motiviert
Die Erwartungshaltung	• Vorurteile • Wertmaßstäbe • Religiöse Einstellung • Politische Einstellung
Vergleiche	• Vergleich mit bekannter Person. „Sieht aus wie ..." • Vergleich mit bisher Erlebtem.

Blitzartiges Festlegen der eigenen Meinung

Wird den Forschern geglaubt, schafft sich ein Mensch, wenn er sich ein statisches Bild einer Versuchsperson anschaut, bereits nach ¼ Sekunde ein dezidiertes (entschiedenes, energisches, bestimmtes) Vorurteil.

Das ist der 1. Eindruck. Die Empfindungen sind gefühlsbetont. Die Versuchsperson erscheint zum Beispiel als sympathisch, autoritär, hinterhältig, intelligent, langweilig und so weiter.

Schöpferisches Schaffen eines eigenen Bildes

Auch nach längerer Betrachtung ändert sich das selbst geschaffene (schöpferische Schaffen) Bild kaum oder selten.

Demnach müsste im Gegensatz zu einem statischen Bild ein bewegtes Bild einer Versuchsperson den Betrachter noch viel stärker beeinflussen (Quelle: Spiegel 50/99). Eine viertel Sekunde erscheint als sehr wenig Zeit.

Andere Untersuchungen gehen von zwei bis drei Sekunden aus und wieder andere von sieben.

In vorliegender Unterlage wird bei der relativ hohen Zahl sieben Sekunden als symbolische Zahl geblieben, als maximale der genannten Zahlen.

Experiment: Das Reisebüro

Stellen Sie sich vor, Sie sitzen an Ihrem Schalter in Ihrem Reisebüro. Es ist nicht allzu viel zu tun. Ihr Reisebüro befindet sich in einer mittelmäßig benutzten Fußgängerpassage.

Durch das große Schaufenster schauen Sie direkt auf die Fußgängerpassage. Plötzlich sehen Sie einen – Sie schätzen circa 35-jährigen drahtigen Mann – auf Ihr Reisebüro zueilen.

Er scheint etwas unter Stress zu stehen. Seine Frisur ist zerzaust, in beiden Händen hält er je eine Tragetasche aus einem Supermarkt. Hinter ihm sehen Sie eine etwa gleichalte Frau, die einen Kinderwagen vor sich herschiebt.

Mit einer Hand zerrt sie ein Kleinkind neben sich her. Der junge Mann betritt Ihr Reisebüro. Ende der gedanklichen Vorstellung.

Die Aufgabe nun: Überlegen Sie bitte, welches Reiseziel für diesen Herrn (Kunden) Ihnen geeignet erscheint. Notieren Sie einen Reiseort, ein Reiseziel und geben Sie eine kurze Begründung für Ihre Vorschläge.

Reiseziel:	Begründung:

277

Sie haben sich entschieden? In den Seminaren des Autors kommt als Antwort sehr häufig vor:

Mallorca …	• …, da preiswert und nicht weit entfernt
Nord- beziehungsweise Ostsee …	• …, weil schnell zu erreichen.
Eifel …	• …, für Ferien auf dem Bauernhof wegen der Kinder.

Viele Ziele dieser oder ähnlicher Art werden vorgeschlagen. Haben auch Sie solch ein Ziel gewählt?

Die Frage: Weshalb haben Sie (und die Teilnehmer in den Seminaren) sich für Ziele dieser Art entschieden? Antwort:

Wegen der Kinder? Welche Kinder?

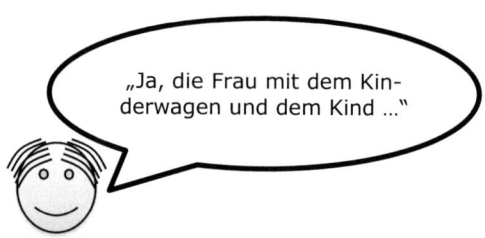

Gehört die Frau mit dem Kinderwagen zu diesem Herrn, der das Reisebüro betreten hat? Sie können es nicht wissen, es wurde in der Geschichte nicht gesagt.

Aber im Kopf bildet sich ein entsprechendes Bild, nämlich das Bild eines Mannes, der gestresst ist, offensichtlich nicht zu viel Geld hat, der wahrscheinlich ein junger Familienvater ist und stressfreie Erholung sucht.

Gedanklich ist also bereits die Hand an einem entsprechenden Reisekatalog gelegt.

In Wirklichkeit kann es aber sein, dass dieser Mann einen Katalog für eine Kreuzfahrt für seine Mutter besorgen will, die gerade in einem Preisausschreiben einen großen Batzen Geld gewonnen hat.

Oder die ihre Lebensversicherung, die ihr ausgezahlt wurde, verprassen möchte. Wenn es Ihnen ähnlich ergangen ist wie vielen Seminarteilnehmern, belegt das, dass Sie sich Ihren ersten Eindruck lediglich aufgrund einer beschriebenen Geschichte bildeten.

Und das offensichtlich in weniger als sieben Sekunden.

279

Die sich selbst erfüllende Prophezeiung

Es gibt den sogenannten Effekt der ‚sich selbst erfüllenden Prophezeiung'. Was bedeutet das?

Stellen Sie sich vor, Ihr Zuhörer erzielte einen positiven ersten Eindruck von Ihnen. Sie haben allen Grund anzunehmen, dass das Gegenüber ein freundlicher, aufgeschlossener Mensch ist, der Interesse an Ihrer Präsentation zeigt und Zeit sowie Energie (und Geld) aufbringt, um Sie sehen und hören zu können.

Als Gesprächspartner fühlen Sie sich beide wohl. Sie fühlen sich gegenseitig beachtet.

Sie (und viel wichtiger – Ihr Zuhörer) sind bereits zufriedengestellt, ohne dass irgendein Verkauf (im Sinne der Präsentation) zustande kam. Das ist außerordentlich wichtig für Sie. Der erste Eindruck war positiv, gegebenenfalls sogar sehr positiv.

Ihr Zuhörer fühlt sich beachtet und hat den Eindruck, dass das, was er wünscht, ebenso positiv behandelt wird. Es greift bereits der Effekt der ‚sich selbst erfüllenden Prophezeiung'.

Kommt es, wie es sich vorgestellt wird?

Nämlich: Der Gesprächspartner erwartet, – und er ist jetzt sicher – dass das Verkaufsgespräch (die Präsentation) erfolgreich verlaufen wird.

Damit Sie es sich noch einmal vor Augen führen: Sie haben lediglich einen positiven ‚Ersten Eindruck' aufgebaut.

Ist es nicht schön für Sie, wenn Sie nach erledigter Arbeit nach Hause gehen, zufrieden sind und sich freuen über die vielen netten Teilnehmer/Zuhörer, die Sie heute hatten?

Sieht die Realität immer so aus?

Ist es nicht schon vorgekommen, dass Sie sich zu Hause über die bösen, bösen, bösen ‚Kunden' oder ‚Zuhörer' beschwert haben, die immer mit ihren Extrawünschen und anderen Meinungen auftreten?

Nun, das <u>kann</u> mal vorkommen, aber die Regel darf es nicht sein.

Sicherlich haben Sie auch schon die Aussage gehört: ‚Servicewüste Deutschland'. Ist da was dran? Na ja, manchmal ließe sich das annehmen.

Wer will, kann allerdings dazu beitragen, dass es anders/besser wird. Nicht nur beim Verkauf in den Geschäften, sondern auch beim Verkauf einer Präsentation. Dabei liegt der Anfang zum späteren Erfolg im ersten Eindruck.

Gehen Sie mit guter, positiver Stimmung in den Tag. Sehen Sie den Gesprächspartner mit all seinen Bedürfnissen, Wünschen und Fragen als ‚erwachsenen' und mündigen Teilnehmer, dann wird Ihr Tag viel harmonischer verlaufen.

Gesundheitslatschen oder Pumps

Schauen Sie sich noch einmal einen Punkt des ‚Ersten Eindrucks' an, nämlich die Kleidung. Natürlich ist jeder ein Individuum und kann im Prinzip das Kleidungsstück anziehen, das ihm am besten gefällt.

281

Aber nicht unbedingt jeder Gesprächspartner mag es, wenn Sie im selbstgehäkelten Pullover und in Gesundheitslatschen vor ihm sitzen.

Auch mag nicht jeder, wenn Sie aufgedonnert sind, als ginge es zu einem Tanzball oder in den angesagtesten Club.

Der Gesprächspartner erwartet ein entsprechendes Kleidungs-Outfit, ein Outfit, das zum Beruf, zum Produkt, das Sie in Ihrer Präsentation anbieten und natürlich auch zum Standort des Veranstaltungsortes passt.

Übernehmen Sie die Rolle des Moderators, wird Ihre Kompetenz auch an Ihrem äußeren Erscheinungsbild gemessen.

Unpassende Kleidung behindert den guten Einsatz von Gesten

Um Gesten vernünftig einsetzen zu können, soll sich der Präsentierende ‚frei' bewegen können.

Damit ist gemeint, dass er weder räumlich (zum Beispiel hinter einem Pult) ‚gefesselt' steht, noch durch seine Kleidung in seiner Bewegungsfreiheit eingeschränkt ist.

Deshalb wird er eine angemessene Kleidung bevorzugen.

Passende Kleidung:	• Die Kleidung passt zum Redeanlass. • Sie passt zum Redethema. • Das Publikum soll nicht durch die Kleidung abgelenkt werden, sondern soll sich auf den Redeinhalt konzentrieren. • Die Kleidung passt zum Alter der Person.

Die Kleidung soll also der Zielgruppe, aber auch dem Anlass angepasst sein. Damit Sie sich bestens entfalten können, sollten Sie sich in Ihrer Kleidung wohlfühlen.

Zu eng geschnittene Kleidung oder Ärmel, die beim Ausstrecken des Armes fast bis zu den Ellbogen hochrutschen, behindern den gezielten Einsatz Ihrer Gesten.

Wählen Sie Ihre Kleidung gut aus. Bei längeren Aktionen (zum Beispiel Seminaren) halten manche eine Reserve bereit.

Die Hose platzt, ein Knopf springt ab, ein Fleck verunziert die Bluse oder das Hemd. Ein kleines Nähetui kann peinliche Situationen kaschieren.

Der Auftritt des Präsentierenden

Sobald Sie als Redner, Trainer, Dozent, Vortragender, Präsentierender das erste Wort an Ihre Teilnehmer oder Zuhörer richten, sind möglicherweise bereits etliche Sekunden, ja manchmal auch einige Minuten vergangen.

Die persönliche Note ist gefragt

Die eingeladenen Anwesenden erwarten vom Präsentierenden weit mehr als reines Fachwissen und Berufserfahrung.

Die persönliche Note wird immer gezielter gefragt und wertgeschätzt. Eine der Zeit angepasste Umgangsform entscheidet oft über den Erfolg der Präsentation oder auch eines Verkaufs.

Wie in einem Vorstellungsgespräch – unabhängig von der Dauer des Gesprächs – fällt bereits nach (etwa) vier Minuten die Entscheidung zum Kauf.

283

Auf die Präsentation bezogen heißt das, dass der Präsentierende etwa 4 Minuten zur Verfügung hat, die Anwesenden so zu begeistern, dass sie die vorgestellte Idee ‚kaufen', beziehungsweise vom Inhalt der Präsentation überzeugt sind.

Das zeigt, dass offensichtlich die menschliche Komponente einen ausgesprochen starken Einfluss auf den Zuhörer hat.

In den Köpfen der Zuhörer hat sich bereits zu Ihren Gunsten Sympathie, oder, wenn Sie Pech haben, zu Ihren Ungunsten Antipathie entwickelt. Das alles, ohne dass Sie ein Wort gesagt haben!

Wie wichtig ist es für den Redner, negative Assoziationen auslösende Körperbewegungen zu vermeiden! Gerade zu Beginn einer Aktion.

Denn im Laufe des Gesprächs beziehungsweise der Präsentation kann wohl fast jeder verbal überzeugen, der die entsprechenden Fähigkeiten aufweist.

So wie der Zuhörer die nonverbale Körpersprache des Redners in den ersten Sekunden deuten kann, kann auch der Vortragende die Haltung und Aufmerksamkeit der Anwesenden aufnehmen und einschätzen.

Welche Stimmung nimmt der Zuhörer ein?

Auf diese Weise erhält der Präsentierende sehr schnell einen ersten Eindruck von den Zuhörern. Ist die Gruppe positiv erwartend?

Ist sie aggressiv oder negativ eingestellt? Verhält sie sich angriffsbereit, lauernd?

Die richtige Beantwortung dieser Fragen ist für den Redner beziehungsweise den Vortragenden ‚überlebenswichtig‘.

Es wäre nicht das erste Mal, dass ein fachlich sehr gut ausgebildeter Trainer oder Moderator in der Praxis vor den Zuhörern, Seminarteilnehmern oder Diskussionsteilnehmern versagt, weil er deren Körperhaltung oder Verhaltenssignale nicht oder falsch deutete.

Damit Ihnen das nicht passiert, wird hier auf verschiedene nonverbale Signale eingegangen und diese erläuternd erklärt.

Deutung nonverbaler Signale

Viele Menschen glauben, eine aufrechte Haltung zu haben. Subjektiv gesehen stimmt das, aber objektiv betrachtet muss das nicht immer so sein. Die Haltung eines Menschen, die durch das Skelett und die Muskeln gesteuert wird, geschieht sozusagen aus dem Unterbewusstsein heraus.

Überzeugende Körperhaltung – aufrecht oder gegrämt

Wie deuten Sie die Haltung folgender Personen? Eine absolut eindeutige Deutung ist natürlich nicht möglich. Aber eine wahrscheinliche Erklärung lässt sich geben. Und ... bevor Sie weiterlesen, notieren Sie die nach Ihrer Meinung passenden Deutungen zu Charaktereigenschaften der unten abgebildeten Person 2:

Person 1

- Gerade Haltung

- Beide Arme sind in Schulterhöhe angewinkelt

- Beide Unterarme zeigen nach außen

- Die Schultern sind leicht eingezogen

- Steht auf beiden Füßen

- Die Fußspitzen zeigen nach außen weg

Person 2

- Gebeugtes Rückgrat

- Ein Arm zieht nach hinten

- Eine Hand liegt vor dem Bauch

- Ein Arm hängt seitlich leicht nach hinten weg

- Der Kopf und dadurch die Augen zeigen nach unten

- Die Füße stehen nebeneinander, wobei die Fußspitzen zueinander zeigen

Mögliche Deutung zu Person 2:	
• depressive, leicht gebückte Person	• vertritt kaum eine eigene Meinung
• zeigt wenig Handlungsbereit-schaft	• sagt immer „ja" (Jasager) und wird deshalb gerne aus-genutzt
• zieht sich gerne zurück	• ist kein ‚Erfolgsmensch'
• ist scheu	• weiß nicht, wie sie handeln soll
• hält den Kopf ‚vor' den Kör-per, um die Situation zu prü-fen und sich gegebenenfalls schnell zurückziehen zu kön-nen	• vermeidet Blickkontakt und wird deshalb als verschämt, gehemmt oder als ‚die Un-wahrheit sagend' eingestuft
• ist unentschlossen, fragend	• zeigt wenig Eigeninitiative, hat ‚Angst' vor Entscheidun-gen
• ist gehemmt	• versteckt sich gerne hinter der Meinung anderer
• hat wenig Freunde	• wartet ab und wird deshalb kaum als Erste eine eigene Meinung äußern
• ist zu bescheiden	• zweifelt an sich selbst, hat vielleicht sogar eine resig-nierte Lebenseinstellung

Meistens stimmt Ihr entstandenes Gefühl mit den tatsächlichen Verhaltensmustern überein. Sie spüren sozusagen aus dem Unterbewusstsein heraus, wen Sie vor sich haben. Im Gegensatz zur Person 2 wirkt Person 1 deutlich aufgeschlossener und erfolgreicher.

Die menschliche Ausstrahlung – das Menschometer

Ohne mit einem Menschen gesprochen zu haben, ‚bewerten' Sie bereits das Gegenüber. Verständlicherweise wird sich das eigene Verhalten dem Menschen gegenüber ändern oder anpassen, je nachdem, welchen Eindruck Sie von ihm haben.

Gerne lässt sich das mit einem inneren Thermometer vergleichen, das jeder in sich trägt.

Dieses innere Thermometer soll ‚Menschometer' genannt werden. Bevor Sie einen Menschen das erste Mal sehen, steht das Menschometer, diese Person betreffend, auf 0°, ist also neutral, ausgeglichen.

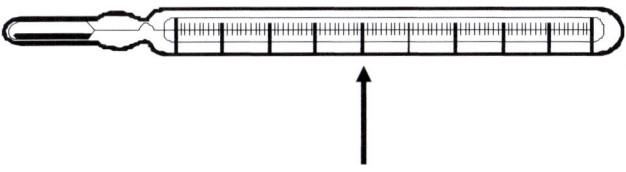

Ist das Erscheinungsbild, die Ausstrahlung des Gegenübers positiv, wird sich das Menschometer in den positiven ‚grünen' Bereich bewegen.

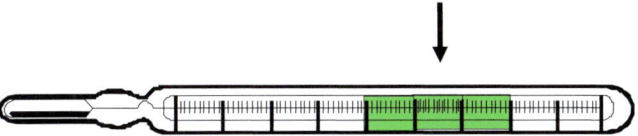

Im entgegengesetzten Fall wird es in den negativen ‚roten' Minusbereich fallen.

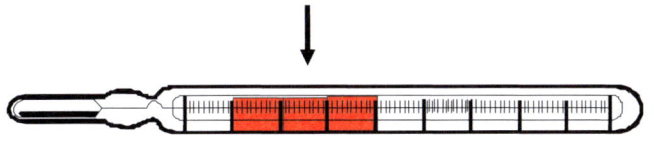

Welche der beiden Personen, links oder rechts, wird es nun wohl leichter haben zu überzeugen?

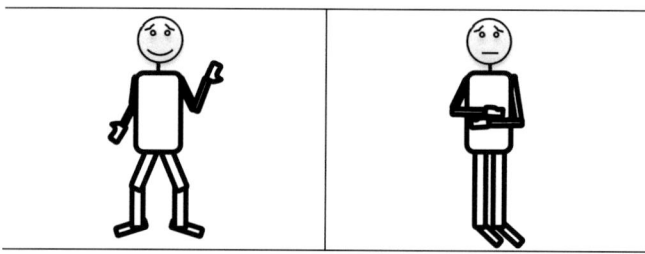

Na ja, die links abgebildete Person natürlich. Durch die positive, grüne Grundhaltung bedingt, nehmen Sie die Aussagen dieser Person ebenso dankbar wie positiv auf. Das Menschometer steigt.

Beeinflussung des Menschometers

Stellen Sie sich die Situation des Redners vor. Ihre Teilnehmer haben ein Menschometer im Kopf, das gespannt auf Ihre Erscheinung wartet.

Ihr Ziel als Präsentierender wird es wohl sein, eine positive Atmosphäre zu schaffen, die die Teilnehmer von Ihrer Aussage (aber auch von Ihrer Persönlichkeit) überzeugen wird.

Je ‚grüner' der erste Eindruck, desto erfolgreicher der Gesprächsverlauf!

Selbstverständlich können Sie auch aus dem roten Bereich heraus operieren. Vielleicht sind die Teilnehmer von Ihrem Vorredner, von den Raumbedingungen oder aus einer bestimmten Situation heraus bereits im roten Bereich angelangt.

Zuhörer in den ‚grünen' Bereich bringen

Sie können es schaffen, die Teilnehmer durch Ihre eigene Ausstrahlung erst in die neutrale Menschometer-Position zu manövrieren und anschließend sogar in den grünen Bereich.

Allerdings kostet das sehr viel Energie, körperlich und geistig, aber auch Zeit, die verschwendet wird.

Vielleicht ist es Ihnen auch schon passiert, dass Sie die Zuhörer nicht in den grünen Bereich bringen konnten.

Das ist für alle Beteiligten eine sehr unbefriedigende Situation. Kritiken werden scharf geäußert.

Die Teilnehmer blockieren und boykottieren den Redner, wo sie nur können.

Es entwickelt sich ein Gruppenkampf gegen den Sprecher, den dieser verlieren muss und auch verlieren wird. Hier ist alles Fachwissen umsonst.

Besser, sollten Sie sagen können: „Das strahlende Gesicht."

Das strahlende Gesicht

„Es gibt Leute, die glauben, alles wäre vernünftig,
was man mit einem ernsthaften Gesicht tut."
Georg Christoph Lichtenberg, dt. Physiker
(1742 - 1799)

„Zeige mir ein strahlendes Lächeln!"

Eine Vielzahl von Gesichtsmuskeln ermöglicht es den Menschen, eine große Variante verschiedener Stimmungen durch das Mienenspiel auszudrücken. Das geht sehr schnell und eindrucksvoll.

Es wird sogar behauptet, dass die Mimik bei älteren Menschen verrät, wie sie ihr Leben durchlaufen haben. Ist da was dran?

Bekannt ist der gelbe, strahlende Smiley. Nur ein Kreis, 2 Punkte und ein gebogener Strich als Mund. Betrachten Sie diesen Smiley, hier durch Augenbrauen ergänzt, doch einmal ganz genau und aufmerksam.

Welche Gefühle erzeugt der Smiley in Ihnen? Wie sind Ihre Gefühle beim Betrachten des Smileys?

	▪ sicher, beruhigt
	▪ freundlich akzeptiert
	▪ angenommen
	▪ willkommen
Ich fühle mich:	▪ wahrgenommen und akzeptiert als Mensch
	▪ positiv beeinflusst
	▪ fröhlich, glücklich
	▪ lebensfroh

Das alles nur aufgrund eines Strichgesichts (also noch nicht einmal eines Strichmännchens oder -weibchens).

Der Vollständigkeit halber und um den Gegensatz auszudrücken, hier der zweite Smiley. Nur der Mundstrich wurde gespiegelt. Sofort ergibt sich ein total anderes Bild.

Schauen Sie sich auch dieses Gesicht genau an und lassen Sie es auf sich wirken. Vielleicht sagen Sie, dass dies alles keine neue Erkenntnis für Sie ist.

Trotzdem ist das erneute Bewusstwerden dieser grundsätzlichen Beobachtungen doch fast unglaublich, oder?

Möchten Sie mit einem Menschen zu tun haben, der Ihnen wie der zweite Smiley entgegentritt? Glauben Sie, ein Gesprächspartner möchte gerne mit Ihnen zusammenarbeiten, wenn Sie ihm mit solch einer Ausstrahlung entgegentreten?

Lächeln entwaffnet

Lächeln entwaffnet! Lächeln bringt das Gegenüber in den grünen Bereich! Lächeln lässt eigene Ideen leichter verkaufen (Ideen, Themen, Waren, Leistung und so weiter).

Wenn Sie allein aufgrund der Mundpartie, die bei den beiden Smileys mit einem einfachen gebogenen Strich dargestellt wird, bereits so verschiedenartige Gefühle haben – wie sieht es dann in einem menschlichen Gesicht aus, in dem unendlich viele Nuancen erzeugt und wahrgenommen werden können!

Wer überzeugt und selbstsicher durch das Leben geht, wird mit seiner Mimik seinen Erfolg sichtbar machen. In Verhandlungen mit einem potentiellen Auftraggeber werden Sie viel bessere Konditionen erzielen als Ihre Mitbewerber!

Das alles nicht nur einmal, sondern ständig. Ihr gesamtes (Berufs-) Leben lang. Ihr Erfolg in der Präsentation ist fast schon zwingend vorgeschrieben!

Alle Sinneskanäle nutzen

Das ergibt Sinn – mit allen Sinnen arbeiten

„Jede Wahrnehmung der Wahrheit ist die Entdeckung einer Analogie."
Henry David Thoreau, US-am. Schriftsteller
(1817 - 1862)

Wissen greifbar machen

Max sitzt deprimiert und grübelnd über seinen Hausaufgaben. Er findet „ums Verrecken" nicht den Lösungsweg der Rechenaufgabe.

Resigniert wirft er sein Arbeitsheft in die Ecke und ruft aus: „Ich begreife das einfach nicht!" Alle Mühen seiner engagierten Mutter, Max die Mathematik näherzubringen und zu erklären, scheitern.

Sie rauft sich die Haare. Ist Max denn zu dumm für die Mathematik?

Das ist nicht bekannt. Aber es gibt eine Aussage von Max. Er sagte: „Ich begreife das nicht." Damit spricht er das Wort ‚begreifen' aus.

Greifen ähnelt den Wörtern anfassen, berühren und anderen. Was ist diesen Wörtern gemeinsam? Es sind Wörter, die den Tastsinn ansprechen. Mit den Fingern wird gegriffen, angefasst, berührt.

Max verrät durch seine Aussage, dass er offensichtlich besser mithilfe des Tastsinns lernt und versteht.

Seine Mathematikaufgaben <u>liest</u> er lediglich. Hier wird der Sehsinn aktiv.

Was ist mit dem Tastsinn? Nichts – er wird nicht eingesetzt! Nicht umsonst fällt es Max schwer, die Mathematik zu ‚begreifen' – da gibt es nichts zu greifen. Oder doch?

Äpfel, Birnen und Tortenstücke

Erinnern Sie sich kurz einmal daran, wie Sie Mathematik gelernt haben – ganz, ganz am Anfang.

Da wurden Äpfel und Birnen bemüht und der leckere Kuchen, der in so-undso viele Stücke geteilt werden musste, um die liebe zu Besuch wei-lende Verwandtschaft zu verköstigen.

Bei diesen Aufgaben wurde tatsächlich mit dem Tastsinn (und den Ge-schmackssinn) gearbeitet. Ein Apfel lässt sich anfassen – eine 7 oder eine 9 eher nicht.

Wenn der Mathematikunterricht dem Schulkind hilft, mit dem Tastsinn die Grundrechenarten zu erlernen – weshalb erfolgt das im späteren Be-rufsleben nicht mehr? Ist alles also nur eine Frage der Schulung und Wis-sensvermittlung?

Das Kleinkind will die große Welt anfassen

Eltern werden die Beobachtung gemacht haben, dass Kleinstkinder nach allem Möglichen greifen. Sie wollen ihre Umwelt begreifen – im wahrsten Sinne des Wortes.

293

Geht die Mutter mit dem kleinen Kind im Supermarkt einkaufen, hört dieses immer wieder die eher mahnenden Worte: „Nicht anfassen – nur mit den Augen gucken." Dem Kind wird tatsächlich abtrainiert, das Neue und Unbekannte zu begreifen.

Zeigen Ihnen diese Vorüberlegungen, dass Ideen einem Gesprächs-partner leichter vermittelt werden können, würde ‚mit allen Sinnen' ge-arbeitet?

Sinnesempfindungen

Also: Der eine versteht besser, wenn er etwas sieht, der andere, wenn er etwas hört und der Dritte, wenn er etwas anfasst. In der Kommunika-tion können und sollen alle fünf Sinne eingebunden werden, um das Ge-sagte besser verständlich zu machen.

Sie können jenen Sinneskanal benutzen, der Ihre Informationen am schnellsten zum Gegenüber bringt. Folgende Sinneskanäle können Sie einsetzen:

Visuell:	• Das Sehen betreffend.
Olfaktorisch:	• Den Geruchssinn betreffend.
Kinästhetisch:	• Den Tastsinn betreffend. Die Fähigkeit der unbewussten Steuerung von Körperbewegungen betreffend.
Gustatorisch:	• Den Geschmackssinn betreffend
Auditiv:	• Das Hören betreffend.
Audiovisuell:	• Zugleich hör- und sichtbar, gleichzeitig das Hören und Sehen ansprechend.

294

Wörter, Buchstaben oder Zahlen dürfen und sollen in einem Gespräch vorkommen. Entscheidend für die Kommunikation sind allerdings die sogenannten ‚Körperlichen Sensationen‘.

Allein die Begeisterung, die im Wort ‚Sensation‘ mitschwingt, sollte aufmerken lassen. Weshalb?

Nun: Das Gehirn speichert offensichtlich nicht reine Buchstaben oder Daten, sondern komplexe Bilder, aneinandergereihte Bilder, ja regelrechte Filme.

Bilder, Filme, in denen sich etwas bewegt, in denen etwas geschieht, in denen eine Geschichte erzählt wird. Geräusche sind hörbar, Farben bringen Stimmung ein, die Sinne werden vielfältig angesprochen.

Diese komplexen Bilder werden ‚Sensationen‘ genannt. Über die Wahrnehmung des Ultra-Gedächtnisses gelangen diese Sensationen ins Gedächtnis – und zwar viel schneller und leichter, als es Buchstaben und Zahlen könnten.

Kodierung

Nachdem das Gedächtnis die Sensationen aufgenommen hat, ordnet es ihnen eine Bedeutung zu. Dieser Vorgang wird als ‚Kodierung' bezeichnet. Gewissermaßen wird ein Code zugeordnet.

Allerdings: Eine Bedeutung wiederum kann nur zugeordnet werden, wenn auf frühere Erfahrungen und Wissenswertes zurückgegriffen werden kann.

Unbekanntes kann nur verglichen werden mit bisher Bekanntem: „Hört sich so ähnlich an wie …"

„Hört sich so ähnlich an wie …"

Durch den Vergleich kann der Kodierungsvorgang abgeschlossen werden.

Gezielt ansprechen

Wenn Sie im Gespräch herausfinden, mit welchem der fünf Sinne Ihr Gesprächspartner häufiger argumentiert, wissen Sie, wie er Sie besser verstehen kann.

Wahrnehmung über den jeweiligen Sinn

Die meisten Menschen sind Augen-Menschen und nehmen Informationen bevorzugt visuell auf. Der taktile Sinn (Tastsinn) spricht die Fähigkeit der unbewussten Steuerung von Körperbewegungen an. Zu diesem Sinn gibt es eine ganze Menge Beispiele, von denen Sie viele kennen dürften.

„Ich könnte aus der Haut fahren." „Das finde ich zum Kotzen." „Immer wird alles auf mir abgeladen." „Das zwingt mich in die Knie." „Das habe ich mir zu Herzen genommen."

Können Sie von Ihrem Gesprächspartner Formulierungen dieser Art wahrnehmen, dann wissen Sie, dass er das Anschauungsmaterial greifen, gar angreifen will.

„Ich begreife das nicht."

„Ich kann es nicht begreifen." Diese Aussage zeigt, Ihr Gesprächspartner hat nicht die Möglichkeit etwas zu be-greifen.

Machen Sie es ihm leichter, indem Sie beispielsweise ein Modell Ihrer Idee mitbringen oder ein sauber ausgedrucktes Diagramm auf festem, gutem und dickem Papier, das er während Ihrer Präsentation in der Hand halten kann.

Der Geruchssinn wird in der Kommunikation sehr häufig unterschätzt. Tatsächlich trägt der Geruch dazu bei, vieles deutlicher wahrzunehmen. Im rhetorischen Austausch könnte folgende Aussage fallen: „Das stinkt mir."

Kapitel 8 – Der Erste Eindruck – Stimmungen

Diese Aussage lässt tief blicken. Sie sagt nämlich aus, dass der Gesprächspartner sein Gegenüber nicht mag. Er findet sein Gegenüber regelrecht abstoßend.

Wird ‚kann' probehalber durch das Wort ‚will' ersetzt, wird daraus: „Ich will den Typ nicht riechen."

Eine Geschäftsbeziehung wird sich hier kaum aufbauen.

Die 5 Sinneswahrnehmungen

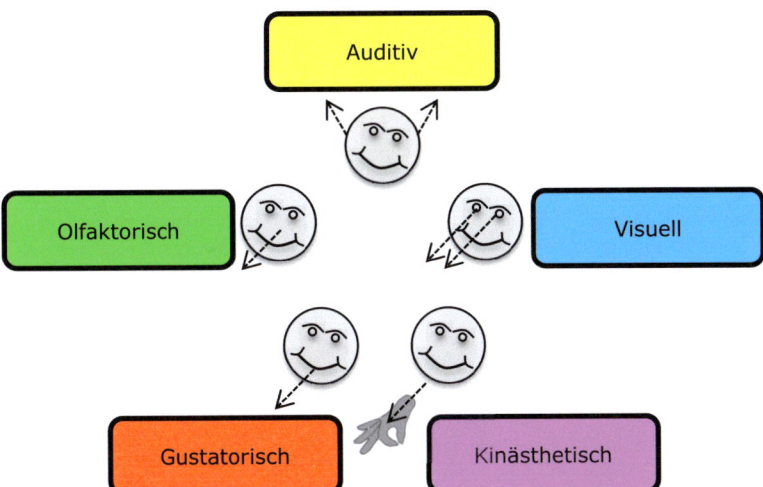

5 sinnesbezogene Aussagen

Auf dem jeweiligen Sinn ansprechen

Nun wissen Sie, wie Sie a) herausfinden, mit welchem Sinneskanal Ihr Gesprächspartner (überwiegend) lernt und versteht und wie Sie b) genau über diesen Kanal mit ihm kommunizieren können.

Der abschließende Tipp lautet: Achten Sie genau auf die Aussagen der Menschen, die mit Ihnen reden.

Sie werden sich wundern, wie schnell Sie sich durch ihre Wortwahl ‚verraten‘.

Erkennen Sie die Kraft dieser Vorgehensweise? Arbeitet Ihr Gesprächspartner überwiegend auf dem auditiven Kanal, Sie selbst eher auf dem visuellen, reden Sie teilweise aneinander vorbei.

Weniger dramatisch ausgedrückt: Sie nutzen nicht das Maximum des gegenseitigen Verstehens.

Der auditive Typ wird eher zum Hörer greifen, um mit Ihnen zu sprechen, wohingegen Sie lieber Abmachungen schriftlich formulieren.

Aufzeichnung durchgeführter Videochats dürften für Sie beide sehr wahrscheinlich vorteilhaft sein.

Gefühle extrem einbringen

Wie die Sinne angesprochen, eingebunden und die dazugehörenden Aussagen analysiert werden können, wurde dargestellt.

Durch bestimmte Vorgehensweisen können Sie in einem Gespräch die Emotionen, die Gefühle des Gegenübers gezielt ansprechen.

Hier eine kleine Auswahl, wie Sie in Dialogen oder Präsentationen übertrieben Gefühle einbringen können:

Sie schmeicheln sich bei Zuhörern ein (Comprobatio).	• „Das finde ich eine tragende Idee von Ihnen."
Sie äußern sich verachtend zu Argumenten des Gegenübers (Diasyrmus). Verkleinert die Aussage.	• „Das ist nur ein bedauerlicher und damit zu vernachlässigender Einzelfall von vielen."

	• „Sie werden schon sehen, was passiert!"
Sie künden drohende zukünftige Ereignisse an oder beschuldigen jemanden (Diabole).	• Nimmt in einer rhetorischen Auseinandersetzung ein Redner die Rolle des Gegenübers ein, wird er manchmal als ‚Advocatus Diaboli', als ‚Anwalt des Teufels' bezeichnet.
Sie tätigen einen emotionalen Ausruf (Ekphonesis).	• „Lassen Sie uns endlich loslegen!"
Sie rufen erstaunt aus (Thaumasus).	• „Ach, das hätte ich ja nie gedacht!" • Eventuell mit einem ironischen Unterton geäußert.
Sie verspotten den Gesprächspartner deutlich durch übertriebene Nachahmung seiner Art und Weise zu sprechen (Hypokrisis).	• „Ich würde das nie machen!", wobei der Redner eine Person nachahmt/nachäfft und auch eine höhere Stimme einnimmt.
Sie übertreiben entrüstet (Hyperbel).	• „Das lässt Millionen von Vorgesetzten den Kopf platzen!"
Sie jammern und klagen über selbst erlittene Verletzung.	• „Bis zur totalen Erschöpfung habe ich die Daten gesammelt."
Sie äußern Abscheu.	• „Das ist ja eklig!"

300

Durch die eingebrachten Gefühle können Sie eine Stimmungslage erzeugen.

Diese Stimmung lässt sich unter Umständen auf die Gesprächspartner übertragen, sodass Sie es in der Hand haben, die Atmosphäre zu bestimmen.

Kapitel 9 – Falls die Presse auftaucht

Der Umgang mit Journalisten und Presse

*„Nennen Sie mir ein Land,
in dem Journalisten und Politiker sich vertragen,
und ich sage Ihnen, da ist keine Demokratie."*
**Sir Hugh Carleton Greene, brit. Journalist
(1910 - 1987)**

Hinterm Redepult Stellung nehmen

Natürlich können Sie auch hinter einem Pult sein, um den Journalisten Rede und Antwort zu stehen.

Das gilt nicht nur für Pressekonferenzen, sondern auch für andere Reden oder Ansprachen.

301

Eine Rede beginnt nicht erst am Redepult, sondern schon dann, wenn sich der Redner zum Pult begibt. Der Weg dorthin kann ziemlich lang werden. Bereits die Art, wie der Redner sich erhebt, beeinflusst sein Publikum und damit auch die Journalisten.

Begibt sich der Redner hastig oder schwerfällig zum Pult? Oder scheint er ganz selbstbewusst, ruhig und natürlich zu sein?

Am besten so vorgehen: Am Redepult angekommen, atmet der Redner erst einmal ganz ruhig ein und aus. Er kommt so zur Ruhe und kann sich sammeln.

Beide Füße sind gleichmäßig belastet. Dabei stehen beide Füße etwa hüftbreit auseinander. Befinden sich die Füße zu eng beieinander, dann wirkt der Redner unsicher auf das Publikum.

Bewegung während der Präsentation wirkt dynamisch: Nach vorn bedeutet Aktivität, zurück wirkt eher defensiv. Der Redner steht aufrecht und gerade.

Zeigt sein Kopf zu weit nach oben, entsteht sofort der Eindruck von Arroganz.

Ein Fehler vieler Anfänger: Gestik, Mimik und Körperhaltung bewusst anders darzustellen. Der Zuschauer erkennt sofort die unnatürliche, verkrampfte Haltung.

Jeder Mensch hat seine eigenen Charakteristika, die seine Persönlichkeit ausmachen. Diese sollen nicht verzerrt werden, sonst geht die Glaubwürdigkeit schnell verloren. Verhalten hinterm Pult:

Hinter dem Redepult 1

Redner versteckt die Hände.

Er wirkt zurückhaltend, eingeschränkt, vielleicht sogar schüchtern.

Er hat Schwierigkeiten, sein Publikum zu überzeugen.

Hinter dem Redepult 2

Redner blockiert durch die vor den Körper parallel liegenden Unterarme.

Nun sind die Hände sichtbar, die bekanntlich viel beim Reden verraten.

Die verschränkten Arme blockieren trotzdem die Sprache des Körpers. Auf die Zuhörer mag das blockierend und unsicher wirken.

Hinter dem Redepult 3

Redner signalisiert eine gewisse Offenheit, hält sich aber immer noch am Pult fest.

So kann der Redner offen und ausladend mit seinen Händen und Armen arbeiten.

Seine Körpersprache wirkt freier und überzeugender.

Die kamerataugliche Kleidung

Neben der Wahl der Kleiderfarbe, die entsprechend der klassischen Farb-psychologie der jeweiligen Interviewsituation und dem Thema angepasst sein sollte (also etwa helle Farben für eine fröhliche Stimmung, dunkle für eine gedämpfte), gibt es einige Kleidungsstücke und äußere Merk-male, die für eine Kameraaufzeichnung unvorteilhaft sind.

Grund hierfür ist die technische Funktionsweise der Videoaufzeichnung. Je nach Videostandard werden unter normalen Bedingungen zwischen 25 und 30 Einzelbilder pro Sekunde aufgenommen.

Da das menschliche Auge aber Bewegungen im Bild als zu ‚ruckelig‘ emp-finden könnte, ist jedes der Vollbilder in je 2 Halbbilder aufgeteilt.

Hierbei zeichnet die Kamera sehr schnell hintereinander zwei Bilder auf, bei denen zuerst alle geraden Linienzahlen und dann die ungeraden auf-genommen werden. Zusammengesetzt ergeben diese Linien ein zusam-menhängendes Bild.

303

Bestimmte Bildinformationen wie feine Linien oder Muster können, unter bestimmten Licht- und Aufnahmebedingungen, von der Kamera falsch aufgezeichnet werden.

Dabei ‚springt‘ die Kamera bei der Aufzeichnung eines Bilddetails zwi-schen zwei Bildern von Linie zu Linie. Das Resultat ist ein ‚Flimmern‘ im Bild, auch Moiré-Effekt genannt, das sehr irritierend wirken kann.

Bei Männern können Anzüge mit sehr feinem Nadelstreifen- oder Karo-Muster, Krawatten mit feinen Linien und Hemden mit solcher Beschaffen-heit zu Bildirritationen führen.

Bei Frauen können ebenfalls feine Linien im Kostüm oder in der Bluse, in Halstüchern mit sehr feiner Zeichnung vor kontrastreichen Hintergründen ein solches Flimmern verursachen.

Wie Farben wirken – Kleine Farbpsychologie für Präsentierende

Welche Farbe soll die Krawatte oder das Halstuch haben? Welche Farbgebung soll der Foliensatz erhalten? Welche Farbe spricht den Zuhörer am besten an? Alle im Folgenden aufgelistete Punkte gelten überwiegend für die westlich geprägte Kultur. Wird auf die Farbe der Kleidung des Präsentierenden eingegangen, gilt bildhaft die Vorstellung, dieser sei komplett in der jeweiligen Farbe gekleidet.

Schwarz: Das Magische

Der Zauberer trägt gerne schwarze Kleidung. Er verrät nicht alles. Die schwarze Kleidung des Präsentierenden lässt vermuten, dass dieser noch ‚einiges im Ärmel' hat (wie ein Magier).

Da er dem Gegenüber nicht alles verrät, also Geheimnisse zurückhält, wird schwarze Business-Kleidung nur in bestimmten Bereichen (wie Design, Medien und vergleichbare) akzeptiert. Der Zuhörer ist mit einer gewissen Undurchsichtigkeit konfrontiert. Andererseits wirkt schwarz auch elegant, nobel, exklusiv, edel, gehoben, wie sich bei der Abendgarderobe leicht erkennen lässt.

Weiß: Die Reinheit und Unschuld

Weiß steht in hiesiger Kultur für Unschuld, Reinheit, Sauberkeit. Auch für Neutralität, Glaube und Wahrheit. Nicht umsonst strahlt die Braut am kirchlichen Hochzeitstag in unschuldigem Weiß.

Weiße Kleidung des Präsentierenden lässt vermuten, dass dieser sauber und unschuldig ist. Signalisiert aber auch, dass der Präsentierende ‚ein unbeschriebenes Blatt' ist, also wenig Ahnung von seiner Materie hat.

Bei Ärzten strahlt Weiß eher Reinheit, Sauberkeit, Hygiene aus. Weiß in Kombination mit einer anderen Farbe wirkt auf viele angenehm.

Grau: Ein Synonym für die ‚graue Maus'

Graue Kleidung des Präsentierenden lässt vermuten, dass dieser zwar ausgesprochen tüchtig ist, aber eher unauffällig im Hintergrund arbeiten möchte.

Wirkt unauffällig, unaufdringlich, in gewissem Grad auch neutral elegant, aber auch langweilig. Gern bevorzugte Farbe bei beratender Tätigkeit oder bei Übersetzern/Dolmetschern. Denn hier wird Distanz gewahrt.

Grau reizt nicht zu Handlungen oder Aktionen. Daher wird diese Farbe in Werbung oder Verkauf nicht oft eingesetzt. Bekanntlich sind nachts alle Katzen grau und die Grauzone ist auch nicht jedermanns Sache. Grau in Kombination mit Schwarz oder Weiß kann interessante Schattierungen ergeben.

Rot: Liebe, Zuneigung, Energie und Wut

305

Rot, die älteste Farbbezeichnung, bedeutet Wärme, Zuneigung, Liebe, aber auch Energie, Durchsetzungskraft, Bewegung, Vitalität, Temperament und möglicherweise Gefahr.

Gegebenenfalls erzeugt diese Farbe beim Zuhörer einen Aufbau von Aggression, Aufbegehren, ja fast den Wunsch nach einer ‚Revolution'.

Rot lässt den Blutdruck steigen. Ebenso steigt die Herz- und Atemfrequenz. Rote Kleidung des Präsentierenden lässt vermuten, dass dieser impulsiv – ‚aus dem ‚Bauch heraus' – und spontan handelt.

Er hat Durchsetzungskraft und haut, wenn es sein muss, auch mal mit der Faust auf den Tisch. Wirkt demnach manchmal zu aggressiv – und damit verkaufshemmend beziehungsweise gesprächshemmend – auf den Zuhörer.

Manch einer sieht dann sogar Rot. Dass Rot auch verführt, zeigen nicht nur die roten Lippen, sondern auch das Rotlichtviertel.

Orange: Das pralle Leben

Orange gilt als lebensbetonende und optimistische Farbe. Steht für Heiterkeit, Gesellschaft und Vitalität sowie Bereitschaft zur Kommunikation.

Orange hinterlässt allerdings den Eindruck, dass die gegebenen Informationen oberflächlich sind. In der Geschäfts-Kleidung eher selten zu finden (Heiterkeit und Business liegen wohl nicht nahe beieinander?).

Kann in Kombination mit anderen Farben (zum Beispiel Schwarz) interessante Variationen bilden.

Magenta: Optimistisch und verspielt

Rosa beziehungsweise Magenta gehört auch in die Farbpalette. Diese Farbe steht für Verspieltheit, für Optimismus, teilweise auch für schrill.

Jedenfalls ist sie auffällig. Tendenz ins Mädchenhafte ist denkbar.

Diese Farbe wird in der Berufs-Kleidung eher vom weiblichen Geschlecht bevorzugt, selten bei Krawatten für den Herrn.

Gelb: Sauer macht lustig

Gelb wird gerne als Signalfarbe genutzt. Gelb steht für Frische und Kraft, wie auch für Optimismus und positives Denken.

Gelb wirkt aufheiternd und steigert die Kommunikation. Diese Farbe unterstützt das Denken und die geistige Aktivität.

Sie regt sozusagen die geistige Kreativität an und aktiviert den Verstand. Heiterkeit und Freundlichkeit sind hier zu erwarten.

Gelbe Kleidung des Gesprächspartners lässt vermuten, dass dieser gerne auf sich aufmerksam macht. „Achtung: Hier komme ich!" Eventuell leicht aufdringlich wirkend.

Wer es nicht nötig hat, auf sich aufmerksam zu machen, kombiniert im Outfit die Farbe Gelb gegebenenfalls mit einer anderen (neutralen) Farbe auf der Krawatte oder auf dem Halstuch.

Im Mittelalter mussten in vielen Städten Prostituierte als Erkennungszeichen gelbe Kleidungsstücke tragen, um durch diese sogenannte ‚Schandfarbe' auf ihre Tätigkeit aufmerksam zu machen. Oft war hier die Farbe Gelb vorgeschrieben.

Blau: Unendlichkeit, Beständigkeit und Harmonie

Blau steht für Kühle, Frische, Weite. Für Zufriedenheit, Unendlichkeit und Harmonie. Wirkt muskelentspannend. Wirkt auf die meisten Menschen beruhigend, dämpfend, bewahrend sowie ausgleichend und innerlich beruhigend.

Hinterlässt den Eindruck, dass die gegebenen Informationen korrekt sind. Gern bevorzugte Farbe in der Dienstkleidung.

307

Blaue Kleidung des Präsentierenden lässt ein seriöses Auftreten vermuten. Das, was er sagt, stimmt. Deshalb findet sich die blaue Farbe in der Business-Kleidung überdurchschnittlich häufig.

Sie ist die Lieblingsfarbe vieler Menschen. Die meisten Vortragenden wählen ein blaues Kostüm oder einen blauen Anzug. Eventuell kombiniert mit einem roten Element (Krawatte, Halstuch). Die Person wirkt dadurch seriös und dort, wo es sein muss, durchsetzungsfähig.

Braun: Genuss pur

Braun ist die Farbe vieler Genussmittel, wie Schokolade, Kaffee, Tabak. Die Person zeigt den Wunsch nach Erdverbundenheit. Nach Geborgenheit und Zuneigung, nach Gemütlichkeit und Bequemlichkeit.

Diese Farbe zeigt auch eine gewisse Schwermut und Zurückgezogenheit. Von modischen Farben abgesehen, in der Geschäfts-Kleidung eher selten zu finden.

Violett: Vorsicht Verführung!

Violett signalisiert das Bedürfnis, andere anzutreiben, zu überzeugen und zu begeistern. Die Farbe wirkt teilweise spirituell, gilt aber auch als verführerisch.

Manchmal als emotionale Unreife und manchmal als nichtkonforme Sexualität gedeutet. Taucht angeblich in der Kleidung bei Menschen in der Midlife-Crisis auf.

In der Kirche steht violett als liturgische Farbe für Glauben und Frömmigkeit, als Farbe der Fastenzeit auch für Buße, Besinnung und Demut.

In der Geschäfts-Kleidung ist die Farbe Violett eher selten zu finden.

Grün: Ruhe, Ausgeglichenheit und Entspanntheit

Grün steht symbolisch für Natur, Umwelt, Menschlichkeit. Auch für Ruhe und eine gewisse Entspanntheit.

Grüne Kleidung des Präsentierenden lässt vermuten, dass dieser ein lieber Mensch ist, aber nicht unbedingt zielorientiert handelt.

Deshalb finden die meisten Menschen die grüne Farbe in der Business-Kleidung so gut wie überhaupt nicht. Ist Menschlichkeit im Berufsleben etwa nicht gefragt? Sorgt für gesteigerte Aufmerksamkeit und fördert die Konzentration.

Operateure tragen in vielen Krankenhäusern einen grünen Kittel. Angeblich deswegen, weil das Rot des Blutes auf der grünen Kleidung nur dunkel beziehungsweise schwarz zu sehen ist und damit nicht so angsteinflößend wirkt.

Kapitel 10 – Kommunikation auf Distanz

Online-Gespräche – Virtueller Kontakt

„Wissen ist wie ein Baum: Je größer und verzweigter er ist,
umso ausgeprägter ist sein Kontakt mit dem Unbekannten."
Blaise Pascal, frz. Mathematiker
(1623 - 1662)

Online-Auftritt – Digitalisiertes Leben

Immer häufiger wird auf den digitalen Austausch zurückgegriffen. Die Anbieter haben aufgrund der Corona-Pandemie ihre Produkte in rasanter Zeit aus- und aufgebaut.

Viele Nutzer wurden genötigt, sich in genauso kurzer Zeit in die neue Welt einzudenken und einzuarbeiten, ‚eben mal' in einen Video-Chat zu treten, ein Tele-Meeting umzusetzen oder eine Online-Konferenz zu begleiten.

Gespräche lassen sich natürlich auch online führen. Klar, es gibt viele Vorteile. Allerdings – und das ist als deutlicher Nachteil zu betrachten, fehlt der informelle, menschliche, atmosphärische Austausch in der digitalen Begegnung.

Es gibt eine Menge im Vorfeld und später in der Umsetzung zu beachten, um den Online-Austausch ebenfalls erfolgreich ablaufen zu lassen.

Geeigneter Übertragungsort

Haben Sie sich entschieden, ein Gespräch online zu führen, überlegen Sie zuerst, von welchem Raum aus Sie die Übertragung durchführen wollen.

Wollen Sie aus einem umfunktionierten Kellerraum senden, oder doch lieber aus dem Wohnzimmer oder einem Arbeitsraum im Dachgeschoss? Vielleicht steht Ihnen ein eigenes Büro, ein Homeoffice zur Verfügung?

Greifen Sie auf einen Privatraum zurück, erscheinen allerlei Gegenstände wie Möbel, Fotos, Dekoration und anderes im Kamerabild. Ist ein Teil des Betts zu erkennen, eine Wäschespinne, ein Hundekorb? Sollen diese Gegenstände zu sehen sein?

Schließlich lassen sich aufgrund der Einrichtung, des wahrnehmbaren Drumherums Rückschlüsse auf Ihren Wohnort, Ihren Geschmack, eventuell sogar auf Ihren sozialen Status ziehen. All das bildet beim Gesprächspartner einen beeinflussenden Eindruck über Sie. Passt der Eindruck zum Wunsch des vermittelten Bildes, zur geplanten Gesprächssituation beziehungsweise zu Ihrem Image?

Profis entscheiden, alle Schranktüren zu schließen, ‚verräterische' Indizien aus Regalen oder von Ablagen zu entfernen und ein sauberes, aufgeräumtes Umfeld zu zeigen. Betrachten Sie Ihr räumliches Umfeld mit kritischen Augen. Wie sieht es der Gesprächspartner? Ist alles so, wie es Ihnen zusagt?

Hintergrundfolien und eine stabile Internetverbindung

Einige Kommunikations-Programme bieten Hintergrundfolien an, die den sichtbaren Hintergrund Ihres Raums ‚verwischen' beziehungsweise ‚weichzeichnen'.

So sind Details im Raum nicht mehr oder nicht mehr deutlich zu erkennen. Sie können auf angebotene Hintergrundbilder zurückgreifen, die den Raum, in dem Sie sich befinden, ganz ausblenden.

Die angebotenen Folien zeigen Arbeitsräume und Besprechungszimmer, großzügige aber leere Räume, allerdings auch Bilder aus Fantasiewelten, sei es aus dem Mittelalter oder aus dem Weltall oder gar ein psychedelisch wirkendes Ambiente. Kommt ein ‚spielerisches' Hintergrundbild für Ihr Gespräch infrage?

Sollten Sie häufiger von zu Hause aus Online-Gespräche führen, können Sie sich recht leicht ein eigenes Hintergrundbild mit klassischem Präsentations-Programm erstellen. Sie können die Folie individuell erstellen und farblich Ihrem Wunsch entsprechend gestalten.

In den meisten Fällen eignet sich ein heller, einfarbiger Hintergrund, damit sich Ihr Profil in der Kameraübertragung gut abhebt.

Besitzen Sie ein eigenes Unternehmen, könnte Ihr Logo oder ein Schriftzug eingefügt werden. Dieser müsste in der Regel vor dem Hochladen gespiegelt werden, damit er später ‚richtig herum' angezeigt wird.

So schön die Gestaltung mit den Hintergrundfolien machbar ist, sollten Sie berücksichtigen, dass die Verwendung der Folien mehr Arbeitsleistung verlangt. Damit steigt das ‚Risiko', dass die Übertragung gestört wird, es zu unschönem und ungewolltem Ruckeln oder gar zum kurzzeitigen Stillstand (‚Einfrieren') des Bildes kommen kann.

Manchmal sind Aussetzungen beim Gesprochenen (manche Wörter oder Sätze werden nicht übertragen oder sind durch Geräusche nicht zu verstehen) zu bemängeln, was den Austausch mit dem Gesprächspartner anstrengend macht.

Ganz blöd: Der komplette Zusammenbruch der Übertragung. Dann am besten möglichst ruhig bleiben und sich schnellstmöglich erneut einloggen. Falls das nicht klappt oder längere Zeit in Anspruch nehmen sollte, informieren Sie Ihren Gesprächspartner per Mail oder anders übermittelter Nachricht.

311

Finale Vorbereitung vor dem Online-Austausch

Lassen Sie sich aus diesem Grund vom Gesprächspartner vorab eine Telefonnummer übermitteln und – falls nicht schon vorhanden – eine E-Mail-Adresse, unter der Sie den Gesprächspartner bei technisch aufgetretenen Problemen erreichen können.

Die meisten Gespräche sind wichtiger Natur, sodass die Technik einwandfrei arbeiten sollte. Am besten checken Sie im Vorfeld eines besonders wichtigen Gesprächs, von welchem Platz aus Sie die beste Internetverbindung zur Verfügung haben. Bevor es losgeht: Das Internet läuft mit guter Empfangsstärke und einwandfrei. Das Chat-Programm ist geöffnet. Es erkennt Ihre Kamera und das Mikrofon. Die Technik dürfte Ihnen jetzt keinen Streich mehr spielen.

Digitale Erscheinung

„Erscheinung und Wesen
sind nicht voneinander zu trennen.“
Yoshida Kenkō (Urabe ne Kaneyoshi), jap. Hofmeister
(um 1283 - 1350)

Ein ‚gutes‘ Bild abgeben

Beim klassischen Gesprächsverlauf ist schon im Vorfeld des Gesprächs viel Bewegung im Raum. Zugehen auf den Gesprächspartner, Getränke anbieten, Platz nehmen, Gestik einsetzen, über die Räumlichkeit und so weiter. Der komplette Körper in seiner Bewegung ist sichtbar.

Beide Gesprächspartner können das Auftreten des anderen, dessen Körperbewegungen und Bewegungen ganzheitlich wahrnehmen. Düfte und Temperaturen werden wahrgenommen.

Die Beobachtungen und Wahrnehmungen lassen erste Rückschlüsse auf den anderen und sein Umfeld zu.

Wie sieht das im Online-Austausch vor der Kamera aus? Meist sitzen die Gesprächspartner vor die Kamera.

Nur selten, zum Beispiel, wenn ein Produkt vorgestellt werden soll, gehen manche auf Abstand zur Kamera, um im Stehen gefilmt und übertragen zu werden. Die Wahrnehmungs-Möglichkeiten werden extrem reduziert.

Bekanntlich überträgt die Kamera nur einen Ausschnitt. Einen Ausschnitt aus der räumlichen Umgebung, wie auch nur einen Teil Ihres Erscheinungsbildes. Dieser kleine Ausschnitt steht stellvertretend für den ‚kompletten‘ Menschen und das ‚ganze‘ Drumherum.

Aufrechte und offene Sitzhaltung vor der Webcam

Sie erahnen möglicherweise, welche Herausforderungen überwunden werden müssen, um mit einer Präsenz-Veranstaltung gleichzuziehen.

Der körpersprachliche Ausdruck ist im Gespräch ausgesprochen wichtig, sollen doch auch kleinste Regungen deutlich erkennbar sein. Deshalb am besten vor der Kamera eine aufrechte, offene Sitzhaltung einnehmen.

Ist kein eingespieltes Diagramm oder Vergleichbares im Hintergrund wichtig sichtbar zu machen, positionieren Sie sich so, dass Sie ungefähr in der Mitte des Bildes gezeigt werden, mit einem gewissen Abstand oberhalb des Kopfes zum Bild-/Monitorrand.

Der Kopf wird dann etwa ‚mittig' abgebildet. Sinnvoll kann es auch sein, die Kamera etwas weiter nach unten auszurichten, um mehr vom Oberkörper sichtbar werden zu lassen.

Dadurch kann auch die Gestik Ihrer Hände/Arme besser zu sehen sein. Hier folgen einige Darstellungen, wie das übermittelte Bild der aufgenommenen Person beim Gesprächspartner ankommt und wie es gewertet werden könnte.

313

Ausrichtung vor der Kamera

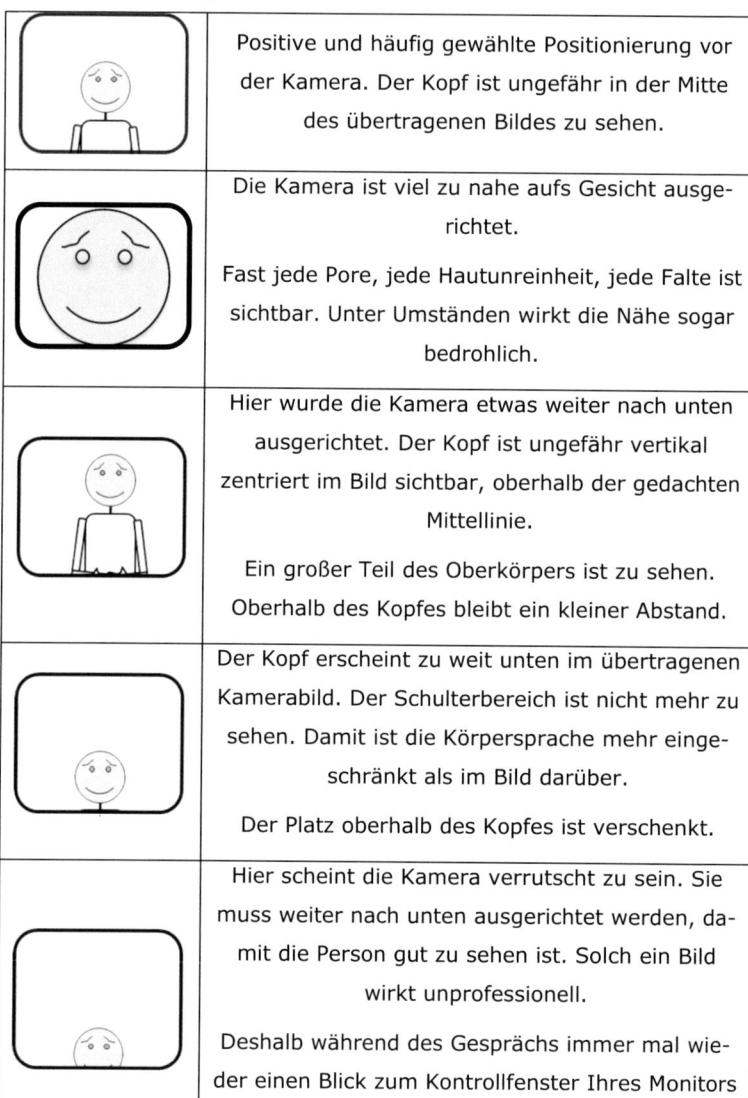

	Positive und häufig gewählte Positionierung vor der Kamera. Der Kopf ist ungefähr in der Mitte des übertragenen Bildes zu sehen.
	Die Kamera ist viel zu nahe aufs Gesicht ausgerichtet. Fast jede Pore, jede Hautunreinheit, jede Falte ist sichtbar. Unter Umständen wirkt die Nähe sogar bedrohlich.
	Hier wurde die Kamera etwas weiter nach unten ausgerichtet. Der Kopf ist ungefähr vertikal zentriert im Bild sichtbar, oberhalb der gedachten Mittellinie. Ein großer Teil des Oberkörpers ist zu sehen. Oberhalb des Kopfes bleibt ein kleiner Abstand.
	Der Kopf erscheint zu weit unten im übertragenen Kamerabild. Der Schulterbereich ist nicht mehr zu sehen. Damit ist die Körpersprache mehr eingeschränkt als im Bild darüber. Der Platz oberhalb des Kopfes ist verschenkt.
	Hier scheint die Kamera verrutscht zu sein. Sie muss weiter nach unten ausgerichtet werden, damit die Person gut zu sehen ist. Solch ein Bild wirkt unprofessionell. Deshalb während des Gesprächs immer mal wieder einen Blick zum Kontrollfenster Ihres Monitors werfen.

	Die Person sitzt zu weit in der Ecke des übertragenen Bildes. Der Platz oben und auf der Seite ist verschenkt. Ausnahme: Im Hintergrund läuft ein unterstützendes Video oder eine bildliche Darstellung, die im Gespräch benötigt wird.
	Die Person sitzt höher als üblich und zu weit an der Seite. Denkbar ist dieses Bild dann, wenn seitlich im Hintergrund ein Video, ein Diagramm oder Ähnliches übertragen werden soll.
	Die Kamera scheint nach unten verrutscht zu sein. Sie muss weiter nach oben ausgerichtet werden. Nur kurzfristig so einstellen, wenn etwas auf der Arbeitsplatte Liegendes gezeigt werden soll.

315

Gesichtsausdruck vor der Kamera

Wenn nicht gerade eine traurige Nachricht überbracht wird oder das Thema als solches bedrückend ist, achten Sie auf einen freundlichen Gesichtsausdruck. Schauen Sie direkt in die Kamera.

	Der Zuschauer hat das Gefühl, durch einen direkten Blick angesprochen zu werden. Idealerweise scheint der gegenseitige Blickkontakt gewährleistet. Sie wirken aufmerksam und interessiert.

Je nach Aufbau der Kamera werden Sie von oben oder von unten gefilmt. Von unten gefilmt kann Sie bedrohlich wirken lassen – ‚übergroß' – was unangenehm beim Betrachter ankommen kann.

	Sie werden von unten aufgenommen. Das geschieht manchmal, ist die Kamera unterhalb des Monitors angebracht. Sie wirken unter Umständen arrogant oder herablassend. Sie schauen von ‚oben herab' auf den Gesprächspartner.

	Sie werden von oben aufgenommen. Möglicherweise ist die Kamera zu hoch über dem Monitor angebracht. Eventuell orientieren Sie sich an Notizen oder anderen Unterlagen, die vor Ihnen auf dem Tisch liegen. Bei dauerhafter Übertragung dieser Form wirken Sie unter Umständen nicht interessiert am virtuellen Gesprächspartner. Das wäre nicht gut. Auch nicht gut, wirkten Sie aufgrund der übermittelten Kopfhaltung sogar als ‚unterwürfig'.

Achten Sie auf gute Lichtverhältnisse

Gesichtszüge verraten viel – deshalb müssen sie gut zu erkennen sein.

	Das Gesicht ist gut angestrahlt. Es erscheint hell. Die Mimik ist gut zu erkennen. Jegliche Regung in den Gesichtszügen ist für den Gesprächspartner erkennbar.
	Ein Teil des Gesichts liegt im Dunkeln. Die Lichtquelle scheint von der Seite auf den Kopf zu treffen. Das Gesicht muss mehr ins ‚Licht' gerückt werden.
	Ihr Gesicht liegt im Dunkeln. Ihre Mimik ist kaum mehr zu erkennen, weswegen Ihre Gesichtszüge nicht gedeutet werden können. Die Lichtquelle ist nicht gut ausgerichtet. Allerdings kann es auch sein, dass im Hintergrund eine Lichtquelle direkt in die Kamera strahlt und deswegen Ihr Gesicht dunkel wirken lässt.

Sind Ihre Gesichtszüge nicht gut zu erkennen, fällt ein großer Teil der übermittelten Körpersprache im wahrsten Sinne des Wortes ins ‚Dunkle'. Das erschwert deutlich die Kommunikation, da Gefühlsregungen nicht so gut zu erkennen sind.

Ist das Gesicht Ihres Gegenübers so abgebildet, können Sie nicht erkennen, ob er Sie verstanden hat. Runzelt er die Stirn? Kneift er die Augen zusammen? Lächelt er?

Können Sie bei natürlichem Tageslicht arbeiten, bedenken Sie, dass sich durch das Wandern des einfallenden Sonnenlichts über den Tagesverlauf hinweg die Lichtverhältnisse im Raum verändern können.

Zu helles Sonnenlicht kann zu starkem Hell-Dunkel-Kontrast beim übermittelten Bild führen. Gegebenenfalls muss ein Fenster verdunkelt werden, um dann besser nur mit künstlicher Lichtquelle zu arbeiten.

Optimaler Einsatz der Körpersprache

Im Online-Austausch fallen Zugehen auf den Gesprächspartner, Handreichen, Platziert werden, Gehen und Stehen aus.

Die Bewegung des Körpers wird stark eingeschränkt – nämlich auf das Sitzen vor der Kamera.

317

Vor Ort ist die Körpersprache viel sichtbarer, mehr Bewegung ist möglich. Unterstreichende, passende, weitausholende und/oder betonende Gestik kann eingesetzt werden, um ‚mit dem kompletten Körper‘ aussagekräftig zu sprechen.

Ein Großteil des Körpers, damit der Körperhaltung und in Folge die Körpersprache, sind auf dem Display des Monitors nicht dargestellt und somit auch nicht erkennbar.

Häufig ist gerade mal ein Teil des Oberkörpers des Sitzenden zu sehen.

Das nebenstehende Bild zeigt, dass ein wichtiger Teil der sitzenden Person nicht erfasst wird, der untere Bereich des Körpers überhaupt nicht.

Das gilt auch für die beiden folgenden Bilder. Sie unterscheiden sich kaum vom ersten Bild oben, nur wird einmal der Kopf leicht zur Seite gelegt.

Das ist gut. Legen Sie während des Gesprächs Ihren Kopf mal leicht in die eine, dann auch wieder in die andere Richtung.

Da bekanntlich die Gestik, speziell das ‚Spiel' mit den Händen und Fingern viel zur Körpersprache beiträgt, bringen Sie Ihre Hände häufiger als üblich ‚ins Spiel' – ins Sichtfeld.

Demonstrieren Sie hin und wieder deutlich mit dem Einsatz Ihrer Arme und Hände eine gewisse Lebhaftigkeit Ihres Gesprächs. Das Gespräch soll (positiv) dynamisch geführt werden, wozu die sichtbare Körpersprache beiträgt.

Gut zuhören, wenn der andere spricht

Bleiben Sie körpersprachlich in der Passivphase ruhig mit Ihrer Körperbewegung. Nicht etwa ständig nach Unterlagen suchen, den Kopf nach rechts, nach links, nach oben und nach unten drehen.

Sie wirken recht unruhig und gegebenenfalls unaufmerksam. Unabhängig davon gäbe es zu große Unruhe im Gesamtbild, was irritierend und möglicherweise ablenkend auf den Gesprächspartner wirkt.

Index

321

323

Knigge als Synonym und als Namensgeber

Umgang mit Menschen

„Suche weniger selbst zu glänzen,
als andern Gelegenheit zu geben,
sich von vorteilhaften Seiten zu zeigen,
wenn Du gelobt werden und gefallen willst"
Adolph Freiherr Knigge, aus dem Buch „Über den Umgang mit
Menschen", 1788
(1752 - 1796)

Adolph Freiherr Knigge

Schon zu seinen Lebzeiten war Adolph Freiherr Knigge (1752 – 1796) umstritten. Knigge setzte sich durch sein energisches Eintreten für die Ziele der Aufklärung, so wie er sie verstand, scharfen Angriffen aus.

327

Er arbeitete als Romanschriftsteller und Satiriker, sowie als politischer Schriftsteller. Er gehörte den Freimaurern an.

Heute ist Knigge vor allem seines Buches wegen ‚Über den Umgang mit Menschen' (1788) bekannt. Und zwar deswegen, weil sein Werk als Etikette-Buch angesehen wird.

Knigge verdankt seinen heutigen Ruf und Erfolg aber einem Missverständnis. Denn: Das Werk Adolph Freiherr Knigges gilt als Etikette-Buch ersten Rangs. Allerdings beschreibt Knigge keine Regeln wie mit Besteck umzugehen ist, oder das Verhalten bei Tisch, stattdessen offenbart er eine praktische Lebensphilosophie im Umgang mit Mitmenschen.

Er gibt Anleitungen und Anregungen, wie mit seinen Mitmenschen richtig umzugehen ist. Knigge hoffte damit, dass die Menschen glücklich und froh miteinander leben könnten.

Sein Buch erschien 1788 und war schon kurze Zeit in fast allen Haushalten zu finden. Über 200 Jahre lang prägte sich sein Buch im Bewusstsein der Leser als praktisches Handbuch über gutes Benehmen ein.

In drei Teilen seines Buches hat Knigge über den Umgang mit verschiedenen Menschengruppen geschrieben, zum Beispiel:

Über den Umgang mit Leuten von verschiedenen Gemütsarten, Temperamenten und Stimmungen des Geistes und des Herzens (Erster Teil, 3. Kapitel)

- Über den Umgang mit Frauenzimmern (Zweiter Teil, 5. Kapitel)

- Über das Verhältnis zwischen Wohltätern und denen, welche Wohltaten empfangen; wie auch unter Lehrern und Schülern, Gläubigern und Schuldnern (Zweiter Teil, 10. Kapitel)

- Über den Umgang mit den Großen der Erde, mit Fürsten, Vornehmen und Reichen (Dritter Teil, 1. Kapitel)

Obwohl es heute klar ist, dass Knigge anderes verfolgte, als wir unter seinem Namen verstehen, soll ‚Knigge' als Synonym für den Bereich stehen, dem sich das vorliegende Buch widmet.

329

12 Ratgeber in der kleinen Knigge-Reihe

Der kleine ... -Knigge [2100]

Anstands- und Banausen-...
Business- und Kunden-...
Büro- und Kollegen-...
Gäste- und Gastgeber-...
Gesellschafts- und Freunde-...
Outfit- und Stil-...
Interkulturelle- und
Auslands-...
Bewerbungs- und
Vorstellungs-...
Event- und Feste-...
Gastro- und Tischsitten-...
Speisen- und Exoten-...
Trinkkultur- und Getränke-...

Je 88 Seiten

Das kleine Handbuch der Rhetorik [2100]

Erfolgreich reden „Die Kunst, flott vorzutragen"
Körpersprache einsetzen „Mit Händen und Füßen sprechen"
Gezielt trainieren „Ich will endlich erfolgreich präsentieren!"
Nervosität austricksen „Mir zittern die Knie"
Begeistert überzeugen „Das rhetorische Feuer entfachen"
Unterschwellig manipulieren „Ich kriege dich schon!"
Wahrnehmung verzerren „Ich glaub' nur, was ich sehe."
Einwände entkräften „Das ist doch gar nicht machbar! – Oder doch?"
Gespräche führen „Zielorientierte und zeitsparende Gesprächslenkung"
Meetings leiten „Besprechungen erfolgreich führen"
Geschicktes Nudging „Das versteckte Anschubsen"
Interviews führen „Darf ich Sie mal fragen?"
Je 100 Seiten

Das Märchen der ...

professionellen Argumentation
harmlosen Fragen
sauberen Wahrheit
vertrauenswürdigen Fairness

... in der Rhetorik [2100]
Je 100 Seiten

4 Ratgeber in der Ego-Management-Reihe

Persönlichkeits-Management – Ego-Knigge ²¹⁰⁰ Soft Skills, Selbst-Reflexion und Selbst-Bewusstsein

Stress-Management – Ego-Knigge ²¹⁰⁰ Lampenfieber, Stressoren, Gerüchte, Mobbing, Burnout, Stressvermeidung

Zeit-Management – Ego-Knigge ²¹⁰⁰ Umgang mit der Zeit, Organisation von Arbeitsabläufen, Perfektionismus, Zielsetzung

Gedächtnis-Management – Ego-Knigge ²¹⁰⁰ Gehirn, Intelligenz, Schwachsinn – Hochbegabung, Gedächtnis, Lerntechniken.

Jeder Ratgeber 104 Seiten, A5, kartoniert

4 Ratgeber der Reihe Lebenseinstellung

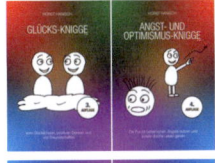

Aberglauben-Knigge ²¹⁰⁰ Von schwarzen Katzen, der linken Hand des Teufels und den Glücksbringern
Lügen- und Egoismus-Knigge ²¹⁰⁰ Überleben durch Flunkern, Schummeln und Täuschen! Macht, Respekt, Wertschätzung? Lebenslüge und Lebensschutz
Glücks-Knigge ²¹⁰⁰ Vom Glücklichsein, positiven Denken und von Freundschaften
Angst- und Optimismus-Knigge ²¹⁰⁰ Die Furcht beherrschen, Ängste nutzen und positiv durchs Leben gehen.

331

Jeder Ratgeber 216 Seiten, A5, kartoniert

3 Ratgeber Bräutigam, Braut und Brautpaar

Bräutigam-Knigge ²¹⁰⁰ Verlobung und Polterabend, Schwiegereltern und das Ja-Wort, Hochzeits-Outfit und Hochzeits-Kutsche

Braut-Knigge ²¹⁰⁰ Brautkleid und Accessoires, Das große Hochzeitsfest, Höhepunkte und Hochzeitstanz

Brautpaar-Knigge ²¹⁰⁰ Historisches und Sonderbares, Planung und Organisation, Aberglaube und Hochzeitsbräuche.

Jeder Ratgeber 104 Seiten, A5, kartoniert

3 Ratgeber Selbst-Coaching

Selbstbewusstsein Knigge ²¹⁰⁰ Ich bin, ich kann, ich will. Das eigene Leben bestimmen, Soft Skills, The Winner 1.

Selbstwertgefühl Knigge ²¹⁰⁰ Steh auf! Werde aktiv! Zeige Profil! Das eigene Leben beeinflussen, Motivation, The Winner 2.

Selbstoptimierung Knigge ²¹⁰⁰ Optimistischer, attraktiver, authentischer. Das eigene Leben gestalten, Ansprüche, The Winner 3.

Jeder Ratgeber 120 Seiten, A5, kartoniert

Leben und Lifestyle

Adam allein auf der Welt Knigge [2100] Ein Buch mit Bildern vom ersten Menschen, seinen Gedanken und seiner Körpersprache, 104 Seiten, A5, ca. 155 Fotos

Jugend-Knigge [2100] Knigge für junge Leute und Berufseinsteiger, 152 Seiten

Alters-Knigge [2100] Abgehängt und abgeschoben? Altersdiskriminierung? Akzeptanz des Älterwerdens!, 152 Seiten

Zukunfts-Knigge [2100] Verfall der Sitten und Verlust der Wertschätzung? Umgangsformen in 100 Jahren. Zusammenleben mit Menschen, Maschinen und menschenähnlichen Robotern, 172 Seiten A5 kartoniert

KI-Knigge [2100] Leben mit der Künstlichen Intelligenz! Veränderungen im realen Umgang?, 196 Seiten A5 kartoniert

Wertschätzung-Knigge [2100] Gleichberechtigung, Gender und Respekt, Sexuelle Orientierung, Umgang bei Diskriminierung und Mobbing, 152 Seiten A5

Hochzeits-Knigge [2100] Hochzeitsbräuche, Geschenke, Brautjungfer, Trauung, Festgäste und Festmahl, 310 Seiten A5

Ü65- und Senioren-Knigge [2100] Die junge Alten und die alten Jungen, Kommunikation und Verständnis zwischen den Generationen, 180 Seiten A5

Blumen-Knigge [2100] Historisches, Mystisches, Festliches, Blumensprache, Umgang mit Blumen-Präsenten, 144 Seiten A5

Bekleidung! Ausdruck der Persönlichkeit – Lukas' Outfit-Knigge [2100], 196 Seiten A5

Nudel-Knigge [2100] Himmlische Teigwaren, 140 Seiten A5

Der Interkulturelle Kompetenz-Knigge [2100] Kultur, Kompetenz, Eindrücke – Gesten, Rituale, Zeitempfinden – Berichte, Tipps, Erlebnisse, 240 Seiten A5

China-Deutschland-Knigge [2100] Chinesen in Deutschland, 104 Seiten A5

Dschungel-Knigge [2100] Umgang in ungewohnter Umgebung, 192 Seiten A5

Von allen guten Geistern verlassen-Knigge [2100], 132 Seiten A5

Der Dicke-Knigge [2100] Aus dem prallen Leben des Dicken, 104 Seiten A5

Typisch Frau – Typisch Mann Knigge [2100] Unterschiede und Gemeinsamkeiten im Umgang mit dem anderen Geschlecht, 128 Seiten A5

Kulinarischer und Gastronomischer Knigge [2100] 284 Seiten A5

Klo- und Pinkel-Knigge [2100] Vom privaten und öffentlichen Bedürfnis - Umgangsformen im Tabu-Bereich, 104 Seiten A5

Alles hat seine Zeit-Knigge [2100] Umgang mit der Zeit, 294 Seite A5

Omi hüpf' mal Märchen meiner Großmutter, Erlebnisse ihre Jugend und wahre Geschichten meines Vaters von und über Omi Rickchen, Hardcover, 312 Seiten

Der Hunde-Knigge [2100] Umgang mit dem Hund – Hundesprache – Der Hund in der Gesellschaft, 180 Seiten A5

Welcome to Germany-Knigge [2100] Umgangsformen, Verhaltensmuster und gesellschaftliches Miteinander im deutschsprachigen Europa, 108 Seiten A5

Besuch willkommen Knigge [2100] Einladung, Gast, Geschenk, Empfang, Feier, Gastfreundschaft, 200 Seiten A5

Leben, Tod und Ansichten Austausch mit Berühmtheiten über Wichtiges und Unwichtiges im Leben, 116 Seiten A5

Last List Leid [2100] Verlogene Welt?, 160 Seiten A5

Mensch Macht Mörder [2100] Verfall der Umgangsformen?, 260 Seiten A5

Tod, Trauer, Totenkult-Knigge [2100] Sterben, Trost, Takt, Bestatten, Tradition, Vorsorge, Tabus, Vergänglichkeit und Sonderbares, 212 Seiten A5

Corona-Knigge [2100] Umgang mit dem Virus, 88 Seiten 12x19, kartoniert

Das kleine Knigge-Quiz [2100] 96 Seiten, 12x19 cm, kartoniert

Leben und Lifestyle

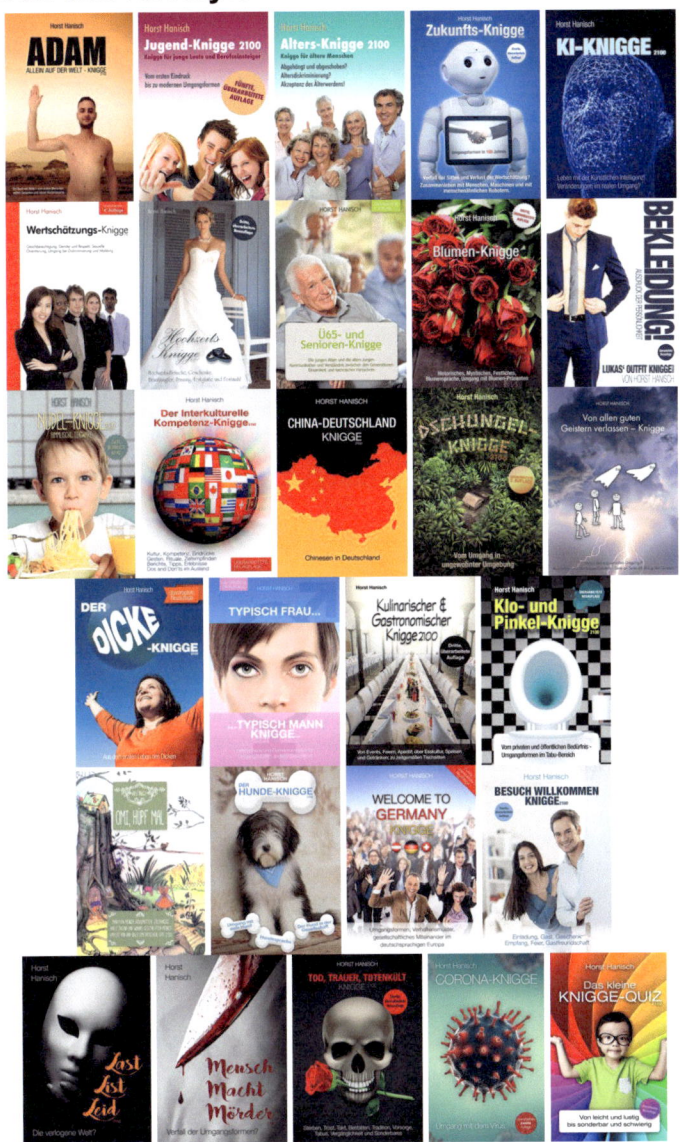

Rhetorik, Soft Skills, Hochschule, Beruf

Rhetorik ist Silber Von den ersten Schritten zu einer perfekten Präsentation, 336 Seiten A5, kartoniert, Zeichnungen

Moderation ist Gold Gesprächsführung, Umfragen, Talkrunden und Manipulation, 274 Seiten A5, kartoniert, Zeichnungen

Lebhafte Körpersprache in Vorträgen, Präsentationen, Gesprächen, 218 Seiten A5, kartoniert, ca. 290 Zeichnungen

Rhetoric – Mastering the Art of Persuasion, 222 Seiten A5, kartoniert

Discussion – Mastering the Skills of Moderation, 192 Seiten A5, kartoniert

Body Language in Europe, 196 Seiten A5, kartoniert, ca. 290 Zeichnungen

Das große Buch der Kommunikation und der Gesprächsführung [2100], 460 Seiten A5, kartoniert, Zeichnungen

Das große Buch der Rhetorik [2100] Tacheles reden; Präsentieren; manipulieren und überzeugen, 452 Seiten A5, kartoniert, viele Darstellungen

Trickreiche Rhetorik [2100] Psychologische Gesprächsführung, manipulierende Darstellung, unaufdringliches Nudging, 448 Seiten A5, kartoniert, Zeichnungen

Körpersprache [2100] **– Lüge, Verrat, Macht**, Im Beruf, vor Gericht, beim Flirt – Gewinnerpose und Demutshaltung; 440 Seiten A5, kartoniert, über 400 Zeichnungen

Soft Skills-Knigge [2100] Soziale, Persönlichkeit, Selbstmanagement, 480 Seiten A5, kartoniert, viele Darstellungen

Schlagfertigkeit-, Spontaneität-, Stegreif-Knigge [2100] Impulsiv handeln, verbale Angriffe kontern, Störungen entwaffnen, 104 Seiten A5

Pitch Skills und Überzeugungs-Knigge [2100] Elevator Pitch, Geldgeber beeindrucken, Feuer versprühen, 128 Seiten A5, kartoniert

Smalltalk-Knigge [2100] Vom kleinen Gespräch bis zum charmanten Flirt - Kontakt ausbauen, Sympathie zeigen, Begehrlichkeit wecken, 100 Seiten A5

Quassel-Knigge [2100] Quasseln, Quatschen, Quengeln oder Lebenswichtige Kommunikation – Gezielt eingesetzte Rhetorik – Aussagekräftiges Profil zeigen, 112 Seiten A5

Die moderne Führungskraft [2100] Online und Präsenz, Handbuch für souveräne Vorgesetzte und solche, die es werden wollen, 252 Seiten A5, kartoniert, Zeichnungen

Emotionale Rhetorik im Leben und rund um den Tod [2100] Vielfältige Kommunikation – Fiktiver Interview-Austausch mit Berühmtheiten, 260 Seiten A5

Innere Rhetorik [2100] Zielführende Kommunikation mit sich selbst, 140 Seiten A5

Kriegerische Rhetorik [2100] Sensible Diplomatie, einfühlsame Empathie, 156 Seiten A5

Blumige Rhetorik [2100] Zielführende Kommunikation mit sich selbst, 140 Seiten A5

Alles hat seine Zeit – Knigge [2100] Umgang mit der Zeit, 294 Seiten A5

Hochschul-Knigge [2100] Studentischer Umgang, 132 Seiten A5, kartoniert, Fotos

Jugend-Karriere-Knigge [2100] 224 Seiten A5, kartoniert, Zeichnungen, Checklisten

Bewerbungs-Knigge [2100] **für Frauen – Tina bewirbt sich / Bewerbungs-Knigge** [2100] **für Männer – Tom bewirbt sich**, Vorbereitung, Wahl der Kleidung, Verhalten beim Bewerbungsgespräch, je 128 Seiten A5, kartoniert, Fotos, Checklisten

Online-Bewerbungsgespräche-Knigge [2100] **Vorstellungsgespräche auf Distanz – Tina und Tom bewerben sich digital**, 128 Seiten A5, kartoniert, Zeichnungen

Kreativitäts-Knigge [2100], Visionärhaft denken, Scheuklappen sprengen, Mentales Risiko eingehen, 164 Seiten A5, kartoniert

Team und Typ-Knigge [2100], Ich und Wir, Typen und Charaktere, Team-Entwicklung, 128 Seiten A5, kartoniert, viele Darstellungen

Die flotte Generation Y im 21. Jahrhundert, selbstbewusst – lebensbetonend – flexibel, 116 Seiten A5, kartoniert, Zeichnungen

Die flotte Generation Z im 21. Jahrhundert, entscheidungsfreudig – effizient – eigenverantwortlich, 140 Seiten A5, kartoniert, Zeichnungen

Tele-Meeting [2100], Digitale Konferenz, Online-Unterricht, Homeoffice, 104 Seiten A5, kartoniert

Rhetorik, Soft Skills, Hochschule, Beruf

Englisch:

335

 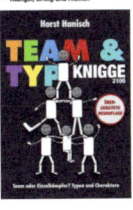   

Beratung, Coaching, Seminar

seit 1987
Horst Hanisch Seminare

Wer hat nicht gerne mit Menschen zu tun, die selbstbewusst und selbstsicher mit anderen Menschen umgehen?

Geschäftspartnern, die die elementaren Regeln des ‚Benimms' beherrschen, stehen die Türen zum Erfolg offen.

Unternehmen, die neben ihrer fachlichen Leistung auch ‚menschlich' überzeugen wollen, bieten wir für ihre Mitarbeiterinnen und Mitarbeiter aktives Training im Umgang mit Kunden, Gästen, Kollegen und Gesprächspartnern an.

Auf unserer Website informieren wir Sie über unsere Angebote:

- Firmen-Internes-Training
- → Business-Etikette und das Lehrmenü
- → Präsentieren, Moderieren, Kommunizieren
- → Körpersprache und ihre Geheimnisse
- → Teuflische Rhetorik und das Erkennen manipulativer Aspekte
- → Flottes Reden vor und zu anderen
- → Der erste entscheidende Eindruck
- • Interkulturelles Training
- → Umgang mit Menschen anderer Kulturen

- • Intensiv-Training für
- → TV-Auftritte
- → Vorträge
- → Präsentationen
- → Reden
- • Fachliteratur und journalistische Beiträge
- • Vorträge/Speaker
- → Vor kleinem und vor großem Publikum
- • Workshops
- → Soft Skills
- → Team-Training

Individuelles Coaching für Einzelpersonen: Wer es ganz individuell mag, greift zurück auf ein Einzel-Coaching, auch als Online-Coaching. Hier werden ganz persönliche Herausforderungen angegangen, mit Themen wie:

- → Erscheinungsbild – Der Erste Eindruck
- → Selbstsicheres und authentisches Auftreten
- → Persönlichkeitsentfaltung
- → Bewerbungstraining
- → Rhetorik und Überzeugungskraft

- → Erfolgreiche Verhandlungsführung
- → Kommunikation und Konfliktbewältigung
- → Präsentations-Techniken und Moderation
- → Interkulturelle Kompetenz

und andere Themen – direkt auf die besonderen Bedürfnisse des Einzelnen zugeschnitten. Besuchen Sie uns auf www.knigge-seminare.de

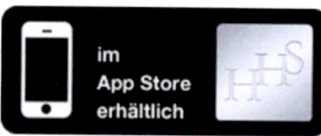

336